KB270708

저 자　　권용호 · 허웨이
발행인　　윤우상

초판 1쇄 발행　　2006년 9월 22일
초판 2쇄 발행　　2009년 2월 20일

펴낸곳　　송산출판사
주소　　서울특별시 서대문구 홍제 4동 104-6
TEL　　(02) 735-6189
FAX　　(02) 737-2260
홈페이지　　http://www.songsanpub.co.kr
등록일　　1976. 2. 2. 제 9-40호

디자인　　Design Didot

＊잘못된 책은 바꾸어 드립니다.

ISBN 89-7780-101-X　13720

고르고 고른 어법

권용호 · 허웨이 지음

송산출판사

근래 중국과의 인적 물적 교류가 나날이 빈번해지면서 중국어를 배우는 사람들이 크게 늘고 있다. 중국어를 어느 정도 공부한 사람들은 한번쯤은 HSK라는 중국어능력시험에 관심을 가져봤거나 준비한 경험이 있을 것이다. HSK시험은 현재 국내 대학과 회사에서 개인의 중국어 실력을 가늠하는 가장 공신력 있는 시험으로 인정 받고 있다. HSK시험에서 고득점을 취득하는 것은 바로 자신의 중국어 능력을 인정 받고 더 나은 기회를 얻을 수 있는 길이라 하겠다.

HSK시험에서 어떻게 하면 좋은 성적을 받을 수 있을까? 교재를 택해 공부한다든지, 학원을 다닌다든지 하는 등등 여러 방법이 있을 것이다. 그렇지만 무엇보다 HSK시험에서 좋은 성적을 얻기 위해서는 꾸준히 많이 듣고 많이 읽고 동시에 배운 내용에 대해 체계적으로 정리하는 것도 좋은 방법이 될 것이다. 필자는 학교와 학원에서 다년간 중국어 회화와 HSK를 가르치면서 이를 토대로 많은 어법 자료들을 체계적이고 알기 쉽게 정리하여 본서에 담았다. 본서는 아래와 같은 특징을 갖고 있다.

- 어렵고 불필요한 어법 내용은 배제하고 출제 빈도가 높은 어법 내용을 위주로 수록하여 단기간에 HSK를 준비하도록 했다.
- 어법 시험에서 자주 나오는 다의어와 혼동하기 쉬운 단어들의 용법을 명쾌하게 정리하여 확실하게 이해할 수 있도록 하였다.
- 문장을 보다보면 놓치기 쉽고 정리하기 힘들었던 여러 가지 형태의 고정형식을 일목요연하게 정리하였다.
- 쉬운 예문을 사용하여 독자들이 어법 내용을 보다 쉽고 분명하게 이해하도록 했다.
- 어법 내용마다 예제를 두어 바로 이해할 수 있도록 하고 각 장마다 실전문제를 두어 실전 응용력을 높이도록 했다.

이들 내용을 편집하면서도 필자의 머리 속에는 항상 "무슨 말인지 이해가 될까?"·"정말 일목요연하게 정리 되었나?"·"설명은 알기 쉽게 되었나?"·"이 부분은 정말 필요한가?"라는 문제들이 맴돌았다. 그래서 본서를 수업 시간에 사용해 검증해 보기도 하고 중국인 선생님과 몇 번의 예문과 단어에 대한 수정 작업을 진행하기도 하였다. 이를 통해 HSK 어법에 관한 한 학생들이 정말 알아 두어야 하고 정리해 두어야 할 사항들을 수록하려고 노력하였다.

지금 돌이켜보면 이런 노력들이 얼마나 성과를 거두었는지는 의문스럽지만 어쨌든 수험생 여러분들에게 조금이나마 도움이 되었으면 하는 마음이 간절하다. 마지막으로 이 보잘것 없는 원고에 흔쾌히 출판에 응해 주신 송산출판사 담당자님들에게도 감사의 말을 전한다.

① 품사

부사 · 전치사 · 접속사 · 조사 · 수사 · 양사 · 조동사 · 동사 · 형용사 · 대명사

부사 : 동사나 술어가 되는 형용사를 수식하며, 정도 · 범위 · 빈도 등을 나타낸다.
　　　예 她很聪明。
전치사 : 명사나 대명사와 함께 쓰이며 전치사구를 이룬다. 이를 통해 동작의 시간 · 장소 · 방
　　　향 · 대상 등의 뜻을 나타낸다. 예 我在图书馆学习。
　　　"전치사구"란 "전치사＋명사"로 이루어진 구를 말한다. 예 我跟她一起去吃饭。
접속사 : 낱말이나 구 혹은 문장을 연결하여 병렬 · 인과 · 가정 등의 관계를 나타낸다.
　　　예 因为身体不好, 所以我们不去商店了。
조사 : 낱말이나 구 혹은 문장 뒤에 문장성분이 무엇인지를 밝혀주거나 동작이 어떤 상태인가
　　　를 알려 주거나 문장 끝에 쓰여 어기를 나타낸다. 예 这是谁的书？ / 门开着。
수사 : 수를 나타낸다. 예 一, 二, 三……。
양사 : 명사의 갯수나 동작의 횟수를 나타낸다. 예 我喝了两瓶啤酒。
조동사 : 동사 앞에서 능력 · 희망 · 허가를 나타낸다. 예 我会说汉语。
동사 : 사람이나 사물의 움직임을 나타낸다. 예 我去学校。
형용사 : 사람이나 사물의 모양 · 성질 · 생김새 등의 상태를 나타낸다. 예 他是我的好朋友。
대명사 : 지시작용을 하거나 명사 · 동사 · 형용사 등을 대신하는 역할을 한다.
　　　예 他们都是韩国人吗？

② 문장성분

주어 · 부사어(状况语) · 술어(谓语) · 보어 · 관형어(限定语) · 목적어

주어 : 동작이나 행위의 주체가 되는 사람이나 사물. 예 我吃饭。
부사어 : 형용사나 동사 등 술어가 되는 부분을 꾸며주는 성분. 예 我们下午去看电影。
술어 : 주어가 행하는 동작을 나타내 주는 성분. 예 她去图书馆。
보어 : 동사 뒤에서 술어를 보충 설명해 주는 성분. 예 我看完了这本小说。
관형어 : 주어나 목적어인 명사성 성분을 수식하고 제한해 주는 성분. 예 是他的英语词典。
목적어 : 술어 뒤에서 동작의 대상이나 목적이 되는 성분. 예 我学习汉语。

③ 상용문장

把자문 · 피동문 · 사역문 · 연동문 · 겸어문 · 비교문

把자문 : 목적어를 앞으로 도치시켜 강조하는 문장.
　　　예 我喝了那杯咖啡。→ 我把那杯咖啡喝了。
피동문 : 피동을 나타내는 문장. 예 我的词典叫小王借去了。
사역문 : 시킴이나 부림을 나타내는 문장. 예 他叫我带来一本书。
연동문 : 하나의 주어에 두 개의 동사가 이어 나오는 문장. 예 他去书店买书。
겸어문 : 첫 번째 동사의 목적어가 두 번째 동사의 주어가 되는 문장. 예 我请他吃饭。
비교문 : 두 대상의 성질 · 상태 혹은 정도를 비교하는 문장. 예 他比我大。

목차

HSK 어법소개 및 공부방법 • • •

1. HSK 어법 소개

(1) HSK 어법은 HSK 시험에서 제2영역에 속해 있다. 문항 수는 총 30문제, 제한 시간은 20분이다. 산술적으로 한 문제 당 40초 안에 풀어야 한다.

(2) HSK 어법은 제1부분과 제2부분으로 나눈다. 제1부분은 총 10문제로 구성되어 있다. 문제 유형은 제시어가 주어지고 적당한 위치를 찾는 형식이다. 주로 중국어의 어순을 제대로 이해하고 있는지에 대한 문제가 출제된다. 한 문제 당 배점이 4점으로, HSK 문제 중에서 배점이 가장 높다. 제2부분은 총 20문제로 구성되어 있다. 문제 유형은 괄호를 비어 놓고 A,B,C,D 4개의 보기 중에서 가장 적합한 말을 찾는 형식이다. 중국어의 각종 품사의 올바른 사용 능력과 분석 능력 및 정확한 판단 능력을 요하는 문제가 출제된다. 한 문제 당 배점은 3점이다.

(3) HSK 어법은 총 30문제 100점 만점이다. 다른 영역보다 문항수가 적은 대신 배점이 높다. 이는 몇 문제 틀리면 점수가 크게 내려간다는 것을 의미한다. 때문에 한 문제 한 문제 신중하게 풀어야 한다. 등급 분류는 다음과 같다.

등급	최저	3급	4급	5급	6급	7급	8급
점수	19-36	37-45	46-54	55-63	64-72	73-81	82-100
맞힌 개수	0-12	11-13	14-16	17-18	19-21	22-24	25-30

이상에 보듯 각종 요건에 기준이 되는 6급(중등 C급)을 받으려면 19-21개를 맞아야 한다.

(4) HSK 어법은 HSK위원회에서 정한 갑급어법(113항), 을급어법(249개), 병급어법 (207개)에서 출제되고 있으며, 자주 출제되는 것으로는 다음과 같다.

    1) 상용되는 양사, 방위사, 능원동사, 부사, 전치사, 접속사, 조사의 용법
    2) 동사, 형용사와 명사의 중첩형식
    3) 몇 가지 보어형식과 부사어, 관형어의 용법
    4) 어순
    5) 비교와 반문 형식
    6) 중요 단어와 관용어

2. HSK 어법 공부방법

(1) HSK 어법에서 <u>가장 많이 출제되는 부사－전치사－어순－접속사를 집중적으로 공부 한다.</u> 이들 네 부분은 총 30문제 중에 20여 문제가 출제되며, 70% 이상을 차지한다. 따라서 단기간에 HSK 어법 성적을 올리기 위해서는 이들 품사에 속하는 단어와 그 용법을 정리하고 이해하는 것이 필수적이다. 특히 각 품사에 속하는 단어와 그 용법 을 확실하게 정리해 둘 필요가 있다.

(2) 문제를 풀 때 먼저 제시어를 보고 품사가 무엇인지를 파악한다. 예를 들어, 정도보어 "得"가 제시어로 나왔을 경우, 문장에서 동사나 술어형용사를 찾으면 된다. 왜냐하 면 정도보어는 "得"는 반드시 동사나 술어형용사 앞에 위치하기 때문이다. 이렇게 풀 경우 해석을 하지 않고 앞뒤 문맥 관계만 보고 답을 찾을 수 있다.

(3) <u>평상시 단어를 꾸준히 습득한다.</u> 최근 HSK 어법은 지문이 길어지고, 지문 속에 출 현 단어들 역시 난해해지고 있다. 따라서 문법 지식이 어느 정도 있더라도 해석이 안 될 경우 역시 답을 찾지 못하는 경우가 발생한다. 특히 접속사 문제의 경우 앞뒤 의 문맥 파악에 따라 답이 결정되기 때문에 단어를 몰라 해석이 안 되면 답을 찾기 어렵다. 따라서 어휘력의 향상 역시 HSK 어법에서 상당히 중요한 요소라는 점을 인식하자.

3. 본 교재 사용방법

(1) <u>본 교재에 나오는 단어나 구문은 반드시 외운다.</u> 본 교재는 HSK 어법문제를 푸는데 있어서 반드시 알아야 하는 단어들을 엄선하였다. 따라서 이들 단어들을 착실하게 정리해둔다면 HSK 어법 문제들을 푸는데 큰 도움을 받을 것이다. 나아가 다른 영역의 문제를 푸는데 있어서도 큰 도움이 될 것이다. 단어를 많이 알고 있어야 자신감이 생긴다.

(2) <u>중요 문법 사항을 예문과 함께 확실히 익힌다.</u> 본 교재는 HSK 어법에 자주 나오는 문법들을 정리하고 그에 따른 많은 예문을 실어 이해를 돕도록 하였다.

(3) <u>이미 알고 있던 문법 지식을 이용하여 여러 유형의 문제를 풀어 보고 분석해 본다.</u> 알고 있던 문법 지식으로 막상 문제를 풀어 보면 난이도나 어휘 등 여러 가지 차이를 느낄 것이다. 이를 통해 실전 감각과 자신의 문법 지식을 응용할 수 있는 힘을 길러 나갈 수 있다.

부사

부사의 특징 : 문장에서 동사나 술어가 되는 형용사를 수식하거나 제한하는 역할을 한다.
중점사항 : 부사의 위치 / 각종 부사의 의미파악 / 혼동되는 부사의 구별

1 | 부사의 위치

1 주어＋부사＋동사／형용사

他**刚**来。 그는 방금 왔다.
她**很**漂亮。 그녀는 아주 예쁘다.
我**马上**出发。 나는 곧 출발한다.

예제 : 所 A 有的老师 B 说你 C 很 D 聪明。
　　　　　　都

해설 | 부사는 문장에서 동사를 수식하는 역할을 한다. 이 문장에서 동사는 说이므로, 都는 说 앞에 위치한다.
해석 | 모든 선생님들께서 너 아주 총명하다고 말하셔.
정답 | B

2 주어＋부사＋전치사구＋동사(일반적인 상황)

我**曾经**在这里住过。 나는 일찍이 이곳에 산 적이 있다.
他**常常**在图书馆学习。 그는 늘 도서관에서 공부한다.

예제 : A 我 B 把那本书 C 还 D 给小王了。
　　　　　　已经

해설 | 已经은 부사이고, 把那本书는 전치구이다. 부사는 전치사구 앞에 위치함으로 已经은 把那本书 앞에 온다.
해석 | 나는 그 책을 이미 샤오왕에게 돌려주었다.
정답 | B

▶ 주의　여러 개의 부사가 동시에 올 경우는 "일반부사 + 부정부사" 순이다.

他**常常不**上课。 그는 자주 수업에 오지 않는다.
我**真没**想到你今天会来。 나는 오늘 너가 올 줄은 정말 생각지도 못했다.

└ **예제** ：A 这一个多月，B 他 C 不 D 在家。

　　　　　　　　一直

해설 | 부사 一直와 不가 동시에 나올 경우 "일반부사＋부정부사"순이므로, 정확한 어순은 " 一直不~"가 된다.

해석 | 이 한 달여 동안 그는 줄곧 집에 없었다.

정답 | C

└ **예외1** ：不 · 没＋都 · 只 · 光 · 净 · 仅 · 仅仅 · 曾 · 常 · 一起 · 马上… ＋동사

我们不常见面。우리는 자주 만나지 않는다.

我们没一起去上海旅行过。우리는 상하이로 함께 여행을 간 적이 없다.

> 例 刚才他给家里打电话 A 说 B 下课后 C 马上 D 回家。
>
> 　　　　　　　　　　不
>
> **해설** | 不는 부사로써 동사 앞에 놓이나 马上이 있을 경우는 그 앞에 위치한다.
>
> **해석** | 방금 그가 집에 전화를 걸어 수업 마친 뒤에 바로 집으로 가지 않는다고 말했다.
>
> **정답** | C

└ **예외2** ：제한(就 · 只 · 光 · 仅…)이나 어기(幸亏 · 反正 · 难道 · 原来 · 究竟 · 其实…)를 나타내는 일부 부사는 주어 앞으로 올 수 있다.

究竟你们想干什么？도대체 너희들은 뭘 하려고 하는가？

现在已经九点多了，难道他不来了吗？지금 벌써 9시가 넘었는데, 설마 그가 안 오겠는가？

> 例 这学期，A 学费 B 就 C 交了 D 两千美元。
>
> 　　　　　　　　　光
>
> **해설** | 光은 제한의 어기를 나타내는 부사이므로, 문장 앞으로 갈 수 있다.
>
> **해석** | 이번 학기에 학비만 2000달러를 냈다.
>
> **정답** | A

3 　주어＋**부사**＋능원동사＋전치사구＋동사

我不愿意跟你们一起吃饭。나는 너희들과 함께 밥 먹기를 원치 않는다.

他也想和我们一起去天安门。그도 우리들과 함께 천안문에 가고 싶어 한다.

> **예제** ：我 A 想 B 和他们 C 骑自行车 D 去玩儿。
>
> 　　　　　　　　很
>
> **해설** | 想은 능원동사이므로, 부사 很은 想 앞에 위치한다.
>
> **해석** | 나는 매우 그들과 함께 자전거를 타고 놀러가고 싶다.
>
> **정답** | A

4 　주어＋**부사**＋동사1＋목적어1＋동사2＋목적어2 (연동문)
　　주어＋**부사**＋동사1＋겸어＋동사2＋목적어 (겸어문)

我没去中国学习汉语。나는 중국에 가서 중국어를 공부하지 않았다. (연동문)

小张常常让我帮他修电脑。
샤오장은 늘 나더러 그가 컴퓨터 수리하는 것을 도와주라고 한다. (겸어문)

예제1：A 我 B 去 C 参观 D 过他们工厂。
　　　　　 曾经

해설 | 이 문장은 동사 去와 参观이 연속해서 나오는 연동문이다. 연동문에서 부사는 첫 번째 동사에 온다. 따라서 부사 曾经은 첫 번째 동사 去 앞에 위치한다.
해석 | 나는 예전에 그들의 공장을 참관하러 간 적 있다.
정답 | B

예제2：A 妈妈 B 让他 C 去那儿 D 玩儿
　　　　　 不

해설 | 이 문장에서 他는 앞 문장의 목적어가 되고, 뒤 문장에서 주어가 되는 겸어문이다. 겸어문에서 부사는 첫 번째 동사 앞에 위치한다. 따라서 不는 让 앞에 위치한다.
해석 | 엄마는 그보고 그곳에 놀러가지 말라고 하셨다.
정답 | B

2 | 부사의 종류

1 정도부사 : 정도부사+형용사/심리상태를 나타내는 동사

(1) 정도부사의 종류

01 很   아주, 매우, 잘
她很漂亮。 그녀는 아주 예쁘다.

02 挺   아주, 매우, 대단히
今天的天气挺好的。 오늘 날씨 매우 좋다.

03 太   아주, 몹시, 너무
这儿的风景太美了。 이곳의 경치는 너무 아름답다.

04 可   아주, 매우, 정말
他的汉语可好了。 그는 중국어를 아주 잘한다.

05 极   아주, 극히
那台晚会极没意思。 그 이브닝파티는 너무 재미없다.
她汉语说得流利极了。 그녀는 중국어를 굉장히 유창하게 잘한다.

06 最 가장, 제일

这座山是世界上最高的山。 이 산은 세계에서 가장 높다.

07 怪 매우, 정말

她好久没来学校了，大家怪想念她的。
그녀는 아주 오랫동안 학교에 오지 않았다. 사람들은 그녀를 몹시 그리워한다.

08 真 정말

他对我真好。 그는 나에게 정말 잘해준다.

09 特别 특히, 특별히, 일부러

孩子们特别喜欢看动画片。 아이들은 만화영화를 보는 것을 특히 좋아한다.

10 尤其 특히, 더욱

我很喜欢运动，尤其喜欢滑冰和游泳。
나는 운동 하는 것을 매우 좋아한다, 특히 스케이트 타는 것과 수영하는 것을 좋아한다.

11 相当 상당히, 무척

参加这次HSK考试的学生相当多！
이번 HSK시험에 참가한 학생들은 상당히 많다！

12 非常 대단히, 매우

事情办得非常顺利。 일은 대단히 순조롭게 처리되었다.

13 十分 십분, 매우, 대단한

你穿这件衣服十分精神！ 너가 이 옷을 입으니 아주 생기발랄해 보인다.

14 多(么) 얼마나

今天天气多(么)好啊！ 오늘 날씨 얼마나 좋아！

15 几乎 거의

几年没见，他的头发几乎全白了。
몇 년 동안 못 봤더니, 그의 머리카락이 거의 희게 되었다.

16 更加 더욱 더, 한층

雨后的草原更加清新。 비 온 뒤의 초원은 더욱 맑고 새로웠다.

17 比较 비교적

这两天天气比较好。 요 이틀간 날씨가 비교적 좋았다.

18 稍(微) 조금, 약간, 다소, 좀

请稍(微)等一下。 잠깐 기다리세요.

19 有点儿 조금, 약간

今天**有点儿**冷。 오늘은 조금 춥다.

01 挺……的 아주 ……하다

他的汉语水平**挺**高**的**。 그의 중국어 실력은 대단하다.
我们学校留学生**挺**多**的**。 우리 학교에는 유학생이 아주 많다.

02 ……极了 굉장히 ……하다

他聪明**极了**。 그는 굉장히 총명하다
他踢足球踢得棒**极了**。 그는 축구를 굉장히 잘 찬다.

03 太……了 매우 ……하다

你们**太**辛苦**了**。 너희들 매우 수고했다.
这件衣服**太**贵**了**。 이 옷은 매우 비싸다.

04 可……了 아주 ……하다

这个电影**可**有意思**了**。 이 영화는 아주 재미있다.
孩子们**可**喜欢这里**了**！ 아이들은 이곳을 아주 좋아한다.

05 多(么)……啊 얼마나 ……한가

这里的景色**多**美**啊**！ 이곳의 경치는 얼마나 아름다운가!
机会**多**难得**啊**，你不能不去。
얼마나 얻기 힘든 기회인가! 너는 가지 않으면 안 된다.

06 真……啊 정말 ……한가

这张画儿**真**漂亮**啊**！ 이 그림 정말 멋져!
今天的天气**真**冷**啊**！ 오늘 날씨 정말 춥구나!

07 怪……的 아주 ……하다

这孩子长得**怪**可爱**的**。 이 아이는 아주 귀엽게 생겼다.
怎么来这么个破地方？**怪**可怕**的**!
어떻게 이렇게 낡은 곳에 왔니? 너무 무서워!

08 稍微……一点儿 / 一些 / 一下 약간 조금 ……하다

你**稍微**吃**一点儿**吧。 조금 드세요.
他的病**稍微**好**一些**了。 그의 병은 조금 나아졌다.

09 稍微有点儿…… **약간 ……하다**

今天稍微有点儿冷。 오늘은 조금 춥다.
这里的东西稍微有点儿贵。 이곳의 물건은 조금 비싸다.

예제

1_ 我看你红光满面，______精神的。

A. 太　　　　B. 挺　　　　C. 很　　　　D. 多么

해설 ┃ 문맥상 "아주" 혹은 "매우"라는 의미가 들어가야 한다. 따라서 보기 중에 太·挺·很이 일단 답이 될 수 있다. 그러나 문장 끝에 的가 있으므로 的와 함께 사용되는 정도부사인 挺이 와야 한다. 多么는 "얼마나 ~한가"라는 의미이다.

단어 ┃ 红光满面(hóngguāngmǎnmiàn) 득의만면하다 ┃ 精神(jīngshen) 활력, 기운, 원기

해석 ┃ 내가 보기에 너 얼굴색 좋아, 아주 기운 있어 보여.

정답 ┃ B

2_ 你______不懂事了! 怎么能抢占爷爷的座位呢?

A. 太　　　　B. 很　　　　C. 非常　　　　D. 挺

해설 ┃ 문장의 의미상 보기 중의 단어들은 모두 가능할 것 같으나 뒤에 了는 太와 호응한다. 挺은 뒤에 的가 호응한다.

단어 ┃ 懂事(dǒngshì) 철이 들다, 분별이 있다. ┃ 抢占(qiǎngzhàn) 앞을 다투어 차지하다, 탈취하다

해석 ┃ 너 너무 철이 안 들었어, 어떻게 할아버지 자리를 뺏을 수 있니?

정답 ┃ A

2 어기(말하는 사람의 심정) 부사

(1) 어기부사의 종류

01 却　**오히려, 도리어**
这个商店不大, 买东西的人却不少。
이 상점은 크지 않은데도, 물건을 사는 사람들은 도리어 적지 않다.

02 倒　**오히려, 거꾸로, 역으로**
弟弟倒比哥哥高。 동생이 오히려 형보다 크다.

03 准　**반드시, 틀림없이**
这个时候商店准关门了。 상점은 이쯤에 어김없이 문 닫는다.

04 可能　**아마도**
张老师明天可能不去参加那个会议了。
짱 선생님은 내일 아마도 그 회의에 참가하러 가지 않을 것이다.

05 也许　　**어쩌면, 아마도, 혹시**
今天夜里也许要刮一场大风。　오늘 밤 아마 큰 바람이 한 바탕 불 것이다.

06 或许　　**아마, 혹시, 어쩌면**
这或许又是你的误解。　이것은 또 너가 오해한 것일 것이다.

07 恐怕　　**아마도 ~일 것이다(안 좋은 결과를 예상)**
他恐怕又要迟到了。　그는 아마 또 지각할 것이다.

08 大概　　**대강의, 대충의**
他今天大概不会来了。　그는 오늘 대개 올 수 없을 것이다.

09 大约　　**대략, 얼추, 대개는**
她大约有二十一二岁。　그는 대략 21살쯤 되었다.

10 难道　　**설마 ~이겠는가?**
你难道不认识我吗?　너 설마 나를 모르겠니?

11 到底　　**도대체, 마침내, 결국**
我不明白他到底想干什么?　나는 그가 도대체 무엇을 하려고 하는지 모르겠다.

12 究竟　　**도대체, 필경, 어째든/ [명] 결말, 결과**
我的书究竟是谁拿走了?　도대체 누가 내 책 가져갔지?
看了半天也没看出个究竟来。　한참을 봐도 결말을 알 수 없다.

13 毕竟　　**필경, 드디어, 결국**
作家毕竟是作家, 说话就是形象、有意思。
작가들은 결국은 작가라서, 말을 해도 구체적이고 재미있다.

14 竟(然)　　**결국, 마침내, 뜻밖에도, 의외에**
在北京住了三年, 竟然说不了几句汉语, 真是不可思议。
베이징에서 3년을 살았는데, 뜻밖에도 중국어 몇 마디도 하지 못 하니, 정말 불가사의 하다.

15 居然　　**뜻밖에도, 생각밖에**
他平时很能喝酒, 今天只喝了一杯, 他居然醉了。
그는 평상시에 술을 아주 잘 마시는데, 오늘은 한 잔 마셨을 뿐인데 의외로 취해버렸다.

16 果然　　**과연**
他觉得时间不早了, 赶紧往学校跑, 到了学校, 果然已经上课了。
그는 시간이 늦었다고 생각해서, 얼른 학교로 달려갔다. 학교에 도착하니 과연 수업이 이미 시작됐다.

17 简直　그야말로, 완전히, 실로

他简直是个中国通, 对中国的历史, 文化都很了解。

그는 그야말로 중국에 정통한 사람이다. 중국역사와 문화에 대해 아주 잘 알고 있다.

18 偏偏　기어코, 일부러

爸爸叫他早点儿起床, 他偏偏睡到八点多才起。

아빠는 그더러 조금 일찍 일어나라고 했는데, 그는 한사코 8시가 되어서야 일어났다.

19 反正　어쨌든, 아무튼

反正这个人不像好人, 你别和他多打交道。

어쨌든 이 사람은 좋은 사람이 아닌 것 같다. 너는 그와 자주 왕래 하지 마라.

20 幸亏　다행히, 요행으로

幸亏你提醒我, 不然就要误事了。

다행히 너가 나를 일깨워주었기에 망정이지 그렇지 않았으면 일을 망칠 뻔 했어.

21 好在　다행히도, 운 좋게도

好在我们都是熟人, 事情好办。

다행히 우리가 잘 알고 있어 일을 잘 처리 했다.

22 其实　사실은, 실제로는

他普通话说得很好, 大家都以为他是北京人, 其实他是上海人。

그는 표준어를 아주 잘해서, 사람들은 그가 베이징 사람이라고 생각하는데, 사실 그는 상하이 사람이다.

23 根本　전혀, 도무지, 아예

今天的会议根本没通知我。

오늘 회의가 있다는 것을 아예 나에게 알려주지 않았다.

24 尽量　가능한 한, 될 수 있는 대로

出去旅行, 带的行李要尽量少一点儿。

여행을 갈 때에는 짐을 될 수 있는 대로 적게 가져가야 한다.

25 原来　원래, 알고 보니

原来他们没去, 我还以为去了呢。

원래 그들은 안 갔구나, 난 또 갔다고 생각했지.

26 千万　제발, 반드시, 아무쪼록 꼭

你千万要记住这件事。　너는 이 일을 반드시 기억해야 한다.

27 万万　결코, 도저히, 절대로

这件事万万不可让小王知道。　이 일 샤오왕이 알면 절대로 안 된다.

28 干脆　　차라리, 시원스럽게

等了这么长时间他还不来, 咱们干脆回去吧。
이렇게 오랫동안 기다렸는데도 오지 않으니, 우리 차라리 돌아가자.

29 好(不)容易　　겨우, 가까스로

他好容易才通过了英语考试。　그는 가까스로 영어시험을 통과했다.

30 只好　　~하는 수 없이

没有汽车, 我们只好走回去了。
차가 없어 우리는 하는 수 없이 걸어서 돌아왔다.

31 并不　　결코 ~하지 않다, 결코 ~이 아니다

我并不喜欢一个人旅行。　나는 혼자서 여행하는 것을 결코 좋아하지 않는다.

32 决不　　절대로 ~하지 않다.

你放心, 这事儿我决不告诉任何人。
너 마음 놔, 이 일 나는 어떤 사람에게도 절대 알리지 않을게.

33 毫不(无)　　조금도 ~하지 않다, 전혀 ~하지 않다.

这件事和我毫不相干。　이 일은 나와 전혀 상관없다.
对教小学生我毫无经验。
초등학생들을 가르치는 것에 대해 나는 전혀 경험이 없다.

(2) 혼동하기 쉬운 어기부사

01 "到底"·"究竟"·"毕竟"의 차이

❖ 到底

① 도대체(= 究竟)
- 到底谁拿走了我的照片? 　도대체 누가 내 사진을 가져갔지?
- 这次到中国出差, 到底是金科长去还是李部长去?
  이번 중국 출장 도대체 김 과장이 갑니까 아니면 이 부장이 갑니까?

② 아무래도, 역시(= 毕竟)
- 他到底学过两年汉语, 所以汉语说得不错。
  그는 아무래도 2년간 중국어를 배워서 인지, 중국어를 잘한다.
- 个子长得挺高, 可到底还是孩子, 说话时总带着一股孩子气。
  키는 아주 컸지만 아무래도 아이여서인지 말할 때 늘 어린애티가 난다.

③ 마침내, 결국(= 终于)

- 经过一年的努力，他到底考上了大学。
  일 년간의 노력으로 그는 마침내 대학에 합격했다.
- 找了一上午，到底找到你家了，你家可真难找。
  오전 내내 찾다가 마침내 너의 집 찾았어, 네 집 정말 찾기 힘들어.

❖ 究竟

도대체(= 到底)

- 究竟这个人是谁?   도대체 저 사람은 누군가?
- 你究竟会不会做?   이 문제 도대체 너 풀 수 있니?

❖ 毕竟

필경, 어쨌든

- 不要责怪他，他毕竟还是孩子嘛。
  그를 탓하지 마라, 그는 필경 아직 어린애잖아.
- 他毕竟是你弟弟，他有了难处，你不帮他，谁帮他?
  그는 어쨌든 네 동생이잖아, 그에게 어려움이 있는데, 네가 그를 안 도와주면 누가 그를
  도와주겠니?

我也不知道______应该不应该这样做。

  A. 毕竟　　　　　B. 到底　　　　　C. 终于　　　　　D. 果然

해설 | 毕竟은 "필경"·"어쨌든", 到底는 "도대체", 终于는 "마침내", 果然은 "과연"의 의미이다.
해석 | 나도 도대체 이렇게 해야 할지 말아야 할지 모르겠다.
정답 | B

02 "竟(然)"·"居然"·"果然"의 차이

❖ 竟(然)

① 뜻밖에도, 의외로 (무거운 어감)

- 他竟然是个小偷，真没想到。
  그가 뜻밖에도 도둑이었다니, 정말 생각지도 못했어.
- 这个高鼻子蓝眼睛的西方人竟然也会说汉语，真吓了我一跳。
  이 키 크고 파란 눈의 서양인도 뜻밖에 중국어를 할 줄 알아, 정말 나를 깜짝 놀라게 했다.

② 결국, 마침내

- 他竟然成功了。 그는 마침내 성공했다.

❖ 居然

뜻밖에, 의외로 (가벼운 어감)

- <u>居然</u>有这种事? 我不信。 뜻밖에도 이런 일이 있었다니? 나는 믿지 못하겠다.
- 他<u>居然</u>敢跟父母顶嘴，真是太不像话了。
  그가 뜻밖에도 감히 부모에게 말대꾸를 하다니 정말 말이 안 된다.

❖ 果然

과연

- 他说要得八级，这次考试<u>果然</u>得了八级。
  그는 8급을 맞겠다고 했는데, 이번시험에 과연 8급을 맞았다.
- <u>果然</u>下雨了，天气预报还挺准的。 과연 비가 오네, 날씨예보가 딱 들어맞네.

他说杯子里的水是甜的，我尝了尝______是甜的。

A. 果然　　　　B. 竟然　　　　C. 当然　　　　D. 到底

해설 | 果然은 "과연", 竟然은 "뜻밖에", 当然은 "당연히", 到底는 "도대체"라는 의미이다.
해석 | 그가 컵 안의 물을 달다고 했는데, 내가 맛보니 과연 달았다.
정답 | A

03 "千万"·"万万"의 차이

❖ 千万

제발, 반드시, 아무쪼록 꼭

- 明天出差的事<u>千万</u>别忘了。 내일 출장 가는 일 제발 잊지 마라.
- 对客人<u>千万</u>不能说这样的话。 손님에게 제발 이런 말을 하지 마라.

❖ 万万

결코, 도저히, 절대로

- 我<u>万万</u>没想到。 나는 결코 생각지 못했다.
- 已经答应了的事，<u>万万</u>不能失信。
  이미 승낙한 일이니, 절대로 믿음을 져버리지 마라.

明天的晚会你______要来呀。

A. 万一　　　　B. 万万　　　　C. 千万　　　　D. 百万

3 시간부사

(1) 시간부사의 종류

01 就   곧, 즉시
昨天他下了课就去书店了。   어제 그는 수업을 마치고 바로 서점에 갔다.

02 才   비로소, 겨우
我找了他三次才找到他。   나는 그를 세 번이나 찾고서야 찾았다.
才六点半他就醒了。   겨우 6시 반인데 그는 깼다.

03 老(是)   언제나, 늘
他发音不好，同学老是笑话他。
그의 발음은 좋지 않아서 학우들은 늘 그를 놀린다.

04 总(是)   꼭, 아무래도, 언제나
每次出门她总是打扮得漂漂亮亮的。
그녀는 외출할 때마다 항상 아주 예쁘게 화장을 한다.

05 正   마침, 바로
外边正下着雨呢，别出去了。   밖에 마침 비가 내리고 있으니, 나가지 마라.

06 在   ~하고 있다
你在做什么呢? 为什么不给我回电话?
너 뭘 하고 있어? 왜 나에게 전화 하지 않니?

07 正在   마침 ~하고 있다.
小王正在看电视。   샤오왕은 마침 TV를 보고 있다.

08 立刻   즉시, 곧, 당장
他刚一说完就立刻跑出去了。   그는 막 말을 다하자마자 곧장 뛰쳐나갔다.

09 马上   곧, 즉시
吃了饭，我马上就去。   밥 먹고 바로 갈게.

10 已经　이미, 벌써

我<u>已经</u>告诉他那件事了。　나는 이미 그 일을 그에게 알려줬다.

11 曾经　일찍이, 예전에

他<u>曾经</u>学过汉语, 现在还会说一点儿。
그는 예전에 중국어를 공부한 적이 있어, 지금은 조금 할 줄 안다.

12 刚(刚)　막 ~하다

我们<u>刚刚</u>开始工作, 还没有什么经验。
우리들은 막 일을 시작했어, 아직 어떤 경험이 없어.

13 渐渐　점점, 점차

这里的天气<u>渐渐</u>暖和起来了。　이곳의 날씨는 점점 따뜻해지기 시작했다.

14 恰好　바로, 마침

我正要给小李打电话, <u>恰好</u>他来了。
내가 마침 샤오리에게 전화를 하려는데, 그가 딱 맞게 왔다.

15 从来　지금까지, 여태까지

我<u>从来</u>没有吃过中国菜。　나는 여태까지 중국음식을 먹어 본 적이 없다.

16 顿时　갑자기, 문득, 일시에

听说孩子已经找到了, 妈妈<u>顿时</u>高兴起来。
아이를 이미 찾았다고 해서, 엄마는 순간 기뻐했다.

17 随时　수시로, 언제나

有问题可以<u>随时</u>来问我。　문제가 있으면 언제라도 나에게 물으러 와요.
天冷了, 要注意<u>随时</u>多穿衣服。
날씨가 추워졌다, 수시로 옷을 많이 입어야 한다.

18 回头　조금 있다가, 잠시 후에

我<u>回头</u>把那本书给你带来。　내가 조금 있다가 그 책을 너에게 가져다 줄 게.

19 一直　줄곧, 계속해서

他打算毕业后<u>一直</u>住在北京。　그는 졸업 후에 줄곧 베이징에 있을 계획이다.

20 一向　종래, 본래, 줄곧, 내내

这个人做事<u>一向</u>很干脆, 你就放心吧。
이 사람은 줄곧 일을 아주 시원하게 처리하니, 당신은 마음을 놓으세요.

21 向来　　본래부터, 여태까지

这位医生看病向来认真，负责，深受病人欢迎。

이 의사는 줄곧 성실하고 책임감 있게 진찰을 하기 때문에 환자들에게 큰 환영을 받고 있다.

22 仍(然)　　여전히, 원래대로, 변함없이

吃了几天药，病仍然没见好。

며칠 동안 약을 먹어도 병이 여전히 좋아지지 않았다.

23 始终　　한결같이, 시종일관

他始终相信自己一定会成功。

그는 시종일관 자신은 반드시 성공할 수 있을 것이라고 믿는다.

24 终于　　마침내, 결국, 끝내

恋爱了八年，他们终于结婚了。　8년 동안 사귀고, 그들은 마침내 결혼했다.

25 早晚　　조만간에

他常常酒后开车，早晚要出事故。

그는 늘 술 마신 뒤에 운전을 하는데, 조만간에 사고를 낼 것이다.

(2) 혼동하기 쉬운 시간부사

01 "老(是)"와 "总(是)" 차이

❖ 老(是)

언제나, 늘, 항상(좋아하지 않는 상황이 자주 발생하거나 지속)
- 他老记不住我的名字。　그는 늘 내 이름을 기억하지 못한다.
- 妻子不喜欢丈夫老不回家。

  아내는 남편이 늘 집에 오지 않는 것을 좋아하지 않는다.

❖ 总(是)

언제나, 늘, 줄곧(상황이 똑같고 변화나 예외가 없는 경우)
- 我每次去他家，他总在看书。

  내가 그의 집에 갈 때마다 그는 항상 책을 보고 있다.
- 秋天这儿的天气总是这么好。　가을에 이곳의 날씨는 항상 이렇게 좋다.

上个月她＿＿＿借口有病不来上班。

  A. 一向   B. 还是   C. 从来   D. 总是

해설 | 문장의 의미상 출근을 하지 않은 일이 자주 발생했다는 것이므로 总是가 와야 한다. 一向는 "종래", "본래", 还是는 "아직", 从来는 "여태까지"라는 의미이다.
단어 | 借口(jièkǒu) 핑계, 구실
해석 | 지난달 그녀는 늘 병을 핑계로 출근하지 않았다.
정답 | D

4 범위부사

(1) 범위부사의 종류

01 都   모두, 이미, 벌써
明天我们<u>都</u>去颐和园。 내일 우리 모두 이화원에 간다.

02 只   다만, 단지, 오직
我<u>只</u>看过一次京剧表演。 나는 단지 한 번 경극 공연을 본 적이 있다.

03 净   오로지, ~뿐
他<u>净</u>顾着聊天儿，饭烧糊了都不知道。
그는 수다 떠는 것에만 정신이 팔려 밥 타는 것도 몰랐다.

04 就   단지, 오로지, ~만
我们班<u>就</u>有一个欧洲同学。 우리 반에는 유럽에서 온 학우가 단 한 명 있다.

05 光   다만, 오직, ~만
那孩子见了我们<u>光</u>笑不说话。
그 아이는 우리를 보고 그저 웃기만 할 뿐 말을 하지 않았다.

06 仅(仅)   다만, 겨우, 가까스로
我们<u>仅仅</u>是一般朋友。 우리는 그저 그런 친구일 뿐이다.
他<u>仅仅</u>三岁。 그는 이제 겨우 3살이다.

07 统统　모두, 전부

北京的名胜古迹, 我统统去过。
베이징의 명승고적을 나는 전부 가 본 적이 있다.

08 一概　전부, 모조리, 일절

宿舍管理问题一概由老王负责。
기숙사 관리 문제는 전적으로 라오왕이 책임진다.

09 一律　일률적으로, 예외 없이

一律凭学生证参观。　일률적으로 학생증에 근거해 참관한다.

10 一共　합계, 전부, 모두

他一共买了三本书。　그는 총 세 권의 책을 샀다.

11 到处　도처, 곳곳

公园里到处都是人。　공원 안 도처에는 사람들이다.

(2) 상용되는 범위부사

01 "都"의 주요 용법

❖ 모두

- 所有的学生都参加了这项活动。 모든 학생들이 이 활동에 참가했다.
- 有问题随时都可以来找我。 문제가 있으면 언제라도 나를 찾아오면 된다.

❖ 이미, 벌써 (문장 끝에 "了"가 온다)

- 都两点了, 爸爸还没回来。 벌써 2시인데도, 아빠는 아직 돌아오지 않으셨다.
- 饭都凉了, 快吃吧! 밥이 벌써 식었다, 빨리 먹어라!

❖ ~조차도

- 教室里一个人都没有。 교실 안에는 한 사람도 없다.
- 这道题太容易了, 连孩子都会做。 이 문제는 너무 쉬워서 아이조차도 풀 수 있다.

❖ 책망 · 원망의 어기

- 都是你, 这场戏演砸了。 모두 너 때문이야. 이번 공연 망쳤잖아.
- 你的肺不好, 都是你抽烟抽的。 너 폐가 안 좋은 거, 모두 담배 피워서야.

今天星期几呀? 你看看, ______ 几点了? 怎么到现在还不起床!

   A. 才   B. 又   C. 都   D. 就

해설 ┃ 都에는 "이미" · "벌써"라는 의미가 있다. 이때 都는 문장 끝에 了와 호응하여 都~了 형태로 사용된다. 又도 뒤에 了를 수반하나 주로 과거형 문장에 사용된다.

해석 ┃ 오늘 무슨 요일이니? 너 한번 봐 봐, 벌써 몇 시야? 왜 지금까지도 일어나지 않니?

정답 ┃ C

02 "就"의 주요 용법

❖ 곧, 즉시, 바로

- 我六点<u>就</u>出来了。　나는 6시에 바로 나왔다.
- 他5岁<u>就</u>上小学了。　그는 5살에 초등학교에 입학했다.

❖ 단지, 오로지

- 这事儿<u>就</u>老王知道, 你得去问他。
  이 일은 라오왕만 알고 있다, 너는 그에게 가서 물어봐야 돼.
- 这次HSK考试我们班<u>就</u>金恩惠得了八级。
  이번 HSK시험에서 우리 반의 김은혜만 8급을 맞았다.

❖ 이미, 벌써

- 这问题早<u>就</u>研究过了。　이 문제를 일찌감치 연구한 적이 있다.
- 事情早<u>就</u>清楚了。　일은 일찌감치 분명해졌다.

❖ ～에 대하여

- 我们<u>就</u>事论事。　우리들은 일로 일을 논한다.
- <u>就</u>这个问题, 我们研究一下。　이 문제에 대해 우리 연구해 보자.

八点钟上课, 他七点三十分______来了。

   A. 又   B. 就   C. 才   D. 也

해설 ┃ 문장의 의미상 8시 수업인데 7시 30분에 왔다는 것은 "빨리" 내지 "벌써"의 의미를 갖는다. 보기에 "빨리" 내지 "벌써"의 의미를 갖는 단어는 就가 된다. 才의 경우는 就와 반대로 일의 발생이 늦거나 느린 것을 나타낸다.

해석 ┃ 8시에 수업인데 그는 7시30분에 벌써 왔다.

정답 ┃ B

 "光"의 주요 용법

❖ **다만, 오직, 홀로**

- 他一天到晚光玩儿不学习。 그는 하루 종일 놀기만 하고 공부는 하지 않는다.
- 他光说空话不干实事。 그는 빈말만 하고 실질적인 일은 하지 않는다.

❖ **조금도 남아있지 않다, 전혀 없다(주로 보어로 쓰임)**

- 一桌菜全让他们吃光了。 식탁의 음식 전부 그들이 모조리 다 먹었다.
- 没过几天他就把带的钱花光了。 그는 며칠도 안 돼 가지고 있던 돈을 다 썼다.

예제

会上______他就说了一个小时, 别人都没时间说了。

A. 光　　　　　B. 都　　　　　C. 就　　　　　D. 才

해설 | 문장의 의미상 "혼자"라는 의미가 들어가야 하는데, 보기 중에서는 光과 就가 일단 답이 될 수 있다. 이중 光은 "光…就…"형태로 사용되기 때문에 光이 와야한다.

해석 | 회의에서 그 혼자 한 시간 동안 말해서 다른 사람들은 말할 시간이 없었다.

정답 | A

5　부정부사

01 不　　〜이 아니다

他常常不吃早饭。 그는 자주 아침을 먹지 않는다.

02 没　　〜하지 않다

教室里没有一个学生。 교실 안에 학생이 한 명도 없다.
昨天他没参加会议。 어제 그는 회의에 참가하지 않았다.

03 别　　〜하지 마라

你别去了, 在家休息吧。 가지 말고, 집에서 쉬라.

04 不必　　〜할 필요가 없다

我们不必再等了, 已经十点了, 老王肯定不来了。
우리 더 이상 기다릴 필요 없어, 벌써 10시야, 라오왕은 분명히 오지 않을 거야.

05 未必　　반드시 〜한 것은 아니다

你别急, 他说的未必是真的。 급해하지 마, 그가 말한 것은 꼭 사실은 아냐.

6 정태(표정과 태도)부사

(1) 정태부사의 종류

01 亲自 — 몸소, 친히, 직접
今天中午我又**亲自**炒了两个鸡蛋。
오늘 오후에 나는 또 직접 계란 두 개를 프라이 했다.

02 互相 — 서로, 상호
两人**互相**介绍了一下, 并交换了名片。
두 사람은 서로 소개를 잠깐 하고, 명함을 교환했다.

03 逐步 — 한 걸음 한 걸음, 차츰차츰
对世界的认识是**逐步**深入的过程。
세계에 대한 인식이 점점 깊어가는 과정이다.

04 逐渐 — 점점
天色**逐渐**亮起来。 날이 점점 밝아졌다.

05 陆续 — 끊임없이, 잇따라, 계속해서
观众们**陆续**走进剧场。 관중들은 끊임없이 극장으로 들어갔다.

06 偷偷 — 살짝, 슬그머니, 남몰래
病人不准看书, 可他背着医生**偷偷**看。
환자들이 책을 보는 것을 허락하지 않는데, 그는 의사를 속이고 몰래 책을 본다.

07 赶紧 — 서둘러, 급히, 재빨리
别让人家着急, 你**赶紧**给他回个电话!
사람을 안달 나게 하지 말고, 빨리 그에게 다시 전화를 해라!

08 纷纷 — 잇달아, 쉴 사이 없이
下课铃响了, 同学们**纷纷**走出了教室。
수업 마치는 종소리가 울리자 학우들은 잇달아 교실에서 나왔다.

09 一口气 — 단숨에
他真能讲, **一口气**讲了三个小时。
그는 정말 말을 잘해, 단숨에 세 시간 동안 말했다.

10 一下子 — 단번에
我**一下子**就明白是怎么回事了。 나는 단번에 어떻게 된 일인지 알았다.

(1) 빈도부사의 종류

01 又 또, 다시, 거듭
我<u>又</u>发现了一个问题。 나는 또 문제 하나를 발견했다.

02 再 다시, 재차, 더
欢迎你们有时间<u>再</u>来! 시간 날 때 다시 오시는 것을 환영합니다!

03 还 아직, 더, 더욱
我们<u>还</u>住在原来的地方。 우리들은 아직도 원래의 곳에 산다.

04 也 ~도, 역시, 또한
你们去北京, 我们<u>也</u>去北京。
너희들이 베이징에 가면, 우리도 베이징에 간다.

05 经常 늘, 항상
他<u>经常</u>不去上班, 哪儿也不去, 就在家里呆着。
그는 출근도 자주 안 하고, 어디에도 가지도 않고, 집에만 있다.

06 常常 자주, 항상
星期天他<u>常常</u>去钓鱼。 일요일에 그는 항상 낚시 하러 간다.

07 往往 왕왕, 이따금
周末他<u>往往</u>不在家。 주말에 그는 왕왕 집에 있지 않는다.

08 一再 몇 번이나, 수차
老张<u>一再</u>跟我们交代, 明天早上的会议很重要, 千万不能迟到。
라오쟝은 몇 번이나 우리에게 내일 아침 회의 아주 중요하니까 절대 늦으면 안 된다고
부탁했다.

09 再三 재삼, 여러 번
老师<u>再三</u>告诫我们, 放假的两个月不能放弃汉语学习。
선생님께서는 우리에게 두 달이나 되는 방학 동안 중국어 공부하는 것을 포기하지 말
라고 <u>여러 번</u> 충고하셨다.

10 一连 계속해서, 연이어
他<u>一连</u>两个星期没来上课。 그는 두 주 연이어 수업에 오지 않았다.

11 连连 연신, 끊임없이

大家请他讲话, 他<u>连连</u>摆手。

사람들이 그에게 연설해 줄 것을 청하자, 그는 <u>연신</u> 손을 흔들었다.

12 不断 끊임없이, 부단히

他<u>不断</u>给我打电话。 그는 계속해서 나에게 전화를 걸었다.

(2) 혼동되는 빈도부사

01 "又"·"再"·"还" 차이

❖ 又

① 과거의 동작반복 (了를 수반)

- 昨天他去图书馆了, 今天他<u>又</u>去图书馆了。
  어제 그는 도서관에 갔다, 오늘 그는 또 도서관에 갔다.

- 吃了一碗米饭, 觉得没吃饱, 我<u>又</u>吃了一个面包。
  밥 한 그릇 먹고 나서 배가 덜 불러 나는 또 빵 하나를 먹었다.

② 又 + 능원동사

- 他偷偷地抽烟, 妈妈知道以后<u>又</u>该骂他了。
  그는 몰래 담배를 피웠다, 엄마가 알면 또 그를 야단칠 거다.

- 在家里呆了一会儿, 他<u>又</u>想出去玩儿了。
  집에 조금 있더니 그는 또 나가 놀려고 했다.

❖ 再

① 미래의 동작반복

- 既然张先生不在, 明天我<u>再</u>来吧。
  장 선생님께서 안 계시니 내일 다시 오겠습니다.

② 능원동사 + 再

- 这个电影很有意思, 我想<u>再</u>看一遍。
  이 영화 아주 재미있다, 나는 다시 한번 볼 생각이다.

- 对不起, 刚才你说什么? 能<u>再</u>说一遍吗?
  죄송합니다만 방금 뭐라고 하셨죠? 한 번 더 말씀해주실 수 있겠습니까?

③ 가정문 · 명령문 사용가능

- 还不到六点, <u>再</u>睡一会儿吧。 아직 6시도 안 되었으니, 다시 좀 더 자라.

❖ 还

① 미래의 동작(주관적 바램이나 감정)

- 今天你不答应我，明天我还来找你。
  오늘 네가 승낙하지 않으면 내일 나는 다시 너를 찾으러 오겠다.

② 还 + 능원동사

- 我还想喝点儿。 나는 다시 좀 더 마시고 싶다.
- 天这么阴，看样子明天还得下雨。
  날이 이렇게 흐리니, 보아하니 내일 비가 올 거 같다.

我们吃完饭＿＿＿＿聊了一会儿天才各自回家。

A. 再   B. 也   C. 才   D. 又

해설ㅣ 이 문장은 了가 있기 때문에 과거형 문장임을 알 수 있다. 과거형 문장에는 又를 사용한다.
해석ㅣ 우리들은 밥을 다 먹고 조금 한담을 나누고서 각자 집으로 돌아갔다.
정답ㅣ D

02 "常常"과 "往往" 차이

❖ 常常

① 동작의 단순반복 및 횟수가 많음을 나타냄(규칙성 ×)

- 我们常常见面。 우리는 자주 만난다.
- 他常常一出去就很晚才回来。 그는 한번 나갔다 하면 늘 아주 늦게 돌아온다.

② 미래·과거의 일을 모두 나타낼 수 있음

- 以后我会常常来看你的。 후에 나는 자주 너를 보러 올 것이다.
- 我希望今后能常常去中国。
  나는 오늘 이후로 자주 중국에 갈 수 있기를 바란다.

❖ 往往

① 일정한 규칙성이 있는 동작(시간·지점 필요)

- 我们往往见面。(×)
- 我们往往星期天见面。 우리들은 왕왕 일요일에 만난다.
- 我们往往在书店见面。 우리들은 왕왕 도서관에서 만난다.

② 과거 일에만 사용, 미래의 일 불가

- 他往往天不亮就醒了。 그는 왕왕 날이 밝기도 전에 깬다.
- 周末他往往不在家。 주말에 그는 왕왕 집에 있지 않는다.

请你以后_____来看我。

A. 一直　　　　　B. 往往　　　　　C. 常常　　　　　D. 始终

해설 | 문장의 의미상 일단 往往이나 常常이 와야 한다. 그러나 문장에 以后가 있어 미래형 문장임을 알
수 있다. 미래형 문장에는 常常을 사용한다. 始终은 "시종일관"이라는 의미이다.

해석 | 다음에 자주 저를 찾아 오세요.

정답 | C

03 "一再"와 "再三" 차이

❖ 一再

① 어떤 동작이 여러 차례 진행된 경우

- 我一再解释，这件事完全属于误会。
  나는 이 일이 완전히 오해라고 몇 번이나 설명했다.

- 父母一再告诫我，到北京后一定要认真学习。
  부모님께서는 베이징에 온 뒤에는 반드시 열심히 공부해야 한다고 나에게 몇 번이나 충
  고하셨다.

② 어떤 상황이 반복적으로 출현할 경우

- 近期南京东路一再发生交通事故。
  근래 남경동로에서 몇 번이나 교통사고가 발생했다.

❖ 再三

① 어떤 의식적인 동작이 여러 차례 진행된 경우

- 我再三向他道谢。　나는 여러 번 그에게 감사를 전했다.
- 他再三劝我不要生气。　그는 나에게 화를 내지 말라고 여러 번 충고했다.
- 近期南京东路再三发生交通事故。（×）

② "동사(考虑·思考·斟酌…) + 再三" 형태로 사용

- 我考虑再三，决定报考医学院。
  나는 여러 번 생각한 끝에 의과대학에 지원하기로 결정했다.

我_____嘱咐他不要去，他就是不听我的话。

A. 一再　　　　　B. 一直　　　　　C. 一连　　　　　D. 先后

해설 | 뒤 문장의 "그는 내 말을 안 들었다"는 것은 "그가 이미 갔다"는 것을 말하는데, 이는 이미 발생한
일이 된다. 보기 중에 一再는 "몇 번이나"라는 의미로, 주로 이미 발생한 일에 사용된다.

04 ┃ "一连"과 "连连" 차이

❖ 一连

"계속해서" · "연이어" (뒤에 반드시 수량사가 옴)

- 他已经一连三天没睡觉了。 그는 벌써 3일 연속 잠을 자지 않았다.
- 我一连吃了20多个饺子。 나는 20여 개의 만두를 연이어 먹었다.

❖ 连连

"연신" · "끊임없이" (수량사가 올 수 없음)

- 客人临走时，对主人连连表示感谢。
  손님들이 떠날 때 주인에게 연신 감사를 전했다.
- 近期长江东路连连发生交通事故。
  근래 장강동로에서 연신 교통사고가 발생했다.

他的妻子______生了三个女儿，令他非常失望。

A. 连连　　　　B. 再三　　　　C. 一连　　　　D. 一再

해설 ┃ 뒤에 "三个女儿"이라는 수량사가 나오고 있으므로 앞에는 "一连"이 와야 한다. 连连은 "연신" · "끊임없이"라는 의미로 뒤에 수량사가 올 수 없다.

단어 ┃ 失望(shīwàng) 실망하다, 낙담하다

해석 ┃ 그의 아내가 연이어 세 명의 딸을 낳자, 그는 아주 실망했다.

정답 ┃ C

1 我 A 也 B 不敢去 C 那个 D 危险的地方了。
　　　再

2 现在 A 人们 B 比较 C 注重 D 自己的饮食结构。
　　　都

3 A 我 B 唱歌 C 没 D 走过调儿。
　　　从来

4 安娜 A 回答的这些问题 B 不 C 是错的，D 有几个问题回答对了。
　　　都

5 A 这几天 B 天气不好，C 下了 D 三天雨。
　　　一连

6 图书馆这次进书，A 文科类书 B 就 C 进了 D 3000 册。
　　　光

7 我们希望 A 他跟大家一起 B 坐飞机回国，可他 C 要一个人坐船 D 走。
　　偏偏

8 他家的 A 小保姆 B 又勤快又 C 懂事，还 D 会做菜。
　　　很

9 A 她的父亲 B 一张照片 C 没有 D 留下。
　　　也

10 A 由 B 谁 C 来承担这个责任呢? 他 D 无法做出选择。
　　　到底

11 A 考虑到多种因素，B 他们 C 决定把商品房的价格 D 降下来。
　　　才

12 张老师 A 对这项实验非常谨慎, B 共验证了 C 五次, 才 D 着手写实验报告。
   先后

13 A 会议 B 开了 C 两个 D 多小时。
    一直

14 政府采取了 A 严厉的措施, B 但是 C 很难阻止盗窃现象的 D 发生。
   仍然

15 A 没想到我 B 第二次 C 见到他 D 是在一年之后。
    竟然

16 A 如何处理城市生活垃圾的问题 B 没 C 得到很好的 D 解决。
    始终

17 他每年能从村委会领到 A 2000元 B 人民币 C 的退休金 D。
    大约

18 在我们家, 妹妹说话声音______好听。

 A. 很   B. 太   C. 最   D. 真

19 这样坐着______舒服的。

 A. 挺   B. 真   C. 多   D. 最

20 这部电视剧可真够长的, ______演了半年了还没演完。

 A. 就   B. 才   C. 还   D. 都

21 贤京本来想和我一起去商店, 可公司忽然有急事找她,
我们只好以后______去。

 A. 再   B. 还   C. 又   D. 就

22 早上爸爸上班的时候, 小亮______没有起床。

 A. 又   B. 都   C. 再   D. 还

23 他刚接完一个电话，他的手机______响了。

    A. 又   B. 都   C. 再   D. 还

24 在中国住了两年，不但学会了汉语，______交了不少中国朋友。

    A. 又   B. 都   C. 再   D. 还

25 以前他学习不太好，这次______考了个全班第一。

    A. 一口气   B. 一阵子   C. 一会儿   D. 一下子

26 你们的意见都有自己的道理，不过，我______上同意小赵的观点。

    A. 大概   B. 几乎   C. 大体   D. 大约

27 我们这样做都是为了你，你______不明白吗？

    A. 难怪   B. 难道   C. 究竟   D. 毕竟

28 唱歌也好，跳舞也好，______明天你得表演一个节目。

    A. 所以   B. 反而   C. 而且   D. 反正

29 妈妈的话你______要记住，常常给家里打个电话。

    A. 十分   B. 千万   C. 百分   D. 万万

30 我也没想到，他______连这么简单的问题也回答不出。

    A. 果然   B. 竟然   C. 固然   D. 虽然

31 他昨天______逛商店去了，却说自己去上课了。

    A. 明显   B. 毕竟   C. 明明   D. 明白

32 他______犯同样的错误，我不能原谅他。

    A. 一再   B. 再三   C. 先后   D. 一连

33 听了她的讲话，大家______点头。

    A. 始终   B. 连连   C. 一连   D. 一一

34 他太不注意保护身体，这样______会生病的。

    A. 终于   B. 回头   C. 早晚   D. 马上

정답

1 A	2 B	3 C	4 C	5 C	6 A
7 C	8 D	9 C	10 A	11 C	12 B
13 B	14 C	15 D	16 B	17 A	18 C
19 A	20 D	21 A	22 D	23 A	24 D
25 D	26 C	27 B	28 D	29 B	30 B
31 C	32 A	33 B	34 C		

1
해석 | 나는 다시는 그런 위험한 곳에 가고 싶지 않다.
단어 | 敢(gǎn) : 감히 ~하다
危险(wēixiǎn) : 위험
해설 | 再也不~ : 다시는 ~하고 싶지 않다.

2
해석 | 현재 사람들은 자신의 음식 습관을 비교적 중시한다.
단어 | 注重(zhùzhòng) : 중시하다
结构(jiégòu) : 구조, 짜임새
해설 | 都는 부사로서, 주로 복수인칭대명사와 결합한다. 이 문장에서 복수인칭대명사는 人们이므로 都는 그 뒤에 온다.

3
해석 | 나는 노래 부를 때 여태까지 박자를 어긋나 본 적이 없다.
단어 | 走调儿(zǒudiàor) : 박자를 어긋나다
해설 | 从来는 부사이며, 동사 앞에 부정부사가 있을 경우 "일반부사+부정부사" 어순이 된다.

4
해석 | 안나가 대답한 이 문제들은 모두 틀린 것이 아니라 몇 문제는 정확하게 대답했다.
해설 | 이 문장에서 문제를 모두 틀리는 것이 아니라 몇 문제는 맞췄다고 했으므로, 부분

부정이 된다. 부분부정일 경우 어순은 "都不~"가 아니라 "不都~"형태가 된다.

5
해석 | 요 며칠 동안 날씨가 좋지 않았는데, 삼일 동안 연이어 비가 내렸다.
해설 | 一连은 부사로써 뒤에 반드시 수량사를 수반하며, 품사는 부사이므로 동사 앞에 놓인다.

6
해석 | 도서관에 이번에 들어온 책 중에 인문학 서적만 3000권이 들어왔다.
단어 | 册(cè): 책, 권
해설 | 부사 중에 범위나 제한을 나타내는 부사 (就 · 只 · 光 · 净 · 仅仅……)들은 주어 앞으로 올 수 있다.

7
해석 | 우리들은 그가 사람들과 함께 비행기를 타고 귀국하기를 바라지만 그는 혼자 배를 타고 가려고 한다.
해설 | 偏偏은 부사로써 "한사코" · "기어코"라는 의미이다. 문장에 조동사가 있을 경우 "부사+조동사"순이 된다. 이 문장에서는 要가 조동사이므로 偏偏은 要 앞에 와야 한다.

8
해석 | 그 집의 보모는 아주 부지런하고 분별력이 있고, 뿐만 아니라 음식도 아주 잘한다.
단어 | 勤快(qínkuai) : 부지런하다
懂事(dǒngshì) : 분별이 있다, 철이 들다
해설 | "很会~"는 "~를 아주 잘한다"는 의미이다.

9
해석 | 그녀의 부친은 사진 한 장도 남기지 않았다.
해설 | "也"는 일반부사이며, 동사 앞에 부정부사가 있을 경우 "일반부사+부정부사"의 어순이 된다.

10
해석 | 도대체 누가 이 책임을 진단 말인가? 그는 선택할 방법이 없다.
단어 | 承担(chéngdān) : 담당하다, 맡다
无法(wúfǎ) : ~할 방법이 없다
해설 | 부사 중에 어기를 나타내는 부사(幸亏 · 难道 · 其实 · 原来 · 到底……)들은 주어 앞으로 올 수 있다.

11
해석 | 여러 가지 요소를 고려한 뒤, 그들은 상품 주택 가격을 내리기로 결정했다.
단어 | 因素(yīnsù) : 요소
商品房(shāngpǐnfáng) : 상품으로 파는

주택

降(jiàng) : 내리다

해설 | 才는 부사로써 동사 앞에 놓인다. 문장에서 동사는 决定이기 때문에 그 앞에 놓인다.

12 해석 | 장 선생님은 이번 실험에 대해서 굉장히 신중하셔서, 연속해서 모두 다섯 번이나 검증하고서야 실험 보고서를 쓰는데 착수했다.

단어 | 勤慎(qínshèn) : 근면하고 신중하다
验证(yànzhèng) : 검증하다
着手(zhuóshǒu) : 착수하다

해설 | 先后는 "계속해서"·"연속해서"라는 의미의 부사이다.

13 해석 | 회의는 두 시간이 넘게 계속 열렸다.

해설 | 一直는 부사로써 동사 앞에 위치한다.

14 해석 | 정부는 단호한 정책을 채택하였지만 여전히 절도사건의 발생을 막기 어려웠다.

단어 | 采取(cǎiqǔ) : 취하다, 채택하다
措施(cuòshī) : 조치, 대책
严厉(yánlì) : 매섭다, 호되다
阻止(zǔzhǐ) : 가로막다
盗窃(dàoqiè) : 절도하다

해설 | 仍然은 "여전히"라는 의미이다. 문맥상 "很难~" 앞에 와서 "여전히 ~하기 어렵다"라는 의미가 된다.

15 해석 | 나는 그를 두 번째 보게 된 것이 뜻밖에도 일 년 뒤라는 것을 생각지도 못했다.

해설 | 竟然은 부사로써 동사 앞에 위치한다. 문장에서 동사는 是이므로 그 앞에 위치한다.

16 해석 | 어떻게 도시 생활쓰레기를 처리할 것인가의 문제는 시종일관 좋은 해결책을 찾지 못했다.

단어 | 如何(rúhé) : 어떻게
处理(chǔlǐ) : 처리하다
垃圾(lājī) : 쓰레기, 오물

해설 | 始终은 부사로써 동사 앞에 위치해야 하지만 부정부사가 있을 경우 부정부사 앞에 위치한다.

17 해석 | 그는 매년 촌 위원회로부터 대략 인민폐 2000원 정도의 퇴직금을 받을 수 있다.

단어 | 村委会(cūnwěihuì) : 촌 위원회
退休金(tuìxiūjīn) : 퇴직금

해설 | 大约는 어기부사로써, 문장에서 2000원에 대해 제한하는 역할을 하기 때문에 그 앞에 와야 한다.

18 해석 | 우리 집에서 여동생이 말하는 소리가 가장 듣기 좋다.

해설 | 문법상 "很"·"太"·"真"은 정도부사로, 好听을 수식할 수 있으나 문맥상 最가 가장 잘 어울린다.

19 해석 | 이렇게 앉아 있으면 아주 편안하다.

해설 | 문장 끝의 的와 호응하는 정도부사는 挺이다.

20 해석 | 이 드라마 정말 길다, 벌써 반 년이나 했는데도 아직 안 끝났다.

단어 | 电视剧(diànshìjù) : TV 드라마
够~的 : 아주 ~하다

해설 | 都에는 "벌써"·"이미"라는 의미가 있다. 이럴 경우 뒤에 항상 了를 수반한다.

21 해석 | 현경이는 본래 나와 함께 상점에 가고 싶어 했는데 회사에서 갑자기 급한 일로 그녀를 찾는 바람에 우리는 하는 수 없이 다음에 다시 가기로 했다.

해설 | 再는 미래의 일에, 又는 과거 일을 표현하는데 사용한다.

22 해석 | 아침에 아빠가 출근하실 때 샤오리앙은 아직 일어나지 않았다.

해설 | 还에는 "아직"의 의미가 있다.

23 해석 | 그가 막 전화 한 통을 다 받았을 때 그의 핸드폰이 또 울렸다.

해설 | 문장 끝에 了가 있는 것으로 보아 과거임을 알 수 있다. 과거형 문장에서는 又를 쓴다.

24 해석 | 중국에서 2년을 살면서, 중국어를 익혔을 뿐만 아니라 적지 않은 중국 친구들을 사귀었다.

해설 | "不但A, 还(也)B"는 "A할 뿐만 아니라 B도 ~하다"라는 의미이다.

25 해석 | 이전에 그는 공부를 잘하지 못했는데, 이번 시험에서 단번에 반에서 일등을 했다.

해설 | 一口气는 "단숨에", 一下子는 "단번에"라는 의미이다.

26 해석 | 너희들의 의견은 나름대로 일리가 있다.

그러나 나는 대체적으로 샤오쟈오의 관점에 동의한다.

해설 | 大概는 "대강의"·"대개는"라는 의미이고, 大约는 "대개는"라는 의미로써, 모두 뒤의 上과는 결합하지 않고 뒤에 바로 동사가 온다. 大体는 "대체로"·"대략"이라는 의미로, 보통 "大体上"으로 쓰인다.

27 해석 | 우리가 이렇게 한 것은 모두 널 위해서야, 너 설마 모르겠니?

해설 | "难道~吗"는 "설마~한가"라는 의미이다. 难道 뒤에는 항상 吗가 따라온다.

28 해석 | 노래하는 것도 좋고, 춤추는 것도 좋으니까, 어쨌든 너는 내일 프로그램 하나를 공연해야 한다.

해설 | 反而은 "도리어"라는 의미이고, 反正은 "어쨌든"이라는 의미이다.

29 해석 | 엄마 말 너 반드시 기억해, 집에 자주 전화해야 돼.

해설 | "千万"은 "반드시"·"제발"의 의미이고, 万万은 "결코"·"도저히"의 의미이다.

30 해석 | 나도 생각지 못했어, 뜻밖에 그가 이런 간단한 문제조차도 대답하지 못할 줄 말이야.

해설 | "果然"은 "과연", "竟然"은 "뜻밖에도"·"의외로", "固然"은 "물론 ~이지만"의 의미이다.

31 해석 | 그는 어제 분명히 상점을 둘러보러 갔으면서 오히려 자신은 수업하러 갔다고 했다.

해설 | 明显은 "뚜렷하다"·"분명하다"라는 형용사이고, 明白는 "이해하다"·"알다"라는 동사이다. 明明은 "분명히"·"명백히"라는 부사이다.

32 해석 | 그는 몇 번이나 같은 잘못을 범해서, 나는 그를 용서할 수 없다.

단어 | 犯~错误(fàn~cuòwù) : ~한 잘못을 범하다

해설 | 再三은 "재삼"·"여러 번"의 의미이며, 주로 "再三+동사" 혹은 "考虑·思考·斟酌…+再三" 형태로 많이 쓰인다. 一连은 "계속해서"·"연이어"라는 의미로 뒤에는 반드시 수량사가 온다. 一再는 "몇 번이나"·"수차"라는 의미이며 주로 이미 일어난 일에 사용한다.

33 해석 | 그녀의 연설을 듣고 사람들은 연신 고개를 끄덕였다.

해설 | 一连은 "계속해서"·"연이어"라는 의미로 뒤에는 반드시 수량사가 온다. 连连은 "연신"·"끊임없이"라는 의미이다.

34 해석 | 그가 건강에 너무 주의하지 않으면 조만간에 병에 걸릴 것이다.

해설 | 回头는 "조금 이따가"라는 의미이고, 早晚은 "조만간"이라는 의미이다.

개사(전치사)

전치사의 특징 : 명사나 대명사와 결합하여 전치사구를 형성하고 동사 앞에 위치하여
이들을 수식하거나 제한하는 역할을 한다.
중점사항 : 전치사의 위치 / 개별 전치사의 용법 / 혼동하기 쉬운 전치사의 구별

1 | 전치사의 위치

1 전치사＋명사＋동사

我把这件事告诉她了。 나는 이 일을 그녀에게 알려줬다.
我给你们介绍一下这儿的情况。 내가 너희들에게 이곳의 상황을 한번 소개해주겠다.

예제1 : 我 A 他 B 买了 C 一张 D 飞机票。
　　　　　替

해설 | 替는 전치사로, 뒤에 반드시 "명사＋동사" 형태로 된 문장이 나온다. 이 문장에서는 "我买"
　　　가 "명사＋동사"형태이므로, 替는 그 앞에 위치한다.
해석 | 나는 그를 대신해 비행기표 한 장 샀다.
정답 | A

예제2 : A 你 B 学校 C 门口 D 等我吧。
　　　　　　　在

해설 | 在는 전치사로, "명사＋동사"형태로 된 문장을 찾아야 한다. 이 문장에서는 "学校门口等"이
　　　"명사＋동사"형태이므로, 在는 그 앞에 위치한다.
해석 | 너 학교 입구에서 나를 기다려라.
정답 | B

2 동사＋在 · 于 · 自 · 往 · 向 · 给＋명사／대명사

我住在首尔。 나는 서울에 살고 있다.
他生于1990年。 그는 1990년에 태어났다.
我的老师来自中国。 나의 선생님은 중국에서 오셨다.
本次列车是开往南京的。 본 열차는 난징으로 간다.

예제 : 这是 A 朋友 B 送 C 我 D 的礼物。
　　　　　　　给

해설 | 给는 전치사이지만 동사 뒤에 위치할 수 있다. "送给AB"라고 하면 "A에게 B를 보내주다"는
　　　의미가 된다.

2 | 전치사의 종류

1 장소를 나타내는 전치사

(1) 종류

01 在 ～에서
我们都在上海学习。 우리 모두는 상하이에서 공부한다.

02 从 ～부터
他们是一起从韩国来的。 그들은 함께 한국에서 왔다.

03 自 ～에서(부터)
本次列车自北京开往西安。 본 열차는 베이징에서 시안으로 향한다.

04 打 ～로부터(주로 구어체에 사용)
你们是打哪儿来的? 당신은 어디에서 왔습니까?

05 由 ～에서, ～이(가)～한다
他们先到广州, 然后再由广州出发去海南。
그들은 먼저 광저우에 도착한 다음 광저우에서 하이난으로 출발했다.

06 离 ～에서(거리)
北京离天津不远, 离上海比较远。
베이징은 톈진에서 멀지 않고, 상하이에서는 비교적 멀다.

07 朝 ～로 향하여
你们一直朝前走, 一会儿就能到。
당신들은 앞으로 죽 조금만 가다보면 도착할 수 있다.

08 向   ~를 따라, ~에게

你的方法挺好的, 我应该向你学习。

너의 방법은 아주 좋아, 나는 마땅히 너에게 배워야겠어.

09 往   ~로, ~로 향하다

一直往前走, 走到头再往右拐。   앞으로 죽 끝까지 가서 오른쪽으로 도세요.

10 顺着   ~를 따라서

你们可以顺(着)这条河走, 二十分钟就到了。

당신들은 이 강을 따라 20분을 가면 도착할거예요.

11 沿着   ~를 따라서

你只要沿着我给你指的方向走, 一定能够到达目的地。

너는 내가 가르쳐 준 방향으로만 따라가면 반드시 목적지에 도착할 수가 있다.

(2) 고정격식

01 "在"

❖ 在 A 上(방면 · 범위)

A한 상에서(= 在 + 工作 / 学习 / 生活 / 行动…+上)

- 他在工作上还是非常用心的。 그는 업무상에 있어서 그래도 대단히 열심이다.
- 在这个问题上, 我始终跟大家保持一致的意见。

  이 문제에 있어서 나는 시종일관 사람들과 일치된 견해를 유지하고 있다.

❖ 在 A 中(시간 · 상태 · 과정)

A하는 중에(가운데에)(= 在+旅行/研究/讨论/工作/掌声/歌声…+中)

- 在旅行中, 安娜认识了很多中国朋友。

  여행 중에 안나는 많은 중국 친구들을 알게 됐다.
- 在最近的几个月中, 大家表现得都不错。

  최근 몇 개월 동안 사람들은 발군의 실력을 보였다.

❖ 在 A 下(조건)

A하는 하에(= 在 + 条件 / 领导 / 支持 / 帮助 / 影响 / 指导…+下)

- 在这种条件下, 我们不能进行工作。

  이런 조건에서 우리는 일을 진행할 수 없다.

- <u>在</u>老师的帮助<u>下</u>，他的汉语水平提高得很快。
  선생님의 도움으로 그의 중국어 수준은 아주 빨리 향상됐다.

❖ 在A看来

A가 보기에

- <u>在</u>父母<u>看来</u>，儿子的成绩是最重要的。
  부모가 보기에 아들 성적이 가장 중요했다.
- <u>在</u>她<u>看来</u>，丈夫和儿子是她未来生活的保障。
  그녀가 보기에 남편과 아들은 그녀 미래 생활의 보장이었다.

예제

______朋友的照顾______，我终于恢复了健康。

　A. 在……上　　　B. 在……中　　　C. 在……下　　　D. 在……看来

해설 | 문장의 의미상 친구의 보살핌 때문에 건강을 회복한 것이므로, 조건을 나타낸다. 이럴 경우 "在…下"를 사용한다.

단어 | 照顾(zhàogù) 돌보다, 보살피다 | 恢复(huīfù) 회복하다

해석 | 친구들의 보살핌으로 나는 마침내 건강을 회복했다.

정답 | C

---

02 "从"(이때 "从"은 "由"로도 바꿔 쓸 수 있다.)

❖ 从A起(开始)

A에서 시작해서

- <u>从</u>昨天<u>起</u>(开始)，他戒烟了。　어제부터 그는 금연했다.
- 由于内部装修，我店<u>从</u>5日<u>起</u>暂停营业。
  내부 장식 때문에 저희 가게는 5일부터 시작해서 잠시 영업을 중단합니다.

❖ 从A来看

A에서 보자면

- <u>从</u>外表<u>来看</u>，他不过二十多岁。　겉으로 보면, 그는 20여 세에 불과하다.
- <u>从</u>长远利益<u>来看</u>，良好的中韩关系有利于两国发展。
  항구적인 이익에서 보자면, 중국과 한국의 좋은 관계는 두 나라의 발전에 이롭다.

❖ 从A来说

A로 말하자면

- <u>从</u>个人能力<u>来说</u>，他还是很能干的。
  개인의 능력으로 말하자면 그는 그래도 아주 능력 있다.

- 从工作方面来说, 在小城市工作没有那么大的压力。
  업무상에서 말하면, 중소도시에서의 일은 그렇게 큰 스트레스가 없다.

❖ 从A到B

A에서 B까지

- 从小孩儿到大人都喜欢这首歌。　어린아이에서 어른까지 이 노래를 좋아한다.
- 高速铁路开通后从釜山到首尔只要两个多小时。
  고속철도 개통 후 부산에서 서울까지 두 시간 여 걸린다.

______她的气色来看, 她不像一个有病的人。

　A. 在　　　　　　B. 对　　　　　　C. 自　　　　　　D. 从

해설 | "从…来看"은 "…로 보자면"이라는 의미이다.
단어 | 气色(qìsè) 기색, 안색
해석 | 그녀의 안색으로 보면, 그녀는 병이 있는 사람 같지 않다.
정답 | D

03　"由" (행위의 주체)

❖ 由A(来)组成

A로 이루어져 있다

- 学习小组由六位同学组成。　학습소 그룹은 6명의 학우로 이루어져 있다.
- 访问团成员由数十名工商界人士组成。
  방문단은 수십 명의 상공업계 인사들로 이루어져 있다.

❖ 由A(来)构成

A로 구성되어 있다

- 水是由氢气和氧气构成的。　물은 수소와 산소로 구성되어 있다.
- 汉语拼音由声母、韵母和声调三部分构成。
  중국어의 병음은 성모 · 운모와 성조 세 부분으로 구성되어 있다.

❖ 由A(来)决定

A가 결정을 하다

- 公司的投资地点将由董事会决定。
  회사의 투자 장소는 이사회에서 결정할 것이다.
- 去不去由你自己决定, 别人说了不算。
  가고 안 가고는 너 스스로 결정해라, 다른 사람이 말한 것은 치지 않는다.

我们这个青年代表团是 ______ 十二个人组成的。

    A. 从   B. 自   C. 给   D. 由

해설 | "由…组成"은 "…으로 구성되어 있다"는 의미이다. 이때 由는 从이나 自로 바꿔 쓸 수 없다.
단어 | 代表团(dàibiǎotuán) 대표단 | 组成(zǔchéng) 구성하다, 조직하다
해석 | 우리 이 청년대표단은 12명으로 구성되어 있다.
정답 | D

04 "朝"·"向"·"往" 차이

❖ 朝

① ~으로

- 请大家朝前看!   여러분들 앞으로 보세요!

② 구체적 동작을 나타내는 동사가 옴

- 小李进来后, 大家都朝着他笑。
  샤오리가 들어온 후 사람들은 그를 향해 웃었다.
- 山本朝我挥挥手, 我朝他点点头。
  샨번이 나를 향해 손을 흔들자, 나는 그를 향해 고개를 끄덕였다.

❖ 向

① ~으로

- 房子是向南的, 阳光充足, 冬天也不冷。
  이 방은 남향이라, 양광이 충분해서 겨울에도 춥지 않다.

② 뒤에 추상동사(说明 · 表示 · 学习 · 介绍……)가 옴

- 老师向我们介绍了一个新生。
  선생님은 우리들에게 새로 온 학생 한 명을 소개해 주셨다.
- 张同学一向刻苦努力, 我们应该向他学习。
  장 학우는 줄곧 열심히 노력하는데, 우리는 마땅히 그에게서 배워야 한다.

③ 동사 뒤에 올 수 있다

- 这条小路一直通向果园。   이 길은 죽 과수원으로 통한다.

❖ 往

① ~으로(이동성이 강함)

- 你往前走, 前面有一家商店。   앞으로 가면 앞쪽에 상점이 하나 있을 것이다.

② 뒤에 장소가 온다

- 他<u>往</u>我这儿看。 그는 내가 있는 곳으로 쳐다봤다.
- 刚才我看见他<u>往</u>书店那边儿走去了。
  방금 나는 그가 서점 쪽으로 걸어가고 있는 것을 봤다.

③ 동사 뒤에 올 수 있다

- 332路公共汽车开<u>往</u>动物园。 332번 시내버스는 동물원으로 간다.

我代表公司______贵方的热情招待表示感谢。

  A. 朝   B. 向   C. 给   D. 往

해설 | 문장 끝에 추상동사 表示가 있기 때문에 向이 와야 한다.
단어 | 贵方(guìfāng) 상대방, 귀사 | 招待(zhāodài) 초대하다, 초청하다
해석 | 저는 회사를 대표해서 귀사의 열정적인 초대에 감사를 전합니다.
정답 | B

05 "顺着(沿着)"·"随着"·"跟着"·"趁着" 차이

❖ 顺着(沿着)

~를 따라서(+구체적 노선)

- 咱们<u>沿着</u>湖边散散步吧。 우리 호수가를 따라 산보 좀 하자.
- <u>沿着</u>这条路一直走, 你就能找到中国银行了。
  이 길을 따라 죽 가면 당신은 중국은행을 찾을 수 있습니다.

❖ 随着

① ~함에 따라(+ 发展 · 提高 · 变化 · 改善…)

- <u>随着</u>社会的发展, 语言也在变化。
  사회가 발전함에 따라 언어도 변화하고 있다.

② 따라서 ~하다(+동사)

- 夏天到了, 作息时间也<u>随着</u>改变了。
  여름이 되었다, 일과 쉬는 시간도 따라서 바뀌었다.
- 比赛场上的情况突然发生了变化, 观众的心情也<u>随着</u>紧张起来。
  경기장의 상황이 갑자기 변하자, 관중들도 따라서 긴장하기 시작했다.

❖ 跟着

~를 따라, ~를 따라서 (+사람/행동)

- 请大家<u>跟着</u>我一起念。 여러분들 나를 따라 함께 읽으세요.

· 我忽然发现一个人影紧<u>跟着</u>我，不由紧张了起来。
나는 갑자기 사람 그림자가 나를 바짝 따라오고 있는 것을 발견하고 자신도 모르게 긴장했다.

❖ 趁(着)

～를 이용해서, ～를 봐서, ～하는 틈을 타 (＋조건/기회＋동사)

· <u>趁着</u>天还没黑，我们快回去吧。
날이 아직 어두워지지 않았으니 우리 빨리 돌아가자.

· 她<u>趁着</u>放暑假去中国旅行了。
그녀는 여름방학 기간을 이용하여 중국 여행을 갔다.

예제

你们可以＿＿＿＿这条河走，二十分钟就到了。

   A. 趁着   B. 跟着   C. 随着   D. 顺着

해설 | 这条河는 구체적 노선을 나타내므로 顺着가 와야 한다.
해석 | 당신들은 이 강을 따라 20분간 가면 도착할 것입니다.
정답 | D

---

2 시간을 나타내는 전치사

(1) 종류

01 在   ～에서
明天上午的会议定<u>在</u>八点半。 내일 오전의 회의는 8시 반<u>으로</u> 정해졌다.

02 于   ～에, ～에서
礼物已<u>于</u>昨日收到。 선물을 이미 어제 받았다.

03 当   ～할 때
<u>当</u>他空闲的时候，他喜欢和大家一起聊天儿。
그는 한가할 <u>때</u> 사람들과 한담을 나누는 것을 좋아한다.

04 从   ～로부터
他<u>从</u>昨晚八点睡到现在还没醒呢。
그는 어제 저녁 8시<u>부터</u> 지금까지 잤는데 아직도 깨지 않았다.

05 自　　～로 부터

本公司自明日起更换办公地点。

본 회사는 내일부터 업무 장소를 변경합니다.

06 打　　～로 부터

打现在开始, 我们不再讨论这些问题了。

지금부터 우리는 이러한 문제들에 대해 다시 토론하지 않습니다.

07 由　　～로 부터

我由前天起一直头疼。

나는 그저께부터 줄곧 머리가 아팠다.

08 自从　　～한 이래로(시간에만 사용)

自从她住院以来, 小王每天都到医院看望她。

그녀가 입원한 후로 샤오왕은 매일 그녀를 보러 병원에 온다.

09 临　　막 ～하려고 하다, ～에 임해서

临出发, 妈妈又帮我检查了一遍行李。

출발하기 전, 엄마는 또 짐을 한번 체크해주셨다.

(2) 고정용법

01 "当"

❖ 当…时

…할 때

- 当大家还在休息时, 他已经来到办公室了。
  사람들이 아직도 쉬고 있을 때 그는 이미 사무실에 왔다.
- 当她一个人在家时, 常常上网跟朋友聊天儿。
  그녀는 혼자 집에 있을 때 항상 인터넷을 하며 친구들과 한담을 나눈다.

❖ 当…的时候

막 …할 때

- 当我到机场的时候, 他们已经登机了。
  내가 공항에 도착했을 때 그들은 이미 비행기에 탑승했다.

・当他还在上小学的时候，就开始帮着家人做家务了。
그는 초등학교 다닐 때 가족들이 집안일 하는 것을 도와주기 시작했다.

______我回来的时候，妈妈已经睡觉了。

A. 由　　　　B. 当　　　　C. 从　　　　D. 于

해설 | 当…时候는 "…할 때"라는 의미이다.
해석 | 내가 돌아왔을 때 엄마는 이미 주무시고 계셨다.
정답 | B

02 "自从"(시간을 나타낼 때에만 사용)

❖ 自(从)…以后

…한 이후로

・自从到北京以后，我们一直住在这里。
베이징에 온 이래로 우리는 줄곧 이곳에 머물렀다.

・自从儿子当兵以后，母亲没有一天不挂念的。
아들이 군에 간 후로 어머니는 하루라도 걱정 안 해 본 적이 없다.

❖ 自(从)…以来

…한 이래로

・自从去年冬天以来，我的身体一直不太好。
작년 겨울 이래로 내 몸은 줄곧 좋지 않았다.

・自从妻子怀孕以来，家务事就全由我承担了。
아내가 임신한 이래로 집안일은 모두 내가 맡았다.

______他住院以来，小赵每天都来医院看望他。

A. 自　　　　B. 在　　　　C. 当　　　　D. 离

해설 | "自(从)…以来"는 "…한 이래로"라는 의미로, 시간을 나타내는 경우에만 사용한다.
단어 | 看望(kànwàng) 방문하다, 문안하다
해석 | 그가 입원한 이래로 샤오자오는 매일 병원으로 그를 보러 온다.
정답 | A

3 **대상을 나타내는 전치사**

(1) 종류

01 **对** ~에게, ~에 대해

同学们对我很热情。 학우들은 나에 대해 아주 친절하다.

02 **对于** ~에 대하여(대상)

对于这件事, 我目前不能发表任何意见。
이 일에 대해서 나는 지금 어떠한 의견도 발표할 수 없다.

03 **关于** ~에 관해서(범위)

关于是否在中国投资建厂, 公司还没做出最后的决定。
중국에 투자해서 공장을 세울지 여부에 관해 회사는 아직 최종 결정을 내리지 않았다.

04 **至于** ~로 말하자면, ~에 관해서는(화제전환)

他刚刚参加完数学比赛, 至于比赛的结果, 大概一周后才能知道。
그는 막 수학 경시대회를 참가했다. 대회 결과에 대해서는 대략 일주일 후에야 알 수 있다.

05 **和** ~와, ~과

这件事确实和你没有什么关系。 이 일은 확실히 너와 어떤 관계가 없다.

06 **跟** ~와, ~에게

我想跟你们一起去。 나는 너희들과 같이 가고 싶다.

07 **同** ~와, ~에게

现在的生活同二十年前相比, 差别可是太大了。
현재의 생활은 20년 전과 비교할 때, 차이가 너무 크다.

08 **与** ~와, ~와 함께

目前的情况与去年一样。 현재의 상황은 작년과 같다.

09 **把** ~을(를)

你赶快帮我把东西拿过来。 너 내가 물건을 가지고 오는 것 빨리 도와주라.

10 **将** ~을(를)

我已经将你要的书寄出去了。 나는 이미 네가 필요한 책을 부쳤다.

11 被 ~에게…을 당하다(피동)

树被风刮倒了。 나무가 바람에 의해 넘어졌다.

12 叫 ~에게…을 당하다(피동), ~로 하여금…하게 하다(사역)

上午逛商店的时候, 钱包叫小偷偷走了。
오전에 상점을 둘러볼 때 지갑을 소매치기 당했다.

我叫小李去书店买书。 나는 샤오리로 하여금 서점에 가서 책을 사도록 했다.

13 让 ~에게…을 당하다(피동), ~로 하여금…하게 하다(사역)

我的自行车让朋友借走了。 내 자전거는 친구가 빌려갔다.

老师让学生回答问题。
선생님께서는 학생들로 하여금 문제에 대답하도록 했다.

14 使 ~로 하여금…하게 하다(사역)

我这次的成绩使父母很失望。
나의 이번 시험은 부모님으로 하여금 크게 실망시켰다.

15 令 ~로 하여금…하게 하다(사역)

他那样做真令人气愤。 그가 그렇게 한 것은 정말 사람으로 하여금 화나게 한다.

16 给 ~에게, ~에게…을 당하다(피동)

我想给朋友写封信。 나는 친구에게 편지 한 통 쓰려고 한다.

自行车给人偷走了。 자전거 사람이 빌려갔다.

17 替 ~를 대신해서

咱们应该替老师照顾一下孩子。
우리는 선생님을 대신해서 아이들을 보살펴야 한다.

(2) 혼동되는 대상을 나타내는 전치사

01 "对"와 "对于" 차이

❖ 对

① 사람 + 对 + 사람
- 老张对我提起过小刘的事儿。
  라오쟝은 나에게 샤오리우의 일을 언급한 적이 있다.

② 부사/능원동사 + 对 + A (= 对 + A + 부사/능원동사)

- 厂长已经对明年的生产计划做出了安排。
  (= 厂长对明年的生产计划已经做出了安排。)
  공장장은 이미 내년의 생산계획에 대해 계획을 세웠다.
- 该公司总经理应该对这次污染事故负主要责任。
  (= 该公司总经理对这次污染事故应该负主要责任。)
  이 회사 사장이 마땅히 이번 오염사고에 대한 주요 책임을 져야 한다.

❖ 对于

① 사람 + 对于 + 사람(×)

- 张老师对于每个学生都很关心。(×)
  → 张老师对每个学生都很关心。(○)
  장 선생님은 모든 학생들에 대해 큰 관심을 기울여 주신다.

② 对于 + A + 부사/능원동사

- 孩子们对于未来总是充满了幻想。(○)
  → 孩子们总是对于未来充满了幻想。(×)
  아이들은 미래에 대해 늘 환상에 차 있다.

③ 对于 + A, 주어 + 동사

- 对于音乐, 他不太有兴趣。　음악에 대해 그는 그렇게 관심이 없다.
- 对于这次污染事故, 该公司总经理应该负主要责任。
  이번 오염사고에 대해서는 이 회사 사장이 마땅히 주요 책임을 져야 한다.

我们要＿＿＿＿＿这件事进行调查。　　　　　(对/对于)

해설 | 对于가 있을 경우 조동사 要는 앞에 오지 못한다. 반면 对는 조동사가 앞뒤로 다 올 수 있다.
해석 | 우리는 이 일에 대해 조사를 해야 한다.
정답 | 对

02 "对于"와 "关于" 차이

❖ 对于

① 对于 + A(대상), 주어 + 동사

- 对于去旅游, 他最感兴趣。　여행 가는 것에 대해 그는 관심이 가장 많다.

② 주어 + 对于 + A + 동사

- 学校对于这种现象也没有办法。　학교 역시 이 현상에 대해 방법이 없었다.

❖ 关于

① 关于 + A(범위 / 내용), 주어 + 동사

· 关于这个问题, 我们得研究一下儿。
이 문제에 관해 우리는 한번 연구해 봐야 한다.

② 주어 + 동사 + 关于 + A(범위)的 + 명사

· 昨天我买了一本关于中国历史的书。
어제 나는 중국 역사에 관한 책을 한 권 샀다.

1_ ＿＿＿＿这门婚事, 父母一开始就反对。　　　　　(关于/对于)

해설 | 对于와 关于는 모두 "对于/关于 + A, 주어 + 동사"형태로 사용된다. 양자간의 차이는 对于는 대상을 나타내고, 关于는 범위 혹은 내용을 나타낸다. 이 문장에서 말하는 "이번 혼사"는 대상을 나타내므로 对于가 와야 한다.

해석 | 이번 혼사에 대해 부모님께서는 처음부터 반대하신다.

정답 | 对于

2_ ＿＿＿＿学生在校外住宿的规定。　　　　　(关于/对于)

해설 | 이 문장에서 规定은 중심어이고, "学生~住宿"까지가 规定을 수식하고 있다. "규정"이라는 말은 범위를 나타내므로 关于가 와야 한다.

단어 | 住宿(zhùsù) 묵다, 숙박하다, 거주하다

해석 | 학생들이 교외에 거주하는 것에 관한 규정.

정답 | 关于

03 "被"·"叫"·"让"·"使"·"令"의 용법은 제12편 〈특수 동사술어문〉에 자세히 나온다.

4 원인과 목적을 나타내는 전치사

(1) 종류

01 为　　~를 위해서, ~에게…를 당하다(所와 함께 사용)

小张为大家办了不少事, 别再难为他了。
샤오쟝은 사람들을 위해 적지 않은 일을 했으니, 더 이상 그를 난처하게 하지 말자.

你应该有自己的想法, 不能总是为别人所利用。
너는 너 자신의 생각이 있어야 하지, 항상 다른 사람들에게 이용 당해서는 안 된다.

02 为了　　　~하기 위해서

为了学习汉语, 我们一起来到了北京。
중국어를 공부하기 위해 우리는 함께 베이징에 왔다.

03 由于　　　~로 말미암아, ~때문에

他由于生病, 没能参加今天的晚会。
그는 병이 났기 때문에 오늘의 이브닝파티에 참가할 수 없었다.

04 除了　　　~외에, ~을 제외하고

除了吃饭, 上课, 他从来都不离开自己的宿舍。
밥 먹고 수업하는 것 외에 그는 여태까지 자신의 기숙사를 떠나지 않았다.

(2) 고정격식

01 "为"

❖ 为(了)~而…

～을 위해서 …하다 (원인과 목적)

- 为了事业而忽略了家人的感情。　사업을 위해 가족 간의 감정을 무시했다.
- 他们都在为取得好成绩而努力学习。
  그들은 좋은 성적을 얻기 위해 열심히 공부하고 있다.

❖ 为~起见…

～의 견지에서, …하기 위하여 (원인과 목적)

- 为安全起见, 请系好您的安全带。　안전을 위해 당신의 안전띠를 매주세요.
- 为方便同学起见, 图书馆延长了开放时间。
  학우들의 편리를 위해 도서관 개방 시간을 연장했다.

예제

我们______有你这样的同学而自豪。

　　A. 由　　　　　B. 替　　　　　C. 为　　　　　D. 给

해설 | "为~而…"는 "~을 위해 …하다"는 의미이다. 替는 "~을 대신해서"라는 의미이다.
단어 | 自豪(zìháo) 자랑으로 여기다
해석 | 우리들은 너 같은 이런 학우가 있다는 것이 자랑스럽다.
정답 | C

02 "除了"

❖ 除了~(以外), 还(也)……

～외에 또 ……하다

- 除了上海以外, 我也去过北京、西安。
  상하이 외에 나는 또 베이징과 시안을 가본 적이 있다.
- 除了两位女同学以外, 我们班还有十几位男同学。
  두 명의 여 학우 외에 우리 반에는 또 십 몇 명의 남자 학우가 있다.

❖ 除了~(以外), 都……

～외에 모두 ……하다

- 除了他以外, 别的同学都来了。 그를 제외하고 다른 학우들은 모두 왔다.
- 除了两位女同学以外, 我们班都是男同学。
  두 명의 여 학우를 제외하고 우리 반 모두 남 학우이다.

예제

每天______买菜做饭以外, 她______得照顾孩子。

A. 除了…都…   B. 除非…才…   C. 先…然后…   D. 除了…还…

해설 | 문장의 의미상 밥을 하고 아이를 돌보는 두 가지 일을 하는 것이므로, "除了A以外, 还(也)B"형태
의 문장이 와야 한다. "除非A才B"는 "A해야만 비로소 B하다"는 의미이고, "先A然后B"는 "먼저
A하고 그 다음 B하다"는 의미이다.

해석 | 매일 채소를 사고 밥을 하는 것 외에 그녀는 아이도 돌봐야 한다.

정답 | D

5   근거를 나타내는 전치사

(1) 종류

01 按   **～에 따라, ～대로**
一定要按计划完成任务。 반드시 계획에 따라 임무를 완성해야 한다.

02 按照   **～에 따라, ～에 비추어**
按照医生的要求, 我早上吃了两片药。
의사의 요구에 따라 나는 아침에 약 두 알을 먹었다.

03 依　　~에 의해서, ~대로

依我看，今天就应该着手办这件事。
내가 보기에, 오늘 이 일을 착수해서 처리해야 한다.

04 依照　　~에 의하여, ~에 비추어

办事不能只依照经验，更应该看事实。
일을 처리함에 있어 경험에만 의지해서는 안 되고, 더욱이 사실을 봐야 한다.

05 根据　　~에 근거하면

根据口音，我觉得他可能是日本人。
발음으로 나는 그가 일본인일 것이라고 여겼다.

06 据　　~에 따르면, ~에 의거하여

据报明天有雨。　예보에 의하면 내일 비가 온다.

07 以　　~로써, ~함으로써

我以老朋友的身份劝你不要这样固执。
나는 친한 친구의 신분으로 네가 이렇게 고집부리지 않기를 충고한다.

08 凭　　~을 근거로, ~에 따라, ~으로

他凭自己的本事挣了不少钱。　그는 자신의 능력으로 적지 않은 돈을 벌었다.

(2) 고정격식

01 "按照"와 "根据" 차이

❖ 按照

~에 따르면(+ 要求 · 说法 · 意见 · 规定 · 情况 · 道理 · 条件 · 方法…… + 동작동사)

· 你们应该按照合同要求进行生产。
당신들은 계약서상의 요구대로 생산해야 한다.
· 既然这样，就按照你的意见办吧。　이왕 이렇게 된 이상 너의 의견대로 하자。

❖ 根据

~에 근거하면(+ 分析 · 研究 · 调查 · 统计 · 说明 · 报道…… + 결론 / 판단)
· 根据学校的规定，考试不及格需要补考。
학교의 규정에 근거하면, 시험에 합격하지 못하면 보충시험을 쳐야 한다.

· <u>根据</u>一项<u>调查显示</u>，今年应届大学毕业生的就业率仅为70%。
한 조사에 근거하면, 금년도 대학 졸업생의 취직률은 70%에 불과했다.

他觉得人是不自由的，在很多情况下不能＿＿＿＿＿自己的想法去做事情。

　A. 从　　　　　　B. 按照　　　　　C. 根据　　　　　D. 靠

해설 | 뒤 부분의 내용은 어떤 일을 하는 것이므로 按照가 와야 한다. 根据는 근거나 판단이 나올 경우에 사용한다.

해석 | 그는 사람은 자유롭지 못해서 여러 가지 상황 하에서 자신의 생각대로 일을 할 수 없다고 생각한다.

정답 | B

02 "依"와 "凭" 차이

❖ 依

~에 따라, ~대로 (＋판단／순서)

· <u>依</u>我看，今天就应该着手办这件事。
내가 보기에 오늘 이 일을 착수해서 처리해야 한다. (판단)

· 任何人都要<u>依</u>法办事。　어떤 사람이라도 법에 따라 일을 처리해야 한다. (순서)

❖ 凭

~을 증거(증표·증명)로, ~을 근거로 (＋증거／근거)

· 大家<u>凭</u>什么不让我参加这次活动?
사람들은 뭘 근거로 나를 이번 행사에 참가하지 못하도록 하는 겁니까?

· 我不靠什么关系，<u>凭</u>自己的能力也能考上!
나는 어떤 관계에 의지하지 않아, 내 능력으로도 합격할 수 있어!

你已被我校中文系录取，请于8月27日至29日＿＿＿＿＿此通知前来报到。

　A. 据　　　　　　B. 凭　　　　　　C. 依　　　　　　D. 以

해설 | 문장에서 말한 "此通知"는 "증거" 혹은 "증명"을 말하기 때문에 凭이 와야 한다. "据"는 근거를, "依"는 판단이나 순서를 나타내며 모두 뒤에 증명을 나타내는 물건이나 문건이 오지 않는다.

단어 | 录取(lùqǔ) 합격하다, 채용하다 ㅣ 通知(tōngzhī) 통지하다, 통지서 ㅣ 报道(bàodào) 도착 보고를 하다, 도착 등록하다

해석 | 당신은 이미 우리 학교 중문과에 합격하였습니다, 8월27일에서 29일까지 이 통지문대로 등록하러 오십시오.

정답 | B

03 "以"의 고정격식

❖ 以A 为B

A를 B로 여기다(간주하다)

- 以这个句子为例，请大家每人造一个句子。
  이 문장을 예로, 모두 문장을 하나 만드세요.
- 父亲以养花为乐，房前屋后都是花，跟个花园似的。
  아버지는 꽃 키우는 것을 재미로 삼으신다, 집 구석구석마다 꽃이어서 화원 같다.

❖ 以A而论

A로 논하자면

- 以写文章而论，小王是一把好手。
  문장을 쓰는 것으로 논하면 샤오왕은 능숙한 사람이다.
- 以人品而论，老李没的说，就是他那个牛脾气，有时真让人受不了。
  인품으로 말하면, 라오리는 말할 것이 없다, 그 고집스런 성격은 어떤 때 정말 사람들을 견딜 수 없게 한다.

古今中外都有不少______爱情为题材的小说。

   A. 把   B. 向   C. 以   D. 在

해설 | 以A为B는 "A를 B로 삼다"는 의미이다.
단어 | 古今中外(gǔjīnzhōngwài) 동서고금 | 题材(tícái) 제재
해석 | 동서고금에는 애정을 소재로 한 소설이 적지 않다.
정답 | C

1 A 老师的说法，B 我们 C 将在7月份 D 去南方实习。
   按照

2 那次 A 到 B 新疆的 C 旅行 D 人终生难忘。
   令

3 他 A 打开瓶盖，B 清凉的 C 酒倒进 D 杯里。
   把

4 A 这么美丽的风景 B 容易 C 人 D 忘掉一切。
   让

5 A 你出的这个谜语已经 B 他 C 猜着 了 D。
   被

6 最近 A 哥哥 B 读了几本 C 政治经济学的书 D。
   关于

7 A 去上海 B 出差的机会，C 我想好好 D 跟朋友谈谈这个问题。
   趁

8 这是 A 你自己的事，B 我们可管不了，只能 C 你 D 自己决定。
   由

9 我最近看了一本______中国文化的书。
   A. 对于   B. 关于   C. 由于   D. 在于

10 我______这个问题还没有太多的研究。
   A. 关于   B. 由于   C. 在于   D. 对于

11 那本书前天 ______ 我给丢在车上忘了拿回来。

    A. 叫   B. 教   C. 把   D. 使

12 我们都 ______ 上海回来了，他才说要去。

    A. 从   B. 自   C. 离   D. 以

13 参加这次国际语言学学术研讨会的有 ______ 世界各地的近三百名代表。

    A. 从来   B. 由于   C. 来自   D. 自从

14 ______ 媒体报道，今年交通事故伤亡比例较上一年有一定的增长。

    A. 由   B. 叫   C. 从   D. 据

15 很多历史学家希望有机会能 ______ 古丝绸之路考察一趟。

    A. 随   B. 跟   C. 沿   D. 临

16 电脑技术的高度发展 ______ 整个世界带入了一个全新的领地。

    A. 使   B. 给   C. 让   D. 把

17 在我的记忆 ______ ，你应该是一个很要强，也很讲面子的人。

    A. 内   B. 上   C. 下   D. 中

18 随着社会的发展和人民生活水平的提高，市场 ______ 绿色食品越来越受欢迎。

    A. 里   B. 中   C. 上   D. 下

19 事故发生 ______ 除夕夜的北京。

    A. 从   B. 在   C. 到   D. 由

20 ______ 走时，别忘了告诉王主任一下，明天千万不要迟到。

    A. 当   B. 临   C. 才   D. 就

21 下班后，志明＿＿＿＿＿＿我打电话说钟路开了中餐厅，问我去不去尝新鲜。

    A. 替   B. 把   C. 被   D. 给

22 ＿＿＿＿＿＿人生，爸爸没有太高要求。

    A. 给   B. 对   C. 和   D. 为了

23 ＿＿＿＿＿＿爸爸妈妈站在一起，很容易看出李亮更像他爸爸。

    A. 和   B. 对   C. 向   D. 朝

24 在中国古代，月亮＿＿＿＿＿＿称作月宫。

    A. 让   B. 被   C. 叫   D. 把

25 那时家里很穷，父母从来没＿＿＿＿＿＿自己买过一件新衣服。

    A. 对   B. 给   C. 让   D. 和

26 妈妈把家里目前的情况＿＿＿＿＿＿智娟说明以后，智娟难过地哭了。

    A. 替   B. 向   C. 为   D. 让

27 万一明天老王回不来，你就＿＿＿＿＿＿他主持这个会议。

    A. 对   B. 替   C. 给   D. 将

28 这则消息选＿＿＿＿＿＿《人民日报》。

    A. 自   B. 出   C. 向   D. 从

정답과 해설

정답

1 A	2 D	3 B	4 C	5 B	6 C
7 A	8 C	9 B	10 D	11 A	12 A
13 C	14 D	15 C	16 D	17 D	18 C
19 B	20 B	21 D	22 B	23 A	24 B
25 B	26 B	27 B	28 A		

1
해석 | 선생님 말씀에 의하면 우리는 7월에 남방으로 실습을 갈 것이다.
단어 | 将(jiāng) : 장차 ~하다
해설 | "按照~说法"는 "~의 말에 의하면"이라는 의미이다.

2
해석 | 지난번 신지앙으로의 여행은 사람으로 하여금 평생 잊지 못하게 할 것이다.
단어 | 终生(zhōngshēng) : 일생, 평생
해설 | 令은 사역을 나타내는 전치사이므로, 뒤에 "명사＋동사" 형태가 와야 한다.

3
해석 | 그는 병뚜껑을 열고, 청량한 술을 잔에 따랐다.
단어 | 瓶盖(pínggài) : 병뚜껑
清凉(qīngliáng) : 시원한, 서늘한
해설 | 把는 목적어를 앞으로 도치시켜 강조하는 역할을 한다. 이곳에서 목적어는 "清凉的酒"이므로 把는 그 앞에 와야 한다.

4
해석 | 이렇게 아름다운 풍경은 사람들로 하여금 모든 것을 쉽게 잊게 한다.
해설 | 让은 사역을 나타내는 전치사로, 뒤에 "명사＋동사" 형태가 와야 한다.

5
해석 | 네가 낸 이 수수께끼 그가 이미 맞췄다.
단어 | 迷语(míyǔ): 수수께끼
猜着(cāizháo): 알아맞히다
해설 | 被는 피동을 나타내는 전치사로, 뒤에 "(대)명사＋동사" 형태가 와야 한다. 이 문장에서 他가 명사이고 猜着가 동사이므로 被는 "他猜着~" 앞에 와야 한다.

6
해석 | 최근에 형은 정치경제학에 관한 몇 권의 책을 읽었다.
해설 | 关于는 범위를 나타내는 전치사이며, 이 문장 중의 "정치경제학"은 범위를 나타내므로, 关于는 그 앞에 온다.

7
해석 | 상하이에 출강 가는 기회에 나는 친구와 함께 이 문제를 잘 얘기해 볼 생각이다.
해설 | 趁은 "~하는 틈을 타서"·"~하는 기회를 이용해서"라는 의미인데, 문장에서 "去上海出差的机会"라 했으므로, 그 앞에 위치한다.

8
해석 | 이것은 너 자신의 일이다, 우리는 관여할 수 없어, 너 스스로 결정할 수 밖에 없다.
단어 | 管不了(guǎnbuliǎo) : 개의할 수 없다, 상관할 수 없다
해설 | 由~(来)决定은 "~가 결정하다"는 의미이다.

9
해석 | 나는 최근에 중국 문화에 관한 책을 한 권 봤다.
해설 | 문장에서 말한 "중국문화"는 범위를 나타내므로, 关于가 와야 한다. 对于는 대상을 나타내는 전치사이다.

10
해석 | 나는 이 문제에 대해 아직 그렇게 많은 연구가 되어 있지 않다.
해설 | 문장에서 말한 "이 문제"는 대상을 나타내고 있으므로, 对于가 와야 한다.

11
해석 | 저 책은 그저께 내가 차에서 깜빡하고 놓고 내려서 잃어버린 것이다.
해설 | 문장의 의미상 피동의 의미가 와야 하는데 보기 중에 피동의 의미를 가지고 있는 것은 "叫" 뿐이다.

12
해석 | 우리들은 이미 상하이에서 돌아왔는데, 그는 이제서야 가려고 한다.

해설 │ 뒤의 "上海"는 장소를 나타내므로, 장소를 나타내는 전치사 从이 와야 한다. "自从"은 시간을 나타내므로 장소를 나타내는 단어와 결합할 수 없다.

13 해석 │ 이번 국제 언어학 학술토론회에는 세계 각지에서 온 근 300명의 대표들이 참석했다.
단어 │ 研讨会(yántǎohuì) : 연구토론회
해설 │ "从来"는 "여태까지", "由于"는 "~로 말미암아", "自从"은 "~한 이래로"라는 의미이다. 来自는 "~에서 오다"라는 의미이다.

14 해석 │ 매체의 보도에 근거하면 올해 교통사고로 인한 사망 비율은 지난해와 비교해서 일정한 증가가 있다고 했다.
단어 │ 比例(bǐlì) : 비율, 비례
较(jiào) : 비교적, 보다
해설 │ 据~报道는 "~의 보도에 근거하면"이라는 뜻이다.

15 해석 │ 많은 역사학자들은 기회가 되면 옛 실크로드를 따라 한번 고찰하기를 희망한다.
단어 │ 丝绸之路(sīchóuzhīlù) : 실크로드
해설 │ 문장에서 "옛 실크로드"라는 구체적 노선이 있으므로 "沿"이 와야 한다. "随"는 "이어서"·"따라서"라는 의미로, 뒤에 주로 추상적인 동사들이 오며, "临"은 "~함에 임해"로 동작이 아직 발생하지 않음을 나타낸다.

16 해석 │ 컴퓨터 기술의 고도 발전은 전 세계를 완전히 새로운 영토로 데리고 들어갔다.
단어 │ 领地(lǐngdì) : 영지, 영토
해설 │ 이 문장에서는 整个世界가 목적어 역할을 하고 있다. 따라서 목적어를 앞으로 도치시키는 역할을 하는 把가 와야 한다. "使"와 "让"은 모두 사역의 의미이다.

17 해석 │ 나의 기억 속에 너는 아주 노력하고 체면을 아주 중시했던 사람이었어.
단어 │ 要强(yàoqiáng) : 분발하다, 노력하다
讲面子(jiǎngmiànzi) : 체면을 따지다
해설 │ 在~中은 "~가운데"·"~속에"라는 의미이다. 在~上은 "~상에 있어서", 在~下는 "~하에 있어서"라는 의미이다.

18 해석 │ 사회가 발전하고 사람들의 생활수준이 향상됨에 따라 시장에서는 녹색식품이 점점 환영을 받고 있다.
해설 │ 문장에서 말한 "市场"은 구체적 공간이므로, 上을 쓴다.

19 해석 │ 사고는 섣달 그믐날 밤 베이징에서 발생했다.
단어 │ 除夕(chúxī) : 섣달 그믐날 밤
해설 │ 보기에서 "发生"이라는 동사 뒤에 위치할 수 있는 전치사로는 在 밖에 없다.

20 해석 │ 떠날 즈음에 왕 주임에게 알려주는 것 잊지 마, 내일 절대 시간을 놓치면 안 된다는 걸.
단어 │ 误点(wùdiǎn) : 연착하다, 시간을 어기다
해설 │ 当~时는 "~하고 있을 때"라는 의미로, 동작이 진행 되고 있는 것을 말한다. 반면 临~时는 "~할 즈음에"라는 의미로, 아직 동작이 일어나지 않았음을 나타낸다. 문장에서는 아직 떠난 것이 아니기 때문에 临을 사용해야 한다.

21 해석 │ 퇴근 후에 지명은 나에게 전화를 걸어 종로에 중국식당이 문을 열었으니 신선한 것 맛보러 가자고 물어보았다.
해설 │ "给~打电话"는 "~에게 전화를 걸다"라는 의미이다.

22 해석 │ 인생에 대해 아빠는 그리 큰 요구가 없다.
해설 │ 대상을 나타내는 전치사는 对이다. "为了"는 "~을 위하여"라는 의미이다.

23 해석 │ 아빠 엄마와 함께 서 있으니 리리앙은 더욱 아빠를 닮았다는 것을 쉽게 알 수 있다.
해설 │ "和~一起"는 "~와 함께"라는 의미이다.

24 해석 │ 중국 고대에 달은 월궁으로 불려졌다.
해설 │ 문장의 의미상 피동의 의미를 나타내는 단어가 들어가야 한다. 그런데 뒤에 바로 동사 称이 나오고 있으므로 被를 사용한다.

25 해석 │ 그때 집은 아주 가난해서, 부모님께서는 지금까지 자신에게 새 옷 한 벌 사 입은 적이 없다.

해설 | 문장의 의미상 "자신에게 ~해주다"라는
의미이므로, 给가 와야 한다.

26 **해석 |** 엄마는 집안의 현재 상황을 지연에게 설
명한 뒤 지연은 괴로워서 울었다.
해설 | "向~说明"은 "~에게 설명하다"라는 의
미이다. 替는 "~를 대신해서"라는 의미
이다.

27 **해석 |** 만일 내일 라오왕이 돌아오지 않으면 당

신이 그를 대신해서 회의를 주재하십시오.
단어 | 主持(zhǔchí) : 주재하다, 사회보다
해설 | 替는 "~를 대신해서"라는 의미이고, 将
은 "~을(를)"의 의미이다.

28 **해석 |** 이 소식은 《인민일보》에서 발췌한 것이다.
단어 | 则(zé) : 뉴스나 이야기를 세는 양사
해설 | 보기에서 동사 뒤에 위치할 수 있는 전치
사는 自와 向뿐이다. 自는 "~에서"라는
의미이고, 向은 "~(으)로"라는 의미이다.

접속사와 복문

전속사의 특징 : 두 개 이상의 절로 이루어진 문장을 연결할 때 사용하는 품사를 말한다.
중점사항 : 접속사의 의미파악 / 접속사와 호응하는 단어 파악

1 | 병렬관계

01 一边(一面) A 一边(一面) B

A하면서 B하다(주어가 같을 수도 다를 수도 있다)

- 她一边吃饭一边看电视。 그녀는 밥을 먹으면서 TV를 본다.
- 毕业以后, 她一面工作, 一面学习。 졸업 후에 그녀는 일을 하면서 공부를 한다.

02 边 A 边 B

A하면서 B하다(동일주어)

- 老师边说边写。 선생님은 말하면서 쓴다.
- 咱们边走边聊吧。 우리 걸으며 이야기하자.

03 既(又) A 又(又) B

A하기도 하고 B하기도 하다(동일주어)

- 这个房间又干净又漂亮。 이 방은 깨끗하면서도 예쁘다.
- 这个小孩子既聪明又可爱。 이 아이는 총명하면서도 귀엽다.

04 一来(一是) A 二来(二是) B

첫 번째는 A하고, 두 번째는 B하기 위함이다

- 回家乡一来放松一下精神, 二来看看老朋友。
  고향으로 돌아온 것은 첫째는 마음을 좀 풀고, 둘째는 친구들을 보려 해서이다.
- 我来中国一是想学习汉语, 二是想开阔一下眼界。
  내가 중국에 온 것은 첫째는 중국어를 공부하고 싶어서이고, 둘째는 안목을 넓혀 보려 해서이다.

예제

1_ 新房布置得不错, ______美观______大方, 正是我们希望的样子。

A. 一边…一边…	B. 有的…有的…
C. 一来…二来…	D. 既…又…

2 我这样做＿＿＿为了你, ＿＿＿为了大家。

A. 一是… 二是…	B. 一边… 一边…
C. 不是… 就是…	D. 越… 越…

2 | 계승관계

01 先 A 然后 B

먼저 A를 한 다음 B 하다

- 回到家, 她先把作业做完, 然后就出去了。
  집에 돌아와서, 그녀는 먼저 숙제를 다 하고 그 다음 나갔다.
- 妈妈先去市场买了一些菜, 然后回家开始做饭了。
  엄마는 먼저 시장에 가서 채소를 좀 사고 그 다음에 집으로 돌아와 음식을 만들기 시작했다.

02 先 A 再 B

먼저 A하고 다시 B 하다 (미래의 일에 사용)

- 先复习一遍, 再做练习。 먼저 복습을 한 번 하고 다시 연습을 하자.
- 明天我们先去游览故宫, 再去游览颐和园。
  내일 우리 먼저 고궁을 둘러보고 다시 이화원에 가자.

03 先 A 又 B

먼저 A하고 또 B 하다 (과거의 일에 사용)

- 昨天我们先去游览了故宫, 又去游览了颐和园。
  어제 우리는 먼저 고궁을 둘러보고, 이화원을 둘러봤다.
- 我们先到市中心逛了逛, 又去看了一场电影。
  우리들은 먼저 시내를 둘러보고 영화 한 편 보러 갔다.

04 一 A 就 B

A 하자마자 B 하다

- 他**一**回家**就**睡觉了。 그는 집에 돌아오자마자 잤다.
- 老王**一**来，我们**就**出发。 라오왕이 오는 대로 우리는 출발한다.

05 越来越 A

점점 더 A하다

- 天气**越来越**凉快了。 날씨가 점점 선선해 진다.
- 我们的课**越来越**难了。 우리들의 수업은 점점 어려워 진다.

越 A 越 B

A하면 할수록 B하다

- 房间并不是**越**大**越**好。 방은 크다고 해서 좋은 것은 결코 아니다.
- 他**越**不告诉我，我**越**想知道。 그가 나에게 안 알려주면 줄수록 나는 알고 싶어졌다.

06 再 A 也 ~

다시 A해도 ~하다

- 困难**再**大，我们**也**要想办法完成。
  어려움이 아무리 크더라도 우리는 완성할 방법을 생각해야 한다.
- 我**再也**不会去那个地方了。 나는 다시는 그런 위험한 곳에 가지 않을 것이다.

07 非 A 不可

A하지 않으면 안 된다

- 我**非**跟你们一起去**不可**。 나는 너희들과 함께 가지 않으면 안 된다.
- 他**非**要来**不行**，我也没办法。 그가 오지 않으면 안 된다, 나도 방법이 없어.
- 我今天**非**把这本书看完**不可**。 나는 오늘 이 책을 다 보지 않으면 안 된다.

1_ 你先 A 去 B 调查调查，等我 C 回来就把情况 D 告诉我。
　　　　　　　　　　　　　　一

해설ㅣ이 문장은 "돌아오자 마자 알려 달라"는 의미를 담고 있으므로, 一~就~형태가 와야 한다.
　　　이때 一의 위치는 就가 있는 문장에서 주어 뒤에 온다.
해석ㅣ네가 가서 먼저 조사를 좀 해, 내가 돌아오면 상황을 알려 줘.
정답ㅣC

2_ 你应该______治好病，______考虑工作问题。
　　　A. 一…就…　　　　　　　　　B. 先…再…
　　　C. 一边…一边…　　　　　　　D. 先…又…

해설 | 이 문장은 병을 먼저 다 낫고 일을 생각해야 하는 의미를 나타낸다. 따라서 답으로 "先~再~"와 "先~又~"를 생각해볼 수 있다. 양자간의 차이는 전자는 미래형 문장에, 후자는 과거형 문장에 사용한다는 점이다. 문장의 의미상 미래형을 나타내므로 "先~再~"가 와야 한다.

해석 | 너는 먼저 병을 다 치료하고 다시 일하는 문제를 생각해 보아야 한다.

정답 | B

3 | 점층관계

01 不但(不仅·不光·不只) A, 而且(并且·甚至·还·也) B

A할 뿐만 아니라 B 하다

- 他<u>不但</u>喜欢你, <u>而且</u>深深地爱着你。
  그는 너를 좋아할 뿐만 아니라 너를 깊이 사랑하고 있다.

- 她<u>不仅</u>会做中国菜, <u>也</u>会做韩国菜。
  그녀는 중국요리를 할 줄 알 뿐만 아니라 한국 요리도 할 줄 안다.

- 他<u>不只</u>去过中国, <u>还</u>去过日本。
  그는 중국에 가 본 적이 있을 뿐만 아니라 일본에도 가 본 적이 있다.

02 不但不(没) A, 反而 B

A하지 않을뿐더러 도리어 B 하다

- 你这样做<u>不但不</u>能帮助他, <u>反而</u>会给他带来麻烦。
  네가 이렇게 하면 그를 도울 수 없을 뿐더러 도리어 그에게 번거로움을 가져다 줄 수 있다.

- 等了半个小时, 雨<u>不但</u>没有停, <u>反而</u>越下越大了。
  30분을 기다렸는데도 비는 그치지 않을 뿐더러 도리어 내리면 내릴수록 커졌다.

1_ 马上就要考试了, 他______复习, ______出去逛街了。

  A. 一边…一边…   B. 既…又…
  C. 不但不…反而…   D. 不仅…还…

해설 | 이 문장에서 앞 문장과 뒤 문장이 역접관계가 되고 있음을 알 수 있다. 이럴 경우 不但不~ 反而~을 사용한다. 不仅~还~는 "~할뿐만 아니라 또 ~하다"라는 의미이다.

해석 | 곧 시험을 치는데도 그는 복습도 하지 않을 뿐더러 도리어 거리를 둘러보러 나갔다.

정답 | C

2_ 考试的时候______要快, ______要准确。

  A. 不但…而且…   B. 不仅…反而…
  C. 或者…或者…   D. 不是…就是…

해설 | 문장의 의미상 점층관계를 나타낸다. 보기에서 점층관계를 나타내는 문형으로는 不但~而且~와 不仅~反而~이 있다. 후자는 "~할뿐만 아니라 도리어 ~하다"는 의미로 문장의 의미

4 | 선택관계

01 A 还是 B?

A인가 아니면 B인가? (의문문에서만 사용)

- 你是中国人还是韩国人?   그는 중국인인가 아니면 한국인인가?
- 你去上海留学还是去北京留学?
  너는 상하이로 유학 갈거니 아니면 베이징으로 유학 갈거니?

02 或者 A 或者 B

A 하든지 B 하든지, A 혹은 B 혹은 (평서문에서만 사용)

- 或者你去, 或者他去, 反正我不去。 네가 가든 그가 가든 어쨌든 나는 안 간다.
- 去中国的日期还没定, 或者这星期, 或者下星期。
  중국 가는 날이 아직 정해지지 않았다, 이번 주 이든지 다음 주이다.

03 不是 A 就是 B

A를 안하면 B 한다 (둘 중에 하나)

- 这几天天气不好, 不是刮风, 就是下雨。
  요 며칠 날씨가 좋지 않아 바람이 안 불면 비가 온다.
- 这次去中国出差, 不是李小姐, 就是金先生。
  이번에 중국으로 출장 가는 사람은 미스 리가 아니면 김 선생이다.

04 不是 A 而是 B

A가 아니라 B다 (B를 선택)

- 我不是故意不告诉你, 而是我真的不知道。
  내가 일부러 너에게 안 알려준 것이 아니고 내가 정말 몰라서이다.
- 他考虑的不是自己, 而是国家和人民的利益。
  그가 생각한 것은 자신이 아니라 국가와 국민의 이익이다.

05 与其 A, (还 · 倒) 不如 (宁可 · 宁肯 · 宁愿) B

A하는 것은 (그래도 · 오히려) B만 못하다

- 与其这么晚回家, 不如今晚就住在这儿。
  이렇게 늦게 집에 돌아가느니 오늘 저녁 이곳에 머무느니만 못하다.

· 与其花那么多钱在外面买着吃，我宁愿在家里做着吃，又干净又实惠。
밖에서 돈 많이 써서 먹느니 나는 차라리 집에서 해 먹겠어, 깨끗하고 경제적이잖아.

06 宁可(宁愿·宁肯) A, 也(也不) B

차라리 A할지언정 B하겠다 (B하지 않겠다)

· 我今天宁可不吃不睡，也要把这本书看完。
나는 오늘 차라리 안 먹고 안 잘지언정 이 책을 다 봐야 한다.

· 父母宁肯自己不吃不喝，也不让孩子饿着。
부모님들은 스스로 안 먹고 안 마실지언정 아이들을 굶기지 않으신다.

예제

1_ 我＿＿＿＿饿肚子，＿＿＿＿能干这种活儿。

    A. 与其…不如…   B. 宁可…也不…
    C. 或者…或者…   D. 不是…就是…

해설 | 문장의 의미상 "차라리~할지언정~하지 않겠다."는 의미가 와야 한다. 따라서 "宁可~也不~"가 와야 한다.
단어 | 干活儿(gànhuór) 일하다
해석 | 나는 차라리 굶을지언정 이런 일은 하지 않겠다.
정답 | B

2_ 老师说，考试的时间不是下星期一＿＿＿＿星期二，到底是哪天还没有定下来。

    A. 或者   B. 还是   C. 就是   D. 而是

해설 | 이 문장에서 "다음주 월요일 아니면 화요일"이라는 것은 둘 중에 하나라는 의미이므로 不是~就是~형태가 와야 한다. 还是도 "~아니면"이라는 의미가 있으나 의문형에서만 쓰인다.
해석 | 선생님께서는 시험 시간이 다음주 월요일이 아니면 화요일이라고 하셨는데, 도대체 어느 날인지 아직 정해지지 않았다.
정답 | C

5 | 전환관계

01 虽然(尽管·虽说·固然) A 但是(可是·然而·不过) B

비록 A하지만 B하다 (동일주어 일 경우 접속사는 주어 뒤)

· 他虽然没有工作经验，但是对工作很认真。
그는 비록 업무 경험이 없지만 일에 대해 아주 성실하다.

- 尽管她很想去中国留学, 可是她的父母不同意。

  비록 그녀가 중국으로 유학 가고 싶어하지만 그녀의 부모님은 동의하지 않으신다.

02 虽然(尽管 · 虽说) A 还是(却) B

비록 A이지만 그래도(도리어) B하다

- 虽然我们一起上课, 我却不认识她。

  비록 우리가 함께 수업을 들었지만 나는 오히려 그녀를 모른다.

- 尽管我已经回国了, 还是要认真学汉语。

  비록 나는 이미 귀국했지만 그래도 중국어를 열심히 공부해야 한다.

- 虽说他不是中国人, 汉语却说得非常好。

  그는 비록 중국인이 아니지만 중국어를 오히려 아주 잘한다.

03 A 是 A, 可是(但是 · 不过) B

A는 A하지만 B하다

- 这件衣服漂亮是漂亮, 可是太贵了。 이 옷은 예쁘기는 예쁘지만 너무 비싸다.

- 想去是想去, 但是我得先问问家里人。

  가고 싶기는 가고 싶지만 먼저 가족들에게 물어봐야 한다.

04 即使(即便 · 就是 · 就算 · 哪怕 · 纵然) A, 也 B

설사 A일지라도 B하다

- 即使今天晚上不睡觉, 我也要把作业写完。

  설사 오늘 잠을 자지 않는 한이 있더라도 나는 숙제를 다 해야 한다.

- 就算你去, 也不管什么用。 설사 네가 간다 하더라도 어떤 쓸모가 없다.

- 我已经吃饱了, 哪怕有山珍海味摆在我面前, 我也吃不下了。

  나는 이미 배부르게 먹었어, 설사 산해진미가 내 앞에 놓여 있다 하더라도 나는 먹을 수 없어.

1_ _____ 你很年轻, 也应该珍惜时光。

    A. 如果   B. 不论   C. 即使   D. 因为

해설 | 문장의 의미상 전환관계를 나타내고, 뒤 절에 也가 있기 때문에 即使가 와야 한다. 如果는 가정관계에, 不论은 조건관계에, 因为는 인과관계에 사용된다.

단어 | 珍惜(zhēnxī) 소중히 여기다 | 时光(shíguāng) 시간, 세월

해석 | 설사 네가 젊다하더라도 시간을 소중하게 여겨야 한다.

정답 | C

2_ _____ 我女儿很顽皮, _____ 我还是很喜欢她。

    A. 不是…就是…   B. 即使…也…

    C. 与其…不如…   D. 虽然…但是…

6 | 인과관계

01 因为 A 所以 B

A 때문에 그래서 B하다

- 因为外边下雨了, 所以我们不去商店了。
  밖에 비가 내리기 때문에 우리는 상점에 가지 않았다.

- 因为有他帮忙, 所以事情才办得这么顺利。
  그의 도움이 있었기 때문에 일이 비로소 이렇게 순조롭게 처리되었다.

02 由于 A 所以(因此·因而) B

A 때문에 그래서 B하다, A로 말미암아 그래서 B하다

- 由于他想去中国留学, 所以他打算下学期休学。
  그는 중국으로 유학을 가고 싶기 때문에 그는 다음 학기에 휴학을 할 계획이다.

- 由于下大雨, 因此足球比赛推迟到明天举行。
  큰 비가 내렸기 때문에 축구 시합은 내일로 미루어 거행하기로 했다.

03 既然 A 那么(就) B

이왕 A한 이상 B 해라

- 既然你要去中国, 就帮我买几本书吧。 이왕 중국에 가는 거 책 몇 권 사 주라.

- 这件事既然已经发生了, 我们就一起想想该怎么解决吧。
  일이 이왕 일어난 이상 우리 함께 어떻게 해결할 것인지를 좀 생각해 보자.

예제

1_ 因为她身体不太好, ______丈夫不让她做家务。

　　A. 所以　　　　B. 因此　　　　C. 由于　　　　D. 因而

해설 | 이 문장은 인과관계를 나타내므로, "因为~所以~"가 와야 한다.
해석 | 그녀의 몸이 좋지 않았기 때문에 남편은 그녀로 하여금 집안일을 하지 말도록 했다.
정답 | A

2_ ______你已经开始做了, 那______应该坚持下去。

　　A. 只要…就…　　　　　　　　B. 因为…所以…
　　C. 不论…都…　　　　　　　　D. 既然…就…

7 | 목적관계

01 为(了) A, B

A 하기 위해서 B 한다

- <u>为了</u>上课不迟到, 他常常天不亮就起床了。
  수업에 늦지 않기 위해 그는 늘 날이 밝기도 전에 일어난다.
- <u>为了</u>买到那本书, 大明跑了好几家书店。
  그 책을 사기 위해 대명은 몇 군데의 서점을 돌아다녔다.

02 A, 以便 B

A함으로써 B 하기에 편리하다

- 认真复习准备, <u>以便</u>顺利通过这次考试。
  열심히 복습하고 준비하면 이번 시험을 순조롭게 통과할 수 있다.
- 你先把材料准备好, <u>以便</u>开会研究。
  너는 먼저 자료를 다 준비해서 회의를 하며 연구할 수 있도록 해야 한다.

03 A, 以免(免得·省得) B(원치 않는 일)

A를 함으로써 B를 피한다(면한다)

- 你再跟小李说一下儿明天开会, <u>省得</u>他忘了。
  너 다시 한번 샤오리에게 내일 회의가 있다고 말해줘, 그가 잊어버리지 않도록 말이야.
- 平时认真学习, <u>免得</u>考试的时候什么都不会。
  평상시에 열심히 공부해서 시험 때 아무 것도 못 풀지 않도록 해야 한다.

1_ 你最好现在就对他表示感谢, ＿＿＿＿ 以后后悔。

    A. 以致   B. 不免   C. 以便   D. 免得

해설 | 以致는 "~을 가져오다(초래하다)", 不免은 "면할 수 없다", 以便은 "~하기에 편리하도록", 免得는 "~하지 않도록"이라는 의미이다.

단어 | 后悔(hòuhuǐ) 후회하다

해석 | 너 지금 그에게 감사를 나타내는 것이 가장 좋아, 다음에 후회하지 않도록 말이야.

정답 | D

2_ 答卷的时候要认真检查, _______ 发生错误。

    A. 以便   B. 以免   C. 以致   D. 为了

해설 | 이 문장은 검사를 잘 해서 착오가 생기는 것 즉 원치 않는 결과를 피해야 하는 것이므로, 정답으로 免得가 와야 한다.

단어 | 答卷(dájuàn) 답안, 답안을 쓰다

해석 | 답안지에 답을 쓸 때 진지하게 검토해서 착오가 발생하지 않도록 해야 한다.

정답 | B

8 | 조건관계

01 只要 A, 就 B

A하기만 하면 B 한다(A는 여러 가지 조건 중 하나)

- 只要你把这件事解释清楚, 她就不会怪你了。
  네가 이 일을 분명하게 설명하기만 하면 그녀는 너를 탓하지 않을 거야.
- 只要她喜欢, 她就买, 从来不考虑价钱。
  그녀는 좋아하기만 하면 사는데, 줄곧 가격을 고려치 않는다.

02 只有 A, 才 B

A해야만 B 하다(A는 유일한 조건)

- 只有你去, 他才去。 너가 가야만 그도 간다.
- 只有去过中国的人, 才真正了解中国。
  중국에 가 본적이 있는 사람만이 진정으로 중국을 이해할 수 있다.

03 凡是 A 都 B

무릇 A한 것은 모두 B 한다

- 凡是帮助过他的人, 他都不会忘记。
  무릇 그를 도와준 적이 있는 사람이라면 그는 잊지 않을 것이다.
- 凡是中文系的学生, 都要参加这门课的考试。
  무릇 중문과 학생이라면 이 과목의 시험에 참가해야 한다.

04 不论(不管·无论) A, 都(也) B

A를 막론하고 모두 B 한다

- 无论谁来, 都说我不在。 누가 오든지 간에 내가 없다고 말해라.
- 不论你明天来不来, 都给我打个电话。
  네가 내일 오든지 안 오든지 간에 나에게 전화를 해라.

05 除非 A, 才 B

A (유일 조건) 해야만 B 하다(= 只有 A, 才 B)

- 除非你请他, 他才会来。 네가 그를 청해야만 그는 올 것이다.
- 除非你答应我的条件, 我才把这件事告诉你。
  네가 그의 조건에 승낙해야만 나는 이 일을 그에게 알려줄 것이다.

06 除非 A, 否则(要不然) B

A해야만 되지, 그렇지 않으면 B 한다

- 除非你来, 否则我是不会去的。 네가 와야지 그렇지 않으면 나는 가지 않을 것이다.
- 除非你去请, 他才会来, 否则他是不会来的。
  네가 가서 청해야 그는 올 것이다. 그렇지 않으면 그는 오지 않을 것이다.

 예제

1_ ______认真读, 你______能明白这篇文章的意思。

   A. 凡是…都…　B. 只有…才…　C. 既然…就…　D. 不论…都…

해설 | 문장의 의미상 "이 문장의 의미"를 이해하기 위해서는 "진지하게 읽는 것"은 유일한 조건을
의미한다. 따라서 只有~才~가 와야 한다. 既然~就~는 "이왕 ~한 이상 ~해라"는 의미
이다.

해석 | 진지하게 읽어야만 너는 이 문장의 의미를 알 수 있을 것이다.

정답 | B

2_ 每一本书, ______大书小书, 都有它的用处。

   A. 只要　　　　B. 尽管　　　　C. 即使　　　　D. 不论

해설 | 문장의 의미상 조건관계를 나타낸다. 보기 중에 조건을 나타내는 말은 不论이다. 또 不论은
뒤에 나오는 都와 함께 "不论~都~"형식으로 사용된다.

단어 | 用处(yòngchu) 용도, 쓸모

해석 | 매 한 권의 책은 큰 책이든 작은 책이든 그것 나름대로 쓸모가 있다.

정답 | D

9 │ 가정관계

01 如果(要是·假如·倘若·万一·若是) A, 那么(就) B

만약 A라면 B 한다

- 要是我有钱, 我就去各地旅行。
  만일 나에게 돈이 있다면 나는 각지로 여행을 갈 것이다.
- 假如你不帮他, 那么没有人可以帮他了。
  만약 네가 그를 돕지 않으면 아무도 그를 도울 사람이 없다.

 幸亏 A, 否则(要不然·不然·不然的话) B

다행히도 A했기에 망정이지, 그렇지 않았다면 B 했을 것이다

- 幸亏他帮我, 不然我今天晚上就得熬夜了。

  다행히 그가 나를 도와주었기에 망정이지 그렇지 않았으면 나는 오늘 저녁 밤을 세워야 했다.

- 幸亏我带了一把伞, 否则衣服都淋湿了。

  다행히 내가 우산을 가져 왔기에 망정이지 그렇지 않았다면 옷이 모두 젖었을 것이다.

예제

1_ _____你不舒服, _____不要去上班了。

    A. 因为…所以…   B. 不管…也…
    C. 要是…就…   D. 哪怕…也…

해설 | 이 문장은 의미상 가정관계를 나타내므로, 要是～就～가 와야 한다. "哪怕～也～"는 "설사
～하더라도 ～하다"는 의미이다.

해석 | 몸이 좋지 않으면 출근하지 마라.

정답 | C

2_ _____老人家没听清你的话, _____非骂你一顿不可。

    A. 虽然…但是…   B. 幸亏…不然…
    C. 不是…而是…   D. 不仅…而且…

해설 | 문장의 의미상 앞의 일로 인해 뒤의 일이 일어날 뻔했음을 나타낸다. 따라서 가정관계 문장
임을 알 수 있다. 보기 중에 가정관계에 쓰이는 격식으로는 "幸亏～不然～"이 있다.

해석 | 어르신이 너의 말을 또렷하게 못 들었기에 망정이지 그렇지 않았다면 너 한바탕 혼났을 거야.

정답 | B

3_ _____大家都同意的话, 那我们明天_____出发。

    A. 假如…就…   B. 即使…也…
    C. 尽管…但是…   D. 不仅…而且…

해설 | 문장의 의미상 가정을 나타낸다. 따라서 가정을 나타내는 접속사 "假如～就～"형태가 와
야 한다. "即使～也～"는 "설사～해도 ～하다"는 의미이고, "尽管～但是～"는 "비록～하
지만 ～하다"라는 의미이다.

해석 | 사람들이 모두 동의한다면 우리 내일 출발하자.

정답 | A

1 你先 A 休息 B 休息，C 我 D 下班就去。
一

2 你越不让 A 他去，B 他 C 要 D 去。
越

3 A 她 B 唱歌 C 唱得 D 好，而且学习也十分优秀。
不但

4 每天 A 我们 B 都 C 起得很早，D 周末才能多睡会儿。
只有

5 大家都 A 认为 B 你没有 C 来过这里 D 就不会了解这里的情况。
只要

6 朋友们 A 劝李丽 B 仔细考虑婚事，C 结婚后 D 后悔。
省得

7 这两本书你要哪本？这本＿＿＿＿那本？
　A. 或者　　　　　B. 还是　　　　　C. 就是　　　　　D. 而是

8 他哭了，不知道是因为高兴＿＿＿＿因为难过。
　A. 还是　　　　　B. 但是　　　　　C. 就是　　　　　D. 而是

9 ＿＿＿＿花很多钱修理手机，我宁可再买个新的。
　A. 宁可　　　　　B. 如果　　　　　C. 还是　　　　　D. 与其

10 我＿＿＿＿会游泳，＿＿＿＿游得不怎么样。
　A. 虽然…但是…　B. 不但…而且…　C. 如果…就…　D. 只要…就…

11 ＿＿＿＿多晚，妈妈＿＿＿＿要等爸爸回来才吃饭。

　　A. 一边…边…　　B. 不但…而且…　　C. 既然…就…　　D. 无论…都…

12 妹妹＿＿＿＿飞快地开门，＿＿＿＿高兴地大叫："爷爷! 爷爷!"

　　A. 先…然后…　　B. 如果…就…　　C. 不但…而且…　　D. 一边…一边…

13 ＿＿＿＿你决定和我们一起去旅行，＿＿＿＿给我们打个电话。

　　A. 因为…所以…　B. 如果…就…　　C. 尽管…然而…　　D. 不只…而且…

14 教你们汉语口语教程的＿＿＿＿ 王老师 ＿＿＿ 李老师?

　　A. 不是…就是…　B. 是…还是…　　C. 幸亏…不然…　　D. 既是…又是…

15 那位漂亮的小姐是一位典型的东方人，我觉得她＿＿＿＿日本人，＿＿＿＿韩国人。

　　A. 不是…而是…　B. 或者…或者…　　C. 不是…就是…　　D. 既…也…

16 我一解释, 爸爸＿＿＿＿更生气了。

　　A. 而且　　　　　B. 反而　　　　　C. 并且　　　　　D. 因为

17 ＿＿＿＿学过的生词我＿＿＿＿记住了。

　　A. 幸亏…不然…　B. 凡是…都…　　C. 如果…就…　　D. 只有…才…

18 北京＿＿＿＿是中国的政治中心, ＿＿＿＿也是文化中心。

　　A. 不仅…而且…　　　　　　　　B. 不但不…反而…
　　C. 不是…就是…　　　　　　　　D. 不是…而是…

19 ＿＿＿＿我怎么问他, 他＿＿＿＿不说实话。

　　A. 尽管…但是…　B. 既然…就…　　C. 无论…都…　　D. 只要…就…

20 ＿＿＿＿开车, ＿＿＿＿打电话是很危险的。

　　A. 不是…而是…　B. 或者…或者…　　C. 一边…一边…　　D. 与其…不如…

21 ＿＿＿＿＿＿是有专业知识，不然你养不活这种花。

A. 了　　　　　　B. 只要　　　　　　C. 只有　　　　　　D. 除非

22 ＿＿＿＿＿＿我答应了，＿＿＿＿＿＿不能不去。

A. 既然…就…　　B. 即使…也…　　C. 因为…所以…　　D. 宁可…也…

23 ＿＿＿＿＿＿你有信心，＿＿＿＿＿＿一定能成功。

A. 要是…就…　　B. 只有…才…　　C. 不管…也…　　D. 不但…而且…

24 这根本不是你的错，＿＿＿＿＿＿你不必向他道歉。

A. 因为　　　　　B. 因此　　　　　C. 于是　　　　　D. 而且

25 ＿＿＿＿＿＿是总统，也有自己的家庭生活。

A. 无论　　　　　B. 即使　　　　　C. 除非　　　　　D. 除了

26 你说吧，＿＿＿＿＿＿说错了，那＿＿＿＿＿＿没什么关系。

A. 如果…就…　　B. 虽然…但是…　　C. 就是…也…　　D. 既然…就…

27 哎呀，太晚了！看来＿＿＿＿＿＿坐出租车去，＿＿＿＿＿＿能赶上火车。

A. 只有…才…　　B. 不管…都…　　C. 所以…因为…　　D. 虽然…但是…

28 学习＿＿＿＿＿＿是第一位的，但身体也要锻炼好。

A. 既然　　　　　B. 要是　　　　　C. 虽然　　　　　D. 仍然

29 那个地方虽然很少下雨，地下水＿＿＿＿＿＿很丰富。

A. 但　　　　　　B. 却　　　　　　C. 可是　　　　　　D. 不过

30 咱们去超市多买点儿东西，＿＿＿＿＿＿老去买。

A. 好　　　　　　B. 好让　　　　　C. 为的是　　　　　D. 省得

정답과 해설

1
해석 | 너 먼저 좀 쉬어라, 내가 퇴근하자마자 갈 게.
해설 | 一~就는 "~하자 말자 바로 ~하다"이다. 이때 一는 보통 동사나 앞 절의 동사 앞에 위치 한다.

2
해석 | 네가 그를 가지 못하게 하면 할수록 그는 더 가려 할 것이다.
해설 | 越~越~는 "~하면 할수록 ~하다"이다.

3
해석 | 그녀는 노래를 잘할 뿐만 아니라 공부도 아주 잘한다.
단어 | 优秀(yōuxiù) : 우수하다, 뛰어나다
해설 | "不但~而且~"는 "~할 뿐만 아니라 ~도 하다"이다. 이때 동일주어 일 경우에는 접속사는 주어 뒤에 오며, 주어가 다른 경우에는 접속사는 주어 앞으로 간다. 이 문장에서는 동일주어 이므로 접속사는 주어 뒤에 위치한다.

4
해석 | 매일 우리 모두 일찍 일어나야 만이 주말에 늦잠을 잘 수 있다.
해설 | 只有~才는 "~해야 만이 ~한다"는 의미이다.

5
해석 | 사람들은 당신이 이곳에 온 적이 없어서 이곳의 상황을 이해하지 못한다고 생각한다.
해설 | 只要~就는 "~하기만 ~한다"는 의미이다.

6
해석 | 친구들은 리리에게 결혼한 뒤에 후회하지 않도록 꼼꼼하게 혼사를 생각할 것을 충고했다.
해설 | 省得는 어떤 원치 않은 일을 모면하거나 피하려고 할 때 사용한다. 이 문장에서 원치 않는 일이란 "결혼해서 후회하는 일"이므로 省得는 그 앞에 위치해야 한다.

7
해석 | 이 두 권의 책 중에서 너는 어느 책을 원하는가? 이 책인가 아니면 저 책인가?
해설 | 이 문장은 선택형 의문문이므로, 还是가 와야 한다. 或者는 "혹은"의 의미이며, 주로 평서문에 사용한다.

8
해석 | 그는 울었다, 기뻐서 운 것인지 괴로워서 운 것인지 모르겠다.
해설 | "是~还是~"는 "~인지 아니면 ~인지"라는 의미로, 주로 선택형 의문문에서 사용한다.

9
해석 | 많은 돈을 들여 핸드폰을 수리하느니 차라리 새 것을 사겠다.
해설 | "与其~宁可~"는 "~하느니 차라리 ~하겠다"라는 의미이다. 如果는 "만약 ~한다면"의 의미로, 가정문에서 사용한다.

10
해석 | 나는 수영을 할 줄 알지만 그렇게 잘하지 못한다.
해설 | 이 문장은 역접관계를 나타내므로 "虽然~但是~"가 와야 한다.

11
해석 | 얼마나 늦든지 간에 엄마는 아빠가 돌아오시길 기다렸다가 밥을 드신다.
해설 | "既然~就~"는 "이왕 ~한 이상 ~한다."는 의미이고, "无论~都~"는 "~하든지 간에 ~한다"는 의미이다.

12
해석 | 여동생은 잽싸게 문을 열면서 기쁘게 "할아버지, 할아버지"라고 크게 소리쳤다.

단어 | 飞快(fēikuài) : 잽싸게
해설 | 이 문장은 동시에 두 가지 동작이 행해
지고 있으므로, "一边~一边~"이 와야
한다.

13 해석 | 네가 우리와 함께 여행갈 것을 결정했다
면 우리에게 전화를 해 주라.
해설 | 이 문장은 가정문이므로, "如果~就~"가
와야 한다.

14 해석 | 너희들에게 중국어 회화 과목을 가르치
는 분이 왕 선생님이시니 아니면 이 선생
님이시니?
해설 | 이 문장은 선택 의문문이므로, "是~还是
~"가 와야 한다.

15 해석 | 그 예쁜 아가씨는 전형적인 동양 사람이
다. 나는 그녀가 일본인 아니면 한국인일
것이라고 여겼다.
해설 | 선택 관계에서 둘 중에 하나라는 의미일
경우에는 "不是~就是~"를 사용한다.
"不是~而是~"는 후자 하나만 택하는 의
미를 갖고 있다. "或者~或者~"는 "~하
든지 ~하든지"라는 의미이다.

16 해석 | 내가 한번 설명해 드리자 아빠는 도리어
화를 더 내셨다.
해설 | 이 문장은 역접관계를 나타냄으로, 反而
이 와야 한다. "而且"와 "并且"는 둘 다
"뿐만 아니라"라는 의미이다.

17 해석 | 무릇 배운 적이 있는 단어들은 나는 모두
기억한다.
해설 | "凡是~都~"는 "무릇~한 것은 모두 ~한
다."는 의미이다. "幸亏~不然~"은 "다
행히 했을 망정이지 그렇지 않으면 ~했
다"라는 의미이다.

18 해석 | 베이징은 중국의 정치 중심일 뿐만 아니
라 문화 중심이기도 하다.
해설 | 이 문장은 점층 관계 문장이므로, "不仅
~而且~"가 와야 한다. "不但不~反而
~"은 "~하지 않을 뿐만 아니라 도리어 ~
하다"는 의미이다.

19 해석 | 내가 그에게 어떻게 물어도 그는 사실대

로 말하지 않는다.
단어 | 说实话(shuōshíhuà) : 사실대로 말하다
해설 | "无论~都~"는 "~하든지 간에 ~하다"는
의미이다. "尽管~但是~"는 "비록~이지
만 ~하다"는 의미이다.

20 해석 | 차를 운전하면서 전화를 하는 것은 아주
위험하다.
해설 | 이 문장은 동시에 두 가지 동작이 행해지
고 있으므로, "一边~一边~"이 와야 한다.

21 해석 | 전문 지식이 있어야지 그렇지 않았다면
너는 이 꽃을 키울 수 없을 것이다.
해설 | "除非~不然~"은 "~해야지 그렇지 않으
면 ~한다"라는 의미이다.

22 해석 | 이왕 승낙했으니 가지 않으면 안 된다.
해설 | "既然~就~"는 "이왕 ~한 이상 ~한다"
는 의미이다. "即使~也~"는 "설사 ~한
다 하더라도 ~한다"는 의미이다.

23 해석 | 네가 자신감이 있다면 반드시 성공할 수
있을 것이다.
해설 | 이 문장은 의미상 가정관계를 나타내므
로, "如果~就~"가 와야 한다. "只有~才
~"는 "~해야만 ~한다"는 의미이고, "不
管~也~"는 "~하던지 간에 ~한다"는 의
미이다.

24 해석 | 이것은 근본적으로 너의 잘못이 아니기
때문에 너는 그에게 사과할 필요가 없다.
해설 | 이 문장은 인과 관계 문장이므로, 因此
가 와야 한다. "于是"는 "이에"·"그래
서"라는 의미이다.

25 해석 | 설사 대통령이라도 자신의 가정생활이
있어야 한다.
해설 | "即使~也~"는 "설사 ~한다 하더라도 ~
한다"는 의미이다.

26 해석 | 말해봐, 틀려도 괜찮으니까.
해설 | "就是~也~"는 "설사 ~한다 하더라도
~한다"는 의미로, "即使~也~"와 같은
의미이다.

27 해석 | 아이쿠, 너무 늦었어! 보아하니 택시를

타야만 기차 시간에 댈 수 있을 것 같다.
해설 | 이 문장은 조건 관계를 나타낸다. 조건 중에서도 "택시를 타는 것"이 유일한 조건임을 나타낸다. 따라서 "只有~才~"가 와야 한다.

28 **해석 |** 공부가 비록 제일 중요하기는 하나 몸도 잘 단련해야 한다.
해설 | 이 문장은 전환 관계를 나타냄으로, "虽然~但是~"가 와야 한다. 仍然은 "여전히"라는 의미이다.

29 **해석 |** 그곳은 비록 비가 적게 오기는 하나 지하수는 오히려 아주 풍부하다.
해설 | "虽然~却~"는 "비록 ~하나 오히려 ~하다"는 의미이다. 보기 중의 "但"·"可是"·"不过"는 모두 같은 뜻이다.

30 **해석 |** 우리 수퍼에 가서 물건을 좀 많이 사자, 자주 가서 사지 않도록 말이야.
해설 | 省得는 어떤 원치 않은 일을 모면하거나 피하려고 할 때 사용한다. 이 문장에서 원치 않는 일이란 "자주 가서 사는" 것이므로 省得는 그 앞에 위치해야 한다. "为的是"는 "~때문이다"·"~을 위해서이다"라는 의미이다.

 조사

1 │ 구조조사

(1) 的

01 한정어 + 的 + 명사(중심어)

我的汉语书。 나의 중국어 책
买机票的钱。 비행기 표를 살 돈
关于汉语的学习。 중국어에 관한 학습
常常见面的朋友。 자주 만나는 친구

※ "한정어"란 우리말의 관형어에 해당하는 문법용어이다. 문장에서 주어나 목적어를 한정 내지 제한하는 역할을 한다. 예를 들어, "这是我的汉语书。"라고 할 때 "我"가 "汉语书"를 제한해 주고 있어 한정어 역할을 하고 있다. 한정어가 중심어(주어나 목적어)를 수식할 때, 그 사이에 구조조사 的가 와서 한정어와 중심어를 연결해 주는 역할을 한다.

예제 : 我 A 昨天新买 B 那本语法 C 书不见了 D。
　　　　　　　　的

해설 | 동사 买가 중심어를 수식할 경우에는 반드시 的가 들어가야 한다. 이 문장의 중심어는 那本语法书이므로 的는 그 앞에 와야 한다.
해석 | 내가 어제 새로 산 그 문법 책이 보이지 않는다.
정답 | B

02 앞에 나온 단어를 생략할 때 사용

刚才吃的(菜)是什么菜? 방금 먹은 것은 무슨 음식입니까?
中文系三年级的(学生)都到齐了。 중문과 3학년은 모두 왔다.
金先生有两个孩子, 大的(孩子)十岁, 小的(孩子)七岁。
김 선생님은 아이가 두 명 있다. 큰 애는 10살, 작은 애는 7살이다.

예제 : 系 A 红领带 B 是我 C 哥哥 D 。

的

해설 | 是 앞부분의 문장은 주어인데, 系红领带라고 하면 "넥타이를 매다"라는 "동사＋목적어"관
　　　계가 되므로 틀린 문장이 된다. 따라서 系红领带 뒤에 的를 넣어주면 "빨간 넥타이를 맨
　　　사람"이라는 의미가 된다.
단어 | 系(jì) 매다, 묶다 | 领带(lǐngdài) 넥타이
해석 | 빨간 넥타이를 맨 사람은 우리 형이다.
정답 | B

(2) 地 (동사나 형용사 앞에 쓰여 동사를 수식할 수 있도록 한다)

01 동사 / 형용사 ＋ 地 ＋ 동사

孩子得意地拿出自己的礼物。　아이는 아주 득의양양하게 자신의 선물을 꺼냈다.

他高兴地告诉了大家一个好消息。
그는 사람들에게 기쁘게 좋은 소식 하나 알려주었다.

五年没有见面, 我还清楚地记得他的模样。
5년 동안 보지 못했어도 나는 아직 그의 모습을 또렷하게 기억하고 있다.

▶ 주의　형용사가 단독으로 부사어가 될 경우에는 "地"를 생략할 수 있다.
　　　　(단, 형용사중첩 · 능원동사 · 정도부사가 있는 경우 생략할 수 없다)

认真(地)学习 / 努力(地)工作 / 舒舒服服地休息 / 十分认真地告诉

예제 : 听到下课 A 铃, 那些 B 小学生飞快 C 跑 D 出教室去了。

地

해설 | 구조조사 地는 형용사와 동사를 연결해주는 역할을 한다. 이 문장에서 형용사는 飞快이고
　　　동사는 跑이므로 그 사이에 地가 들어가야 한다.
단어 | 铃(líng) 종, 벨 | 飞快(fēikuài) 재빠르다, 날래다
해석 | 저 초등학생들은 수업을 마치는 종소리를 듣자 잽싸게 교실을 뛰쳐나갔다.
정답 | C

02 관용어 / 고사성어 ＋ 地 ＋ 동사

妹妹拿起一本书, 像模像样地读了起来。
여동생은 한 권의 책을 들고 제대로 자세를 잡고 읽기 시작했다.

一进门爸爸就得意洋洋地说: "今天厂里发奖金了, 晚上咱们全家到
外面吃一顿。"
아빠는 들어오시자마자 의기양양하게 "오늘 회사에서 보너스가 나왔어, 저녁에 우리 식구 밖
에서 외식하자"고 말씀하셨다.

예제 : 他 A 一声不响 B 坐 C 在教室里 D 写作业。

地

해설 | 구조조사 地는 형용사와 동사를 연결해주는 역할을 하지만 관용어나 성어를 동사와 연결해 주는 역할도 한다. 이 문장에서 一声不响이 동사 坐를 수식하고 있으므로 地가 그 사이에 들어가야 한다.

단어 | 一声不响(yìshēngbùxiǎng) 한마디도 하지 않다, 꿈쩍도 하지 않다

해석 | 그는 한마디 말도 하지 않고 교실에 앉아 숙제를 했다.

정답 | B

(3) 得

01 동사/형용사 + 得 + 보어(정도보어)

房间收拾得很干净。 방은 아주 깨끗하게 치워졌다.

他跑得满身都是汗。 그는 온 몸이 땀투성이가 되도록 뛰었다.

虽然贫穷, 但他们却过得非常幸福。
비록 가난하지만 그들은 오히려 아주 행복하게 보냈다.

02 동사 + 得/不 + 결과보어(가능보어)

你看得见这个字吗? 너 이 글자 볼 수 있니?

我听得懂汉语, 也看得懂中文报了。
나는 중국어를 알아들을 수 있고, 또한 중국어 신문도 알아볼 수 있다.

예제 : 她刚 A 下班的丈夫看见她忙 B 满头大汗 C 非常心疼 D。

得

해설 | 구조조사 得는 동사나 형용사 뒤에 위치하여 정도를 나타내는데, 이 문장에서는 忙이 형용 사로써 술어로 사용되고 있다. 따라서 得는 忙 뒤에 위치해야 한다.

단어 | 满头大汗(mǎntóudàhàn) 얼굴이 땀투성이다 | 心疼(xīnténg) 몹시 아끼다, 애석해하다, 마음이 아프다

해석 | 막 퇴근한 남편은 온 얼굴에 땀을 흘리며 바쁘게 일하고 있는 그녀를 보고 마음이 매우 아 팠다.

정답 | B

2 | 동태조사 (동사 뒤에서 동사의 상태 즉, 완료·지속·과거를 나타내는 역할을 한다)

(1) 了$_1$ (동사 뒤에 쓰여 동작의 완성과 실현을 나타낸다)

01 동사 + 了$_1$ + (목적어)

他今天学习了汉语。 그는 오늘 중국어를 공부했다.

小明吃完了晚饭。 샤오밍은 저녁을 다 먹었다.

这部电影我看了两遍。 이 영화 나는 두 번 봤다.

> 예제 | 这件事 A 给 B 我们 C 很大 D 的鼓舞。
>
> 了
>
> 해설 | 동태조사 了는 동사 뒤에서 동사의 상태를 나타내기 때문에 동태조사의 위치를 찾는 문제에 있어서는 동사를 찾아야 한다. 이 문장에서 동사는 给이므로 了는 그 뒤에 위치한다.
> 단어 | 鼓舞(gǔwǔ) 격려하다, 고무하다
> 해석 | 이 일은 우리를 크게 고무시켰다.
> 정답 | B

02 동사1 + 목적어1 + 동사2 + 了$_1$ + 목적어2 (연동문과 겸어문)

我去图书馆借了两本书。 나는 도서관에 가서 책 두 권을 빌렸다. (연동문)

他帮小王修好了电脑。 그는 샤오왕이 컴퓨터를 수리하는 것을 도와주었다. (연동문)

我看见她在书店买了很多书。
나는 그녀가 서점에서 많은 책을 사는 것을 보았다. (겸어문)

> 예제 | 昨天我朋友 A 去 B 商店 C 买 D 一辆自行车。
>
> 了
>
> 해설 | 이 문장은 동사 去와 买가 연이어 나오는 연동문이다. 연동문에서 동태조사 了는 두 번째 동사 뒤에 붙인다.
> 해석 | 어제 내 친구는 상점에 가서 자전거 한 대를 샀다.
> 정답 | D

03 동사 + 了$_1$ + 목적어1 + 就(才·再) + 동사2 + 목적어2

妈妈吃了饭再去商店。 엄마는 식사를 하시고 다시 상점에 갔다.

昨晚我和朋友见了面才回家。
어제 저녁 나는 친구와 만난 뒤에서야 집으로 돌아갔다.

妈妈走了十分钟爸爸就回来了。 엄마가 간지 10분 후에 아빠가 돌아오셨다.

04 동사를 중첩할 때 "了₁"은 중첩 동사의 중간에 온다.

小军给我们介绍了介绍现在北京的情况。
샤오쥔은 우리에게 현재 베이징의 상황을 좀 소개해 주었다.

上星期天, 我在家看了看报纸, 听了听音乐。
지난 일요일 나는 집에서 신문을 좀 보고 음악을 좀 들었다.

(2) 着 (동사 뒤에 쓰여 동작이나 상태의 진행·지속을 나타낸다.)

01 동사 / 형용사 + 着

外面下着雨。 밖에는 비가 내리고 있다.
墙上挂着一幅画儿。 벽에는 그림 한 폭이 걸려 있다.
孩子们唱着, 笑着, 玩儿得高兴极了。
아이들은 노래하며 웃으며 아주 즐겁게 놀았다.

02 동사1 / 형용사 + 着 + (목적어) + 동사2
(이때 동사1 / 형용사에는 대부분 단음절 동사가 온다)

老师总是站着讲课。 선생님은 늘 서서 수업을 하신다.
晚上一家人常常吃着饭看电视。 저녁에 전 가족이 항상 밥을 먹으며 TV를 본다.
吃完早饭, 爸爸匆匆忙忙地急着去上班了。
아침을 다 드시고 아빠는 매우 바쁘게 급히 출근하셨다.

▶ 주의 이합사와 "着"가 함께 쓰일 때는 반드시 분리해서 중간에 "着"를 사용한다.

상용 이합동사: 见面(만나다) / 洗澡(목욕하다) / 抽烟(담배 피우다) / 跳舞(춤추다) /
唱歌(노래 부르다) / 握手(악수하다) / 帮忙(돕다) / 结婚(결혼하다) /
聊天(한담하다) / 散步(산보하다) / 生气(화내다) / 睡觉(잠자다) /
谈话(말하다) / 游泳(수영하다) / 爬山(등산하다)

孩子们一路唱着歌。 아이들은 모두 노래 부르고 있다.
我们一边散着步, 一边聊着天。 우리들은 산보하며 이야기를 나눴다.

※ "이합사(离合词)"란 한 단어로 사용되지만 자체에 "동사 + 목적어" 형태로 되어 있어 분리할 수 있는
단어를 말한다. 예를 들어, "见面"은 "만나다"라는 단어인데 이 단어는 "见(보다) + 面(얼굴)" 형태로
되어 있다. 이때 见은 동사가 되고 面은 목적어가 되어 분리할 수 있게 된다. 이합사는 이런 특징으로
말미암아 뒤에 목적어를 취하지 못한다.

(3) 过(동사 뒤에 쓰여 동작이나 상태의 진행·지속을 나타낸다.)

01 동사 + 过 (주로 "曾经"과 연용)

这本小说我没看过。 나는 이 소설을 본 적이 없다.
李先生去过中国一次。 이 선생님은 중국에 한번 가 본 적 있다.
我们曾经谈过这个问题。 우리는 일찍이 이 문제에 대해 이야기한 적이 있다.

예제 : 这件事我跟 A 他商量 B 三次了, 他就是 C 不同意 D。

过

해설 ┃ 동태조사 过의 위치를 찾는 문제이다. 동태조사는 동사 뒤에 와서 상태를 나타낸다. 따라서
동태조사의 위치를 찾는 문제에서는 동사를 찾으면 된다. 이 문장에서 동사는 商量과 同意
인데, 同意는 문맥상 맞지 않는다.
해석 ┃ 이 일을 나는 그와 세 번이나 상의한 적이 있는데, 그는 동의하지 않는다.
정답 ┃ B

02 동사1 + 목적어 + 동사2 + 过 + 목적어 (연동문과 겸어문에 사용)

李小姐去中国留过学。 미스 리는 중국에 유학 간 적이 있다. (연동문)
他指导我学习过汉语。 그는 나에게 중국어를 지도해 준 적이 있다. (겸어문)
上个月我来这家百货商店买过一件衣服。
지난달 나는 이 백화점에 와서 옷 한 벌을 산 적이 있다. (연동문)

예제 : 他以前得 A 肺炎 B, 但是最近身体很好, 没有 C 生病 D。

过

해설 ┃ 동태조사 过는 동사 뒤에 위치하여 과거를 나타낸다. 이 문장에서 동사는 得(dé)와 生이나
生은 의미상 맞지 않으므로 过는 得 뒤에 위치해야 한다.
단어 ┃ 肺炎(fèiyán) 폐렴
해석 ┃ 그는 이전에 폐렴에 걸린 적이 있지만 최근에는 몸이 아주 좋아서 병에 걸리지 않았다.
정답 ┃ A

 어기조사 (문장 끝에서 각종 어기를 나타낸다)

(1) 了₂ (문장 끝에서 일이 이미 발생했거나 상황의 변화 혹은 새로운 상황의 출현을 나타낸다)

01 동사 + (목적어) + 了₂ (문장 전체의 변화를 강조)

金智娟去学校了。 김지연은 학교에 갔다.

我的朋友上个月搬家了。 내 친구는 지난달 이사했다.

回家的时候，妈妈已经把饭全做好了。
집으로 돌아왔을 때 엄마는 이미 밥을 다 해 놓으셨다.

> 예제 ┃ 今天我要办的事很多 A，所以不 B 和你们一起喝 C 酒 D。
>
> 了
>
> 해설 ┃ 문장에서 말한 "오늘 해야 할 일"은 새로운 상황의 변화를 나타내기 때문에 어기조사 了가 와야 한다.
> 해석 ┃ 오늘 해야 할 일이 너무 많아서, 너희들과 함께 한잔 할 수 없어.
> 정답 ┃ D

02 동사 + 了₁ + 수량사 + 了₂ (동작이 아직까지 지속 중임을 나타낸다)

这本小说我已经看了两遍了。 나는 이 소설을 이미 두 번 봤다.

妈妈病了一个星期了。 엄마는 일주일째 아프다.

他学习了两个小时汉语了。 그는 두 시간째 중국어를 공부하고 있다.

> 예제 ┃ 他病了好些 A 日子 B，老不 C 见好 D。
>
> 了
>
> 해설 ┃ 문장의 의미상 그는 지금도 아프다는 의미이다. 지속내지 진행의 의미를 가질 경우 동태조사 了₁와 어기조사 了₂가 함께 사용되어 "동사 + 了₁ + 수량사 + 了₂" 형태가 된다. 따라서 이 문장에서 了는 첫 구절 맨 끝에 와야 한다.
> 단어 ┃ 好些(hǎoxiē) 많은, 비교적 좋은 ┃ 老(lǎo) 늘, 항상, 언제나 ┃ 见好(jiànhǎo) 호전되다, 나아지다
> 해석 ┃ 그는 아픈 지 오래되었는데도, 줄곧 호전되지 않는다.
> 정답 ┃ B

03 快 · 要 · 快要 · 就要 · 该 · 太 · 可 · 再 · 已经 + 동사 + 了₂

他下个月就要回国了。 그는 다음 달에 귀국하려고 한다.

时间不早了，我该走了。 시간이 늦었으니, 나는 가야겠다.

这件衣服太短了。 이 옷은 너무 짧다.

예제 : 我和男朋友已经 A 恋爱四年 B，我们打算 C 明年旅行结婚 D。

了

해설 ㅣ 了가 어기조사로 사용될 경우에는 상황의 변화를 나타낸다. 이 문장의 경우 "사귄 지 4년이 되었다"는 것은 상황의 변화를 나타낸다고 볼 수 있다. 또 문 중의 已经이 있어 이러한 상황의 변화를 분명하게 확정해주는 역할을 하고 있다. 따라서 了는 첫 번째 구절의 마지막부분에 위치해야 한다.

단어 ㅣ 恋爱(liàn'ài) 연애하다, 사귀다

해석 ㅣ 나는 남자친구와 이미 4년을 사귀었다. 우리는 내년에 결혼여행을 갈 계획이다.

정답 ㅣ B

(2) 的

01 "是……的" (이미 발생한 일의 시간·지점·방식·원인·목적 등을 강조)

我是昨天来的。 나는 어제 왔다. (시간)
他是坐飞机来的天津。 그는 비행기를 타고 텐진에 왔다. (방식)
我们是在医院里认识的。 우리들은 병원에서 알았다. (지점)

02 "会……的" / "挺……的" / "怪……的"
(문장 끝에 긍정·강조의 어투를 나타냄)

我不会忘记你的。 나는 너를 잊지 않을 것이다.
我们学校留学生挺多的。 우리 학교에는 유학생이 아주 많다.
他那个人怪有意思的。 그 사람은 아주 재미있다.

예제 : 这件红 A 上衣是去年在日本 B 一家大 C 商店买 D。

的

해설 ㅣ "是~的"는 "~" 부분을 강조한다. 따라서 이 문장에서 的는 문장 끝에 위치한다.

해석 ㅣ 이 붉은 상의는 작년 일본의 한 대형 상점에서 산 것이다.

정답 ㅣ D

(3) 吧

01 추측·명령·권유·동의 등의 의미 (可能·也许·大概·一定·还是~吧)

你们都是韩国学生吧？ 당신들 모두 한국 학생들이죠?
请坐吧，咱们好好聊聊。 앉으세요, 우리 이야기 좀 잘해 봅시다.

他大概已经四十岁了吧? 그는 이미 40살 정도 되겠지?

天阴了, 我看你还是带上雨伞吧。 날이 흐려, 내가 보기에 너 그래도 우산을 가져가.

02 "상관없다"·"개의치 않다"는 의미 (A 就 A 吧)

既然大家都请你去, 去一趟就去一趟吧。
이왕 사람들이 너를 청해 가자고 했으니 한번 가봐.

说就说吧, 反正这事她早晚都会知道。
말하려면 말해, 어쨌든 이 일은 그녀가 조만간에 알게 될 거야.

예제 : 我想他不会不知道______。

A. 吗　　　　　　B. 啊　　　　　　C. 呢　　　　　　D. 吧

해설 | 이 문장은 의미상 추측을 나타낸다. 따라서 추측의 어기를 나타내는 어기조사 吧가 와야
　　　 한다. 吗는 의문형에서 사용된다.
해석 | 나는 그가 모를 리 없다고 생각한다.
정답 | D

(4) 啊

01 감탄이나 긍정의 의미 (주로 真·多·多么와 연용)

多好的人啊! 얼마나 좋은 사람인가!
她多漂亮啊! 그녀는 얼마나 아름다운가!

예제 : 这是多么伟大的工程______!

A. 吗　　　　　　B. 吧　　　　　　C. 啊　　　　　　D. 呢

해설 | "多么~啊"는 "얼마나 ~한가"라는 의미이다.
단어 | 伟大(wěidà) 위대한, 웅장한 | 工程(gōngchéng) 공사, 공정
해석 | 이것은 얼마나 위대한 공사인가!
정답 | C

(5) 吗

01 의문의 어기 (~吗?)

你是中国人吗? 당신은 중국인입니까?
你会说英语吗? 당신은 영어를 할 줄 압니까?

❖ 不是~吗?

~이 아닙니까?

- 你**不是**日本人**吗**?　당신은 일본인이 아닙니까?
- 他**不是**去上海了**吗**?　그는 상하이에 가지 않습니까?

❖ 没有~吗?

~하지 않았습니까?

- 他**没有**跟你说**吗**?　그가 당신에게 말하지 않았던가요?
- 昨天你**没有**跟他们一起去**吗**?　어제 당신은 그들과 함께 가지 않았습니까?

❖ 难道~吗?

설마 ~한건 아니죠?

- 你**难道**不来了**吗**?　당신 설마 오지 않은 건 아니죠?
- **难道**你还不懂**吗**?　설마 당신 모르시는 건 아니죠?

예제 | 你不是说你早就认识王先生了______?

　　A. 呢　　　　　　B. 嘛　　　　　C. 吗　　　　　D. 吧

해설 | 이 문장은 의미상 반문의 어기를 나타낸다. 또 문중에 不是가 나오고 반문의 어기를 나타 내는 문장일 경우에는 어기조사 吗를 사용한다.
해석 | 너 왕 선생님을 안다고 일찍부터 얘기하지 않았어?
정답 | C

(6) 呢

01 강조의 의미 (才~呢)

你**才**笨**呢**!　너야 말로 멍청한 거지!
我**才**不跟他们一起去**呢**!　나야말로 그들과 같이 가지 않지!

02 "아직"의 의미 (还~呢)

他**还**没来**呢**。　그는 아직 오지 않았어.
这本书我**还**没看完**呢**!　이 책 나 아직 다 안 봤어!

03 진행 · 지속의 의미 (着 呢)

我听**着**呢。 나는 듣고 있어.

我出去的时候，外边正下**着**雨**呢**。
내가 나갔을 때 밖에는 마침 비가 내리고 있었어.

04 생략형태의 의문문 (~呢?)

我们都去，你**呢**? 우리 모두 갈 건데, 너는?

小李明天家里有事儿，来不了，小王**呢**? 他能来吗?
샤오리 내일 집에 일이 있어서 올 수 없고, 샤오왕은? 그는 올 수 있니?

05 고정격식

❖ 의문대명사 ~呢?

- 他去**哪儿了呢**? 그는 어디 갔니?
- 咱们明**天什么时候出发呢**? 우리 내일 언제 출발할까?

❖ 怎么(为什么)~呢?

어떻게 ~할 수 있겠는가?

- 你**怎么**不去**呢**? 너는 왜 안 가니?
- 你**为什么**不能来**呢**? 너는 왜 올 수 없는 거니?

❖ 何必~呢?

하필 ~하는가?

- 大家都不去，你**何必**要去**呢**?
  사람들 모두 가지 않는데, 너는 하필 가려고 하니?

❖ 何况~呢?

하물며 ~는?

- 老人们都能爬到山顶，**何况**咱们年轻人**呢**?
  노인들도 정상까지 오르는데, 하물며 우리 젊은 사람들이야?

예제 : 这本书你别拿走，我还没有看完______。

   A. 呢   B. 了   C. 吗   D. 吧

해설 | 문장의 의미상 책을 다 안 본 것은 아직도 보고 있다는 의미이다. 이렇게 진행형의 의미를
　　　나타낼 때에는 어기조사 呢를 사용한다.
해석 | 이 책 너 가져가지 마, 나 아직 다 안 봤어.
정답 | A

(7) 嘛

의문문에 쓰이지 않고, 일이 마땅히 이래야 하거나 이치가 아주 분명해
서 확신하는 경우에 사용.

他在睡觉嘛。 그는 자고 있잖아.

肚子疼就休息嘛。 배가 아프면 쉬면 되잖아.

咱们是好朋友嘛，千万别客气。 우리 친한 친구잖아, 절대 사양하지 마.

예제 : 是他自己要走的______，我有什么办法?

A. 吗　　　　　B. 嘛　　　　　C. 吧　　　　　D. 呢

해설 | 문장의 의미상 "너 혼자 가려고 했던 것"은 화자가 확신을 가지고 말하는 어투이다.

해석 | 그 혼자 가려고 했던 거잖아, 내가 무슨 방법 있어?

정답 | B

(8) 来着

이미 일어난 일을 회상하는 기분을 나타낸다. 의미는 "～라고 했더라"·
"～라고 했나"이다.

他说什么来着? 　그가 뭐라고 했더라?

你有弟兄几个来着? 　너 형제 몇 명이었다고 했더라?

예제 : 这部电影我 A 看过 B，题目是 C 什么 D?

　　　　　　　来着

해설 | 来着는 어기조사로써 이미 일어난 일을 회상할 때 사용하며 반드시 문장 끝에 위치한다.

해석 | 이 영화 나는 본 적이 있는데, 제목이 뭐였더라?

정답 | D

• 구조조사 的, 地, 得 관련문제

1 一位完全 A 陌生 B 中年人 C 站在 D 我面前。
的

2 孩子们 A 对他们 B 礼物 C 都 D 非常满意。
的

3 上大学 A 时，他是一位 B 非常 C 活跃 D 学生干部。
的

4 王校长非常 A 感谢 B 总理对经济管理学院 C 支持和帮助 D。
的

5 他 A 住在离 B 首尔不 C 远处 D 农村。
的

6 关于你 A 提出 B 问题，我们将在明天 C 讨论 D 解决。
的

7 我 A 很怀念 B 和孩子们 C 在一起 D 生活。
的

8 随着 A 社会 B 发展，人民的生活水平 C 会越来越 D 好。
的

9 接待 A 我 B 老夫人，穿着 C 特别 D 朴素简洁。
的

10 她很大方 A 走到 B 我面前，稍微点 C 点头 D 示意。
地

11 总理坦率 A 承认 B 自己 C 在校时不是一个好 D 学生。
地

12 那个女人站了 A 起来，疑惑 B 注视着 C 面前的这个陌生 D 人。
地

13 他 A 笔直 B 坐在那把 C 有靠背的椅子 D 上。
地

14 拿到通知书，小王居然 A 像个孩子一样 B 大哭 C 起来 D。

地

15 儿子 A 温顺 B 让她吃惊，好像 C 长大了 D 许多。

得

16 衣服 A 叠 B 整整齐齐的，还放 C 在沙发 D 上。

得

17 一只狗突然 A 窜到我的面前，我吓 B 一下子 C 从椅子上 D 站了起来。

得

18 公司员工们 A 都知道 B 他 C 工作做 D 特别认真。

得

19 当我双手接 A 过录取通知书时，我激动 B 真 C 不知道说 D 什么好了。

得

• 동태조사 了, 着, 过 관련문제

20 李亮让 A 妻子给 B 客人 C 倒 D 一杯茶。

了

21 他下 A 飞机 B 没有回家 C 直接就去 D 医院看父亲。

了

22 昨天我朋友去 A 商店 B 买 C 一辆自行车 D。

了

23 这次会议通 A 过 B 加强 C 经济管理的决定 D。

了

24 今天工作很紧张 A，我想吃 B 午饭 C 就去 D 办公室。

了

25 我刚从图书馆借 A 来 B 一本《三国演义》C，下个月才还 D，你看吧。

了

26 小红穿 A 一套 B 艳丽的 C 红裙子站 D 在我面前。

着

27 妈妈 A 带 B 孩子去 C 上 D 幼儿园。

着

28 温暖 A 的 B 阳光 C 照耀 D 大地。
着

29 她的房间 A 收拾得 B 很干净，写字台上 C 放 D 一张朋友的照片。
着

30 我来 A 整理整理 B 这些书籍吧，闲 C 太难受 D。
着

31 结婚 A 25年来 B，我们 C 还没有分开 D 一天。
过

32 我 A 没听人 B 说 C 这件事 D。
过

33 急 A 什么？既然来 B 了，吃 C 饭再走 D 吧。
过

34 去 A 中国出差的 B 事，他曾经 C 跟我提起 D。
过

35 他到 A 那家 B 中国餐馆吃 C 一次 D 中国菜。
过

36 我们曾经请 A 老王来 B 帮 C 两次忙 D。
过

37 这个消息我让 A 人告诉 B 他不止 C 三次 D 了。
过

38 她是上海人 A，不过 B 已经在北京 C 住了五十年 D。
了

39 现在我们班已经 A 开始 B 学习 C 第十三课 D。
了

40 那 A 本 B 书是谁 C 写 D？
的

41 天就要下 A 雨 B，带上 C 雨伞去 D 吧。
了

42 小王懂三门外语，你＿＿＿＿＿？

    A. 吗   B. 呢   C. 吧   D. 啊

43 你这幅中国画真漂亮，在哪儿买＿＿＿＿＿？

    A. 了   B. 过   C. 呢   D. 的

44 我们共同生活的那段时光＿＿＿＿＿美好啊！

    A. 特别   B. 非常   C. 多么   D. 十分

45 我想他不会不知道＿＿＿＿＿。

    A. 吗   B. 吧   C. 呢   D. 啊

46 桌子上的报纸是昨天的，今天的报纸还没来＿＿＿＿＿。

    A. 呢   B. 啊   C. 叹   D. 吗

47 今天的电影不看就不看＿＿＿＿＿，我们去看明天的那场。

    A. 呀   B. 嘛   C. 呢   D. 吧

48 开个茶话会，大家喝着茶，说说心里话，这样就很好＿＿＿＿＿！

    A. 嘛   B. 了   C. 呢   D. 吗

49 你不就是考上北京大学了＿＿＿＿＿？有什么了不起！

    A. 呢   B. 吧   C. 喂   D. 吗

50 这个道理我都说过好几遍了，你怎么现在才明白＿＿＿＿＿？

    A. 呀   B. 了   C. 的   D. 呢

51 事情已经解决了，你又何必再提＿＿＿＿＿？

    A. 呢   B. 了   C. 吗   D. 吧

52 现在我不能跟你一起去，什么时候去，我给你打电话＿＿＿＿＿。

    A. 呢   B. 吧   C. 了   D. 吗

53 你别介意，我只是随便说说＿＿＿＿＿。

    A. 噢   B. 嗬   C. 而已   D. 呢

54 老师让我们干什么＿＿＿＿＿？你怎么就不听呢？

    A. 的   B. 来着   C. 似的   D. 而已

정답과 해설

1 B	2 B	3 D	4 C	5 D	6 B
7 D	8 B	9 B	10 A	11 A	12 B
13 B	14 B	15 B	16 B	17 B	18 D
19 B	20 D	21 A	22 C	23 B	24 B
25 B	26 A	27 B	28 D	29 D	30 C
31 D	32 C	33 C	34 D	35 C	36 C
37 B	38 D	39 D	40 D	41 B	42 B
43 D	44 C	45 B	46 A	47 D	48 A
49 D	50 D	51 A	52 B	53 C	54 B

1
해석 | 완전히 낯선 중년의 신사 한 분이 내 앞에 서 있다.
단어 | 陌生(mòshēng) : 생소하다, 낯설다
해설 | 的는 한정어를 이끌고 중심어 즉, 명사나 대명사를 수식하는 역할을 한다. 따라서 的의 위치를 찾는 문제에서는 문장에서 중심어가 되는 명사나 대명사를 찾아야 한다. 이 문장에서 명사는 中年人이므로 的는 그 앞에 위치한다.

2
해석 | 아이들은 그들의 선물에 대해 아주 만족했다.
해설 | 이 문장에서 对我们은 전치사구이고, 뒤의 礼物는 명사로써, 전치사구가 명사를 수식할 때 的가 들어가야 한다. 따라서 的는 对我们과 礼物 사이에 위치한다.

3
해석 | 대학 다닐 때 그는 아주 활동적인 학생 간부였다.
단어 | 活跃(huóyuè) : 활동적인, 활기찬

해설 | 이 문장에서 명사는 学生干部이므로, 的는 그 앞에 위치한다.

4
해석 | 왕 교장선생님은 총리의 경제관리대학에 대한 지지와 도움에 감사했다.
해설 | 이 문장에서 对经济管理学院은 전치사구이고, 뒤의 支持和帮助는 명사로써, 전치사구가 명사를 수식할 때 的가 들어가야 한다. 따라서 的는 对经济管理学院과 支持和帮助 사이에 위치한다.

5
해석 | 그는 서울에서 멀지 않은 농촌에 살고 있다.
해설 | 이 문장에서 农村이 명사로써 중심어가 되므로, 的는 그 앞에 위치한다.

6
해석 | 네가 제기한 문제에 관해 우리는 내일 토론해서 해결할 것이다.
해설 | 전치사구가 중심어를 수식할 경우, 的는 중심어 앞에 위치한다. 이 문장에서 전치사구는 关于你提出이고, 중심어는 问题이므로, 的는 그 사이에 위치한다.

7
해석 | 나는 아이들과 함께한 생활을 아주 그리워한다.
단어 | 怀念(huáiniàn) : 그리워하다
해설 | 전치사구가 중심어를 수식할 경우, 的는 중심어 앞에 위치한다. 이 문장에서 전치사구는 和孩子们在一起이고, 중심어는 生活이므로, 的는 그 사이에 위치한다.

8
해석 | 사회가 발전함에 따라 국민들의 생활수준도 점점 좋아진다.
해설 | 전치사구가 중심어를 수식할 경우, 的는 중심어 앞에 위치한다. 이 문장에서 전치사구는 随着社会이고, 중심어는 发展이므로, 的는 그 사이에 위치한다.

9
해석 | 나를 접대한 노부인은 특히나 소박하고 간결한 옷을 입고 있었다.
단어 | 朴素(pǔsù) : 소박하다, 검소하다
简洁(jiǎnjié) : 간결하다
해설 | 술어+목적어로 된 구조가 중심어를 수식할 경우, 的는 중심어 앞에 위치한다. 이 문장에서 接待我는 술어+목적어 구조로 되어있고, 중심어는 老夫人이므로, 的는 그 사이에 위치한다.

10
해석 | 그녀는 아주 점잖게 내 앞으로 걸어와서는, 고개를 약간 끄덕여 의사를 표시했다.
단어 | 示意(shìyì) : 의사를 표시하다

해설 | 地는 형용사와 동사를 연결해주는 역할
을 하므로 문장에서 형용사와 동사가 함
께 있는 부분을 찾으면 된다. 이 문장에
서 형용사는 大方이고, 동사는 走이므로,
地는 그 사이에 와야 한다.

11 **해석 |** 총리는 자신은 학교 다닐 때 좋은 학생이
아니었다고 솔직하게 인정했다.
    단어 | 坦率(tǎnshuài) : 솔직하다
         承认(chéngrèn) : 인정하다
    해설 | 이 문장에서 형용사는 坦率이고, 동사는
承认이므로, 地는 그 사이에 와야 한다.

12 **해석 |** 그 여인은 일어서면서 앞의 이 낯선 사람
을 의심스럽게 주시하고 있었다.
    단어 | 疑惑(yíhuò) : 의심하다, 의혹하다
         注视(zhùshì) : 주시하다, 주목하다
    해설 | 이 문장에서 형용사는 疑惑이고, 동사는
注视이므로, 地는 그 사이에 와야 한다.

13 **해석 |** 그는 그 등받이가 있는 의자에 꼿꼿이 앉
아 있었다.
    단어 | 笔直(bǐzhí) : 똑바르다
         靠背(kàobèi) : 의자의 등받이
    해설 | 이 문장에서 형용사는 笔直이고, 동사는
坐이므로, 地는 그 사이에 와야 한다.

14 **해석 |** 통지서를 받고, 샤오왕은 뜻밖에도 아이
처럼 크게 울기 시작했다.
    단어 | 居然(jūrán) : 의외로, 뜻밖에도
    해설 | 이 문장에서 像个孩子一样이 동사 大哭
를 수식하며 부사어 역할을 해주고 있으
므로, 地는 그 사이에 와야 한다.

15 **해석 |** 아들이 온순해져 그녀를 놀라게 했다, 마
치 많이 성장한 것 같았다.
    단어 | 温顺(wēnshùn) : 온순하다
    해설 | 得가 정도보어로 쓰일 경우 동사나 형용
사 뒤에 놓여 정도를 나타내게 되므로,
得의 위치를 찾는 문제의 경우는 동사 혹
은 형용사를 찾으면 된다. 이 문장에서는
温顺이 형용사이므로 得는 그 뒤에 와야
한다.

16 **해석 |** 옷을 아주 가지런하게 포개 소파 위에 두
었다.
    단어 | 叠(dié) : 포개다, 접다
    해설 | 이 문장에서 동사는 叠이므로, 得는 그
뒤에 와야 한다.

17 **해석 |** 개 한 마리가 갑자기 내 앞에서 껑충 뛰
어오르자 나는 놀라 단번에 의자에서 일
어서버렸다.
    단어 | 窜(cuàn) : 달아나다, 도망가다
         吓(xià) : 놀라게 하다, 위협하다
    해설 | 이 문장에서 동사는 吓이므로, 得는 그
뒤에 와야 한다.

18 **해석 |** 회사 직원들은 그가 일을 함에 아주 성실
하다는 것을 모두 알고 있다.
    해설 | 이 문장에서 동사는 做이므로, 得는 그
뒤에 와야 한다.

19 **해석 |** 두 손으로 입학통지서를 받았을 때 나는
정말 흥분되어 무슨 말을 해야 좋을지 몰
랐다.
    단어 | 录取通知书(lùqǔtōngzhīshū) : 입학통지
서
    해설 | 이 문장에서 동사는 激动이므로, 得는 그
뒤에 와야 한다.

20 **해석 |** 리리앙은 부인 보고 손님에게 차 한 잔 따
라드리라고 했다.
    해설 | 了가 동태조사로 쓰일 경우 동사 뒤에서
동사의 완료를 나타낸다. 따라서 동태조
사 了의 위치를 찾는 문제의 경우에는 동
사를 찾으면 된다. 이 문장에서 동사는
倒이므로, 了는 그 뒤에 와야 한다.

21 **해석 |** 그는 비행기에서 내린 뒤 집으로 가지 않
고 바로 병원으로 아버지를 보러 갔다.
    해설 | 이 문장에서 下와 去가 동사이나 문 중에
就가 있는 경우 了는 앞 동사에 위치한다.

22 **해석 |** 어제 내 친구는 상점에 가서 자전거를 한
대를 샀다.
    해설 | 이 문장은 동사가 연이어 나오는 연동문
이다. 연동문에서는 두 번째 동사 뒤에
了가 온다.

23 **해석 |** 이번 회의에서는 경제 관리를 강화하는
결정을 통과시켰다.
    단어 | 加强(jiāqiáng) : 강화하다, 보강하다
    해설 | 이 문장에서 동사는 通过이므로, 了는 그
뒤에 와야 한다.

24 **해석 |** 오늘 일은 아주 빠듯해서 나는 점심 먹고
사무실로 가려고 했다.
    해설 | 문장에 就가 있는 경우 了는 앞 동사 吃
뒤에 위치한다.

25 해석 | 내가 방금 도서관에서 《삼국지》 한 권을
　　　　 빌렸는데, 다음 달에 반환하니까 너 봐.
　　 해설 | 문장에 才가 있는 경우 了는 앞 동사 借
　　　　 来 뒤에 위치한다.

26 해석 | 샤오훙은 곱고 아름다운 붉은 치마를 입
　　　　 고 내 앞에 섰다.
　　 단어 | 艳丽(yànlì) : 곱고 아름답다
　　 해설 | 동태조사 着는 동사나 형용사 뒤에 위치
　　　　 하며, 동사가 2개 나오는 문장에서는 첫
　　　　 번째 동사에 위치한다. 이 문장에서 동사
　　　　 는 穿과 站인데, 첫 번째 동사는 穿이므
　　　　 로 着는 그 뒤에 온다.

27 해석 | 엄마는 아이를 데리고 유치원에 갔다.
　　 해설 | 이 문장에서 동사는 带와 上인데, 첫 번
　　　　 째 동사는 带이므로 着는 그 뒤에 온다.

28 해석 | 따사로운 햇빛이 대지를 눈부시게 비추
　　　　 고 있다.
　　 단어 | 温暖(wēnnuǎn) : 따뜻하다
　　　　 照耀(zhàoyào) : 눈부시게 비추다
　　 해설 | 이 문장에서 동사는 照耀이므로 着는 그
　　　　 뒤에 와야 한다.

29 해석 | 그녀는 방을 아주 깨끗하게 치우고, 책상
　　　　 위에 친구의 사진 한 장을 놓았다.
　　 해설 | 이 문장에서 동사는 放이므로 着는 그
　　　　 뒤에 온다.

30 해석 | 내가 이 서적들을 좀 치울게, 가만있으면
　　　　 못 견뎌서 그래.
　　 해설 | 이 문장에서 동사는 闲이므로 着는 그 뒤
　　　　 에 온다.

31 해석 | 결혼한 지 25년 동안 우리들은 하루도 떨
　　　　 어져 본 적이 없다.
　　 단어 | 分开(fēnkāi) : 떨어지다, 나누어지다
　　 해설 | 동태조사 过는 동사 뒤에서 동사의 과거
　　　　 를 나타낸다. 따라서 过의 위치를 찾는
　　　　 문제는 동사를 찾으면 된다. 이 문장에서
　　　　 동사는 分开이므로, 过는 그 뒤에 와야
　　　　 한다.

32 해석 | 나는 이 일을 들어본 적이 없다.
　　 해설 | 이 문장에서 동사는 说이므로, 过는 그
　　　　 뒤에 와야 한다.

33 해석 | 뭐가 그리 급해? 이왕 온 거 밥이나 먹고
　　　　 가자.

34 해석 | 중국에 출장 가는 일을 그는 일찍이 나에
　　　　 게 언급한 적이 없다.
　　 해설 | "曾经＋동사＋过"는 "일찍이~한 적이 있
　　　　 다"는 의미이다.

35 해석 | 그는 그 중국음식점에 가서 중국 음식을
　　　　 한번 먹어본 적이 있다.
　　 해설 | 연동문에서는 두 번째 동사 뒤에 过가 위
　　　　 치하므로, 이 문장에서는 吃 뒤에 와야
　　　　 한다.

36 해석 | 나는 일찍이 라오왕에게 두 번 도움을 청
　　　　 한 적이 있다.
　　 해설 | 겸어문에서는 두 번째 동사 뒤에 过가 위
　　　　 치하므로, 이 문장에서는 帮 뒤에 와야
　　　　 한다.

37 해석 | 나는 세 번도 더 되게 이 소식을 사람을
　　　　 통해 그에게 알려주라고 했다.
　　 단어 | 不止(bùzhǐ) : 그치지 않다, ~에 그치지
　　　　 않다
　　 해설 | 이 문장에서 동사는 告诉이므로, 过는 그
　　　　 뒤에 와야 한다.

38 해석 | 그녀는 상하이 사람이지만 베이징에서
　　　　 이미 50년째 살고 있다.
　　 해설 | 동태조사 了₁와 어기조사 了₂가 동시에
　　　　 사용되면 진행·지속의 의미를 나타낸
　　　　 다. 문장에서 베이징에서 50년째 살고 있
　　　　 는 것이므로 진행의 의미를 나타낸다. 따
　　　　 라서 이때 了는 동태조사로써, 동사 住
　　　　 뒤에 위치해야 한다.

39 해석 | 현재 우리 반은 이미 제13과를 배우기 시
　　　　 작했다.
　　 해설 | "已经~了"는 "이미~했다"는 의미이며,
　　　　 이때 了는 어기조사이다. 따라서 了는 문
　　　　 장 끝에 와야 한다.

40 해석 | 너의 저 책은 누가 쓴 것이냐?
　　 해설 | "是~的"는 "~"부분을 강조한다. 따라서
　　　　 이 문장에서 的는 문장 끝에 위치한다.

41 해석 | 곧 비가 오려고 하니, 우산을 가지고 가자.
　　 해설 | "就要~了"는 "곧~하려고 한다"는 의미
　　　　 이며, 이때 了는 어기조사이다. 따라서

了는 문장 끝에 와야 한다.

42 **해석 ǀ** 샤오왕은 세 개 외국어를 할 줄 아는데, 너는?

해설 ǀ 이 문장은 축약형 의문문이므로, 呢를 사용해야 한다.

43 **해석 ǀ** 너 이 중국 그림 정말 멋지구나, 어디에서 산거니?

해설 ǀ 문장의 의미는 "어디에서 산 그림인가"에서 "그림"이 생략되었으므로, 的가 와야 한다.

44 **해석 ǀ** 우리가 함께 생활한 그 시절 얼마나 아름다웠던가!

단어 ǀ 时光(shíguāng) : 시간, 세월

해설 ǀ "多(么)~啊"는 "얼마나~한가"라는 의미이다.

45 **해석 ǀ** 나는 그가 모르지는 않을 것이라고 생각한다.

해설 ǀ 이 문장에서 会가 있어서 추측성 문장임을 알 수 있다. 추측성 문장의 어기를 나타낼 때에는 吧를 사용한다,

46 **해석 ǀ** 테이블 위의 신문은 어제 것이고, 오늘 것은 아직 오지 않았어.

해설 ǀ "还~呢"는 "아직~하지 않다"라는 의미이다. 叹은 "탄식하다"는 의미이다.

47 **해석 ǀ** 오늘 영화 안 보면 보지 말고, 우리 내일 하는 그 영화 보러 가자.

해설 ǀ "~就~吧"는 "~하라면~할 테지"라는 의미이다.

48 **해석 ǀ** 다과회를 열어 같이 차 마시며 마음속의 이야기를 나누는 것도 아주 좋잖아!

단어 ǀ 茶话会(cháhuàhuì) : 다과회
说心里话(shuōxinlihuà) : 마음속의 말을 하다

해설 ǀ 마땅히 이렇게 해야 한다는 확신의 어기를 줄 때는 嘛를 사용한다.

49 **해석 ǀ** 너 베이징 대학에 합격하지 않았어? 뭐가 대단하다고!

해설 ǀ "不就是~吗"는 "~하지 않습니까?"라는 반문을 나타낸다.

50 **해석 ǀ** 내가 몇 번이나 이 까닭을 말했는데, 너 왜 이제야 이해하니?

해설 ǀ "~才~呢"는 "~에서야 ~하다"라는 의미이다.

51 **해석 ǀ** 일이 이미 해결되었는데, 너는 하필 다시 언급하니?

해설 ǀ "何必~呢?"는 "하필~하는가?"라는 의미이다.

52 **해석 ǀ** 지금 나는 너와 갈 수 없어, 언제 갈지 너에게 전화해줄게.

해설 ǀ 가벼운 권유의 어기를 나타낼 때는 吧를 사용한다.

53 **해석 ǀ** 너는 개의치 마라, 내 마음대로 얘기해 본 것 뿐이야.

단어 ǀ 介意(jièyì) : 개의하다

해설 ǀ 噢는 "아!"·"오!"라는 의미로, 이미 이해했거나 납득했음을 나타내고, 荷는 "허!"·"아!"라는 의미로, 놀라움을 나타낸다. "而已"는 "~일 따름이다"는 의미이다.

54 **해석 ǀ** 선생님께서 우리에게 뭘 하라고 하셨니? 너는 왜 말을 듣지 않니?

해설 ǀ 이미 일어난 일을 회상할 때에는 "来着"를 쓴다. "似的"는 "~와 같다"라는 의미이다.

 # 수사와 양사

수사의 특징 : 수를 나타내는 품사를 말한다. 수사에는 정수·분수·소수·배수가 있다.
양사의 특징 : 사람·사물이나 동작의 수량 단위를 나타내는 품사로, 명사를 세는 "명량사"와 동작의 발생횟수를 나타내는 "동량사"로 나누어진다.
중점사항 : 수사관련 표현과 위치 / 개별 양사의 용법

1 │ 수사

(1) 분수와 소수·배수의 표시

01 분수 : □分之□

四分之一 4분의 1 / 百分之五十 50%

02 소수 : □点□

零点九 0.9 / 七点三 7.3 / 六十八点一三 68.13

03 배수 : □倍

两倍 2배 / 十倍 10배 / 三点三倍 3.3배

예제

十是五十的五______一。

A. 倍   B. 分之   C. 分   D. 点

해설 │ 문장의 의미상 5분의 1을 나타내므로, 분수를 나타내는 말을 찾는다. 倍는 배수, 分之는 분수, 分은 시간의 분, 点은 소수점을 나타낸다.
해석 │ 10은 50의 5분의 1이다.
정답 │ B

---

(2) "多"와 "来"의 위치

01 수사 + 양사 + 多/来 + 명사 : 1-9까지의 정수

九斤多苹果 9근여 사과 / 一个多月 한 달여

四个来小时　네 시간 정도 시간

02 수사 + 多 / 来 + 양사 + (명사)
: 끝자리 수가 "0"으로 끝나는 경우 즉 10, 20…300 등

二十多个月　이십여 개월　/　二十来斤苹果　사과 이십여 근
三十来本书　책 삼십여 권

예제

妈妈 A 买 B 了三 C 斤 D 苹果。

多

해설 ┃ 3은 1~9까지의 수이므로 多는 양사 뒤에 위치해야 한다. 이 문장에서 양사는 斤이므로 多는 그 뒤에 위치한다.
해석 ┃ 엄마는 사과를 세 근여 사셨다.
정답 ┃ D

---

(3) "左右" · "前后" · "上下"의 위치

01 시점 / 일정시간 / 나이 / 무게 / 높이 / 길이 / 금액 + 左右

十点左右　10시 정도　/　两个星期左右　4주 정도　/　六岁左右　6살 정도
八十公斤左右　80kg 정도　/　一百米左右　100m 정도

02 시점 / 때(명사) + 前后

十点前后　10시 전후　/　中秋节前后　추석 전후
1960年前后　1960년 전후

03 많은 나이 / 무게 / 높이 + 上下

六十岁上下 (○)　60세 정도　/　六岁上下 (✕)
八十公斤上下 (○)　80kg 정도　/　一百米上下 (○)　100m정도

예제

他们打算在国庆节______结婚。

　A. 上下　　B. 左右　　C. 内外　　D. 前后

(4) "半"의 위치

01 半 + 양사 + 명사 (半은 양사 앞에 온다)

半个小时 반 시간 / 半个月 반 달 / 半个苹果 사과 반 개

02 수사 + 양사 + 半 + 명사 (앞에 수가 있을 경우 수사와 양사 뒤에 "半"을 사용)

一个半小时 한 시간 반 / 一个半月 한 달 반

十斤半苹果 사과 열 근 반

예제

他虽然已学了______英语了，可是仍然说不了几句。

　A. 两半年　　　　B. 两多年　　　　C. 两年半　　　　D. 半两年

해설 | 수사가 있는 경우 半의 어순은 "수사 + 양사 + 半"이 된다. 따라서 어순은 两年半이 되어야 한다.
단어 | 仍然(réngrán) 여전히, 아직도 | 句(jù) 문장, 마디·편(말이나 글을 세는 양사)
해석 | 그는 영어를 배운 지 벌써 2년 반이나 되었지만 여전히 몇 마디 하지 못한다.
정답 | C

2 | 양사

(1) 양사의 위치

01 양사는 단독으로 사용하지 못하고 지시대명사·수사 앞에서 명사를 수식

三个那人(✕) → 那三个人(○)

这把椅子 이 의자 / 那两台电脑 저 컴퓨터 두 대

 양사는 중첩 가능. 중첩 후에는 "每 + 양사 "의 의미와 같다.

她天天来补习班学汉语。(＝她每天来补习班学汉语。)
그녀는 매일 학원에 와서 중국어를 공부한다.

这些衣服件件都很漂亮。(＝这些衣服每件都很漂亮。)
이 옷들은 벌 벌마다 예쁘다.

你的话______都很有道理。

  A. 一个   B. 一句   C. 个个   D. 句句

해설 | 양사를 중첩할 경우 "모든" 혹은 "~마다"라는 의미가 된다. 우선 말을 세는 양사는 句이고, 문장의
의미는 "말마다"이므로 양사 句의 중첩형식이 와야 한다.
해석 | 너의 말은 말마다 모두 일리가 있다.
정답 | D

(5) 명량사

01 개체양사(하나의 사물이나 사람에 사용)

块	덩어리 형태나 조각 형태의 물건	面包/蛋糕/布/木板/巧克力
把	자루가 있는 것이나 손잡이와 유사한 기물	伞/椅子/刀/牙刷/钥匙
张	면이 넓고 평평한 물체	床/脸/嘴/桌子/画儿/邮票/照片/车票
本	서적이나 얇은 책 종류	书/教材/杂志/词典
支	가늘고 길며 원통형의 물건	笔/枪/烟/牙刷/笛子
条	가늘고 길며 굽을 수 있는 물건	腿/路/河/鱼/裤子/裙子/新闻
根	가늘고 길며 어느 정도 강도나 정도가 있는 물건	针/头发/粉笔/棍子/竹竿
件	옷(상의), 개체 기물과 일, 사건, 공문서, 편지	衣服/大衣/上衣/礼物/事情
起	사건, 사고	事故/事件
项	가지·항목·조항 등	任务/研究/工程/决定/规定/调查/措施

份	전체 중 일부분, 한 벌, 신문, 일	早饭／报纸／工作／礼物
名	어떤 신분이나 직위가 있는 사람	学生／职员／记者
口	가족, 돼지, 그릇, 주둥이와 관련된 것	猪／锅／井／(流利的)汉语
匹	말, 천	马／布
场	문예공연이나 스포츠 경기, 일의 발생한 경과	风／雨／表演／电影／比赛／战争／辩论
篇	문장, 논문 등	文章／论文
首	시, 노래, 악곡	诗／歌／乐曲
身	온 신체에 걸쳐 있거나 묻어 있는 등의 물체	汗／土／衣服
所	학교, 병원, 대학(사회에 공헌)	大学／补习班／医院／研究所
家	상업성 용도가 있는 건물	饭店／银行／公司／工厂／商店
间	문과 창문이 있는 곳	教室／书房／办公室／病房
座	크고 고정된 것, 건축물	山／桥／塔／庙／桥梁／城市
门	학문, 기술 따위의 항목	课／功课／学问／技术／心思
部	전화, 영화, 음향 등	电话／电影／小说／作品
片	평평하고 얇은 물건 / 언어·마음·소리를 나타냄	药／肉／面包／树叶／树林／心意／歌声
滴	둥글게 맺힌 액체 덩어리	水／汗／油／眼泪
粒	둥근 작은 알갱이나 미세한 입자	药／米／珍珠
笔	금액, 금전, 교역 등에 쓰임	钱／资金／生意／买卖

1_ 你拿我的钥匙再去配一______吧。

　　A. 件　　　　B. 张　　　　C. 支　　　　D. 把

해설 | 열쇠의 양사를 묻는 문제이다. 열쇠는 표면에 손잡이가 있으므로, 양사로 把를 사용한다.

단어 | 配(pèi) 짝짓다, 배합하다, 맞추다

해석 | 네가 내 열쇠를 가지고 가서 다시 하나를 맞춰라.

정답 | D

2_ 每到一个地方旅游, 他总是要买上几______当地的报纸。

　　A. 项　　　　B. 份　　　　C. 件　　　　D. 本

해설 | 신문을 세는 양사를 묻는 문제이다. 项은 가지·항목·조목을 셀 때 사용하며, 件은 옷이나 일을 셀 때 사용한다. 份은 신문을 셀 때 사용한다.

해석 | 매번 한 곳을 여행하면 그는 항상 현지 신문을 몇 부 사려고 한다.

정답 | B

  집합양사 (두 개 이상의 개체로 구성된 사물에 사용)

套	세트로 이루어진 물건	衣服 / 房子 / 邮票 / 茶具 / 餐具
双	쌍을 이루는 것으로 신체부위와 신체에 부착되는 물건	手 / 脚 / 鞋 / 袜子 / 眼睛 / 筷子 / 手套
对	쌍을 이루거나, 남녀 혹은 암수의 성별을 가지는 것	耳环 / 夫妻 / 恋人
副	짝을 이루는 것이나 놀이용 기구	棋 / 眼镜 / 扑克 / 象棋 / 对联 / 手套
批	수량이 많은 화물이나 편지 혹은 사람	书 / 货 / 学生 / 武器 / 电视机
群	주로 무더기로 모여 있는 사람이나 동물	人 / 狼 / 牛 / 马 / 羊 / 孩子
伙	여럿이 모여 한 모임이나 조직을 이룬 사람들 (주로 나쁜 사람들의 조직체를 나타냄)	人 / 流氓 / 强盗 / 歹徒

예제

1_ 你这_______象棋是在哪儿买的? 我也想买。

    A. 副   B. 双   C. 套   D. 对

해설 | 象棋, 즉 장기의 양사를 찾는 문제이다. 장기는 놀이용 기구이므로 양사 副를 사용한다.
단어 | 象棋(xiàngqí) 장기
해석 | 너 이 장기 어디서 샀니? 나도 사고 싶어.
정답 | A

2_ 见过小李和小金的人, 没有人不说他们是_______好夫妻。

    A. 双   B. 副   C. 对   D. 套

해설 | 夫妻, 즉 부부의 양사를 찾는 문제이다. "부부"는 남녀의 구별이 있으므로 양사 对를 사용한다.
해석 | 샤오리와 샤오진을 만난 적이 있는 사람들은 그들이 한 쌍의 좋은 부부라고 말하지 않는 사람이 없다.
정답 | C

  동량사 (동작의 횟수를 나타내는 양사로 술어(동사/형용사) 뒤에서 동량보어가 된다)

次	반복적으로 출현하는 동작	去 / 来 / 找 / 回 / 参观 / 讨论……
回	"次"와 같은 의미. 구어에서 많이 사용	去 / 来 / 看 / 听 / 吃 / 送……
顿	식사, 욕, 구타	打 / 骂 / 说 / 教训 / 批评……
阵	갑작스럽고 비교적 짧은 시간의 동작 ("一"와 만 사용)	下 / 刮 / 走 / 跑……

趟	왕복동작, 왕복 운행하는 차	去 / 来 / 跑 / 走……
遍	처음부터 끝까지의 전체 과정	听 / 说 / 读 / 念 / 看 / 翻译……
番	시간이나 노력이 많이 드는 일	翻 / 表扬 / 解释 / 称赞 / 赞扬……

1_ 这件事在电话上说不清楚，麻烦你来一______吧。

    A. 番　　　　　B. 遍　　　　　C. 趟　　　　　D. 阵

해설 | 문장의 의미상 한번 왔다가 가라고 하였으므로, 양사 趟을 사용한다.

해석 | 이 일은 전화상으로 말하기 어려워, 번거롭겠지만 한번 와 주라.

정답 | C

2_ 做完题以后，她检查了三______才交卷。

    A. 趟　　　　　B. 回　　　　　C. 次　　　　　D. 遍

해설 | "답안지를 세 번 검토했다"는 것은 처음부터 끝까지 전체 과정이 있는 것이라고 볼 수 있으므로, 遍을 사용한다. 回와 次는 단순 반복적으로 출현하는 동작의 횟수를 말하는 데, 전자가 후자보다 더 구어체적이다.

단어 | 交卷(jiāojuàn) 시험답안을 제출하다

해석 | 문제를 다 푼 뒤 그녀는 세 번이나 검토하고야 답안지를 제출했다.

정답 | D

1 他们班 A 有 B 三十 C 名 D 学生。
　　　　　　　多

2 市中心 A 有 B 百 C 家 D 商店。
　　　　　　　几

3 学校最近 A 买了 B 多 C 台 D 新电脑。
　　　　　　五十

4 我每天 A 晚上 B 十二 C 点 D 睡觉。
　　　　　　　左右

5 A 已经 B 了，小明 C 怎么还没 D 回来。
　　　十点

6 这一带的城墙据说有十 A 五 B 米宽，七 C 米 D 高。
　　　　　　　　多

7 今天是周末，A 去 B 图书馆 C 看书的人才三十 D 个。
　　　　　　　来

8 A 高考 B 三天，C 所有的家长也 D 陪着孩子紧张了三天。
　　这

9 要学好一______外语，非得下苦工夫。
　　A. 门　　　　　B. 口　　　　　C. 个　　　　　D. 科

10 他带着一______灰色的手套。
　　A. 双　　　　　B. 把　　　　　C. 对　　　　　D. 套

11 这部电影我已经看了三______了。
　　A. 顿　　　　　B. 阵　　　　　C. 趟　　　　　D. 遍

12 桌上那______橡皮是谁的?

A. 双　　　　　B. 块　　　　　C. 张　　　　　D. 条

13 山上有一______寺庙。

A. 坐　　　　　B. 只　　　　　C. 条　　　　　D. 座

14 他下午在书店买了一______汉语书。

A. 本　　　　　B. 件　　　　　C. 部　　　　　D. 条

15 墙上挂着一______画儿。

A. 块　　　　　B. 张　　　　　C. 件　　　　　D. 回

16 她今天穿了一______红毛衣。

A. 套　　　　　B. 件　　　　　C. 张　　　　　D. 条

17 这______裤子有点儿长。

A. 件　　　　　B. 块　　　　　C. 条　　　　　D. 根

18 那______商店的东西很便宜。

A. 家　　　　　B. 所　　　　　C. 座　　　　　D. 台

19 这______出色的研究不但有科学理论上的意义,也有实用的价值。

A. 条　　　　　B. 块　　　　　C. 篇　　　　　D. 项

20 据统计,我国各级各类学校已有157万______。

A. 家　　　　　B. 所　　　　　C. 座　　　　　D. 户

21 《北京晨报》上的这______新闻吸引住了我。

A. 张　　　　　B. 页　　　　　C. 条　　　　　D. 份

22 她那______嘴太厉害了,我可说不过她。

A. 口　　　　　B. 个　　　　　C. 门　　　　　D. 张

23 他们帮助我搬行李，累得出了一______汗。

A. 身　　　　B. 滴　　　　C. 手　　　　D. 下

24 昨天晚上下了一______大雨，直到今天早上才停。

A. 下　　　　B. 次　　　　C. 回　　　　D. 场

25 昨天我替他把书架整理了一______。

A. 回　　　　B. 番　　　　C. 顿　　　　D. 次

26 他经常说假话，昨天老师把他狠狠地批评了一______。

A. 段　　　　B. 顿　　　　C. 句　　　　D. 口

27 主持人请嘉宾逐个出场，______介绍，并表示欢迎。

A. 个个　　　　B. 人人　　　　C. 一一　　　　D. 每每

28 他写这篇文章用了两个小时______。

A. 内外　　　　B. 里外　　　　C. 左右　　　　D. 前后

29 我来中国______了。

A. 十来趟　　　　B. 十趟来　　　　C. 十趟多　　　　D. 十、十一趟

30 上午的考试只进行了______，但看样子，学生们并不轻松。

A. 一个半小时　　　　B. 一半个小时
C. 半一个小时　　　　D. 一个小时半

31 这个箱子不太重，______。

A. 才多二十公斤　　　　B. 多才二十公斤
C. 才二十公斤多　　　　D. 才二十多公斤

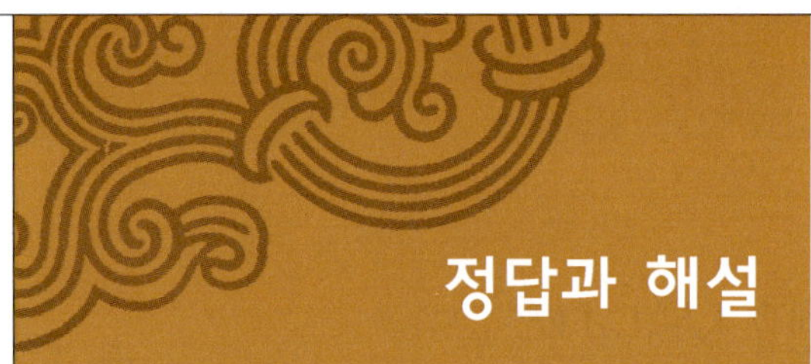

정답과 해설

1 C	2 B	3 B	4 D	5 B	6 D
7 D	8 B	9 A	10 A	11 D	12 B
13 D	14 A	15 B	16 B	17 C	18 A
19 D	20 B	21 C	22 D	23 A	24 D
25 B	26 B	27 C	28 C	29 A	30 A
31 D					

1
해석 | 그들 반에는 30여 명의 학생이 있다.
해설 | 어림수를 나타내는 多는 숫자가 0으로 끝날 경우 그 숫자 바로 뒤에 위치한다.

2
해석 | 시내에는 몇백 개의 상점이 있다.
해설 | 几의 위치는 0으로 끝나는 숫자가 올 경우 바로 그 앞에 위치한다.

3
해석 | 학교는 최근 50여 대의 새 컴퓨터를 샀다.
해설 | 50은 0으로 끝나는 수이기 때문에 "五十"는 多 앞에 위치한다.

4
해석 | 나는 매일 저녁 12시 정도에 잔다.
해설 | 左右는 시점이나 시간을 나타내는 말 뒤에 온다. 따라서 이 문장에서는 十二点 뒤에 온다.

5
해석 | 벌써 10시다, 샤오밍은 왜 아직도 오지 않는 거지.
해설 | 十点은 명사로서 술어가 될 수 있다. 이 문장에서 "10시가 되었다"라는 의미이므로, 十点은 已经 뒤에 온다.

6
해석 | 이 일대의 성벽은 들리는 바에 의하면 너

비가 15m, 높이가 7m라고 한다.
단어 | 城墙(chéngqiáng) : 성벽
해설 | 어림수를 나타내는 多는 1~9로 끝나는 숫자가 있을 경우 양사 뒤에 위치한다.

7
해석 | 오늘은 주말이라, 도서관에 책을 보러 가는 사람은 겨우 30명뿐이다.
해설 | 어림수를 나타내는 来는 0으로 끝나는 숫자가 올 경우 바로 그 뒤에 위치한다.

8
해석 | 대학입학시험을 보는 이 3일 동안 모든 가장들도 아이를 데리고 3일 동안 긴장했다.
해설 | 지시대명사 这는 보통 양사 혹은 수사와 결합을 한다. 이 문장에서 수사는 三이므로, 그 앞에 위치한다.

9
해석 | 하나의 외국어를 잘하기 위해서는 많은 노력을 기울이지 않으면 안 된다.
단어 | 非(fēi) : 반드시, 꼭
　　 下工夫(xià gōngfu) : 힘쓰다, 노력하다
해설 | 门은 학문·기술 등을 나타내며, 口는 가족·돼지·그릇 등을 나타내며, 科는 과·분야를 나타낸다.

10
해석 | 그는 회색 장갑을 가지고 있다.
해설 | 장갑의 양사를 찾는 문제이다. 장갑은 짝으로 되어 있고 우리 몸에 부착되는 것이므로 双을 사용한다.

11
해석 | 나는 이 영화를 이미 세 번 봤다.
해설 | 영화는 처음과 끝이 있는 것이므로 遍을 사용한다.

12
해석 | 테이블 위의 그 지우개는 누구의 것입니까?
해설 | 지우개는 덩어리 진 것이므로 块를 사용한다.

13
해석 | 산에는 절이 하나 있다.
해설 | 절은 움직일 수 없는 거대한 건물이므로 座를 사용한다.

14
해석 | 그는 오후에 서점에서 중국어 책 한 권을 샀다.
해설 | 중국어책은 서적이므로 本을 사용한다.

15
해석 | 벽 위에는 그림 한 폭이 걸려져 있다.
해설 | 그림은 면이 넓은 물건이므로 张을 사용한다.

16 　해석 | 그녀는 오늘 붉은 스웨터를 입었다.
　　　해설 | 스웨터는 옷이므로 件을 사용한다.

17 　해석 | 이 바지는 조금 길다.
　　　해설 | 바지는 옷이긴 하나 가늘고 기므로, 条를
　　　　　　사용한다.

18 　해석 | 그 상점의 물건은 아주 싸다.
　　　해설 | 상점은 상업성이 있는 건물이므로 家를
　　　　　　사용한다.

19 　해석 | 이 빼어난 연구는 과학 이론상의 의의가
　　　　　　있을 뿐만 아니라 실용적 가치도 있다.
　　　해설 | 研究에는 각 항목과 영역이 있으므로 项
　　　　　　을 사용한다.

20 　해석 | 통계에 의하면, 중국에는 각급의 각종 학
　　　　　　교가 이미 157만 교가 있다.
　　　해설 | 학교는 상업성이 없는 건물이므로 所를 사
　　　　　　용한다.

21 　해석 | 《베이징신보》 상의 이 뉴스는 나를 매료
　　　　　　시켰다.
　　　단어 | 吸引(xīyǐn) : 끌어당기다, 매료시키다
　　　해설 | 뉴스는 짧은 토막 형태로 되어 있기 때문
　　　　　　에 条를 사용한다.

22 　해석 | 그녀의 그 입 대단해, 나는 말로 그녀를
　　　　　　이길 수 없어.
　　　단어 | 厉害(lìhai) : 대단하다, 굉장하다
　　　　　　说不过(shuōbuguò) : 말로는 이길 수 없다
　　　해설 | 입을 헤아리는 양사로 张을 사용한다. 口
　　　　　　는 식구나 주둥이와 관련된 물건(우물·
　　　　　　솥·냄비 등)을 셀 때 사용한다.

23 　해석 | 그들은 내가 짐을 옮기는 걸 도와주었는
　　　　　　데, 온 몸에 땀이 날 정도로 피곤해 했다.
　　　해설 | "땀이 온 몸에 났다"고 했으므로 身을 사
　　　　　　용한다.

24 　해석 | 어제 저녁에 큰 비가 한바탕 내려 오늘 아
　　　　　　침이 되어서야 그쳤다.
　　　해설 | "한바탕"이라고 했으므로 场을 사용한다.

25 　해석 | 어제 나는 그를 대신해서 책꽂이를 한번
　　　　　　정리했다.
　　　해설 | 시간이나 노력이 많이 드는 일에는 番을
　　　　　　사용한다.

26 　해석 | 그는 늘 거짓말을 해서 어제 선생님께서

는 그를 모질게 한번 야단쳤다.
　　　단어 | 狠狠地(hěnhěnde) : 호되게, 매섭게
　　　해설 | 야단이나 비평을 나타내므로, 顿을 사용
　　　　　　한다.

27 　해석 | 사회자는 손님들을 차례로 나오게 해서,
　　　　　　한 분 한 분을 소개하고, 동시에 환영을
　　　　　　표시했다.
　　　단어 | 主持人(zhǔchírén) : 사회자
　　　　　　嘉宾(jiābīn) : 내빈, 가빈
　　　　　　逐个(zhúgè) : 하나하나, 차례차례
　　　해설 | 문장의 의미상 하나하나를 소개한 것이
　　　　　　므로, 一一를 사용한다.

28 　해석 | 그가 이 문장을 쓰는데 두 시간 정도 걸
　　　　　　렸다.
　　　해설 | 대략적인 시간을 나타낼 경우에는 左右
　　　　　　를 사용한다.

29 　해석 | 나는 중국에 열 번 정도 왔다.
　　　해설 | 10은 0으로 끝나므로 来는 숫자 바로 뒤
　　　　　　에 오고 양사는 끝에 와야 한다.

30 　해석 | 오전의 시험은 한 시간 반 동안 진행됐
　　　　　　다. 그러나 보아하니 학생들에게 있어 결
　　　　　　코 수월하지 않은 것 같다.
　　　해설 | 半의 위치는 수사가 있는 경우 "수사＋양
　　　　　　사＋半＋명사"순이 되고, 수사가 없는 경
　　　　　　우 "半＋양사＋명사"순이 된다.

31 　해석 | 이 상자 그렇게 무겁지 않아, 20여 kg밖
　　　　　　에 나가지 않아.
　　　해설 | 20은 0으로 끝나므로 多는 숫자 바로 뒤
　　　　　　에 오고 양사는 끝에 와야 한다.

보어 (1)

보어의 특징 : 동사 뒤에서 동사의 의미 즉 결과·방향·가능·정도 등을 보충하는 역할을 하는 품사를 말한다. 종류에 따라 "결과보어"·"방향보어"·"가능보어"·"정도보어"·"수량보어"로 나눈다.
중점사항 : 각종 보어의 형태와 위치 / 각종 보어의 특징 / 보어에서의 긍정과 부정

1 | 결과보어 (동사 뒤에서 동작의 결과를 보충하는 성분)

1 동사＋결과보어(동사·형용사·전치사)＋(了)

我吃饱了。 나는 배부르게 먹었다.
我已经做完饭了。 나는 이미 밥을 다 했다.

2 〈부정형식〉 没＋동사＋결과보어

墙上的字我没看清楚。 벽의 글자 나는 또렷하게 보지 못했다.
刚才老师讲的我没听懂。 방금 선생님께서 말씀하신 거 나는 알아듣지 못했다.

> 예제 : 昨天的作业 A 你 B 做 C 了 D 没有?
>
> 　　　　　完
>
> 해설 | 完은 동사 뒤에 위치하여 결과를 나타내는 결과보어이다. 따라서 동사 做 뒤에 위치해야 한다.
> 해석 | 어제 숙제 너 다 했니?
> 정답 | C

3 주요 결과보어

- 完 　완료·완성을 나타냄 (吃完 / 喝完 / 看完 / 做完 / 写完……)
  你作业做完了吗? 너 숙제 다 했니?

- 好 　동작의 완성이나 만족한 상태 (修好 / 坐好 / 学好 / 准备好……)
  他把房间整理好了。 그는 방을 다 정리했다.

- 对 　동작의 옳고, 정확함을 나타냄 (写对了 / 说对了 / 听对了 / 答对了……)
  这个问题他没回答对。 이 문제 그는 잘못 대답했다.

- 错 　동작의 잘못, 부정확을 나타냄 (写错了 / 说错了 / 听错了 / 答错了……)
  你这个字写错了。 너 이 글자 잘못 썼다.

- 住 　동작의 고정·정착 (记住/站住/停住/抓住/抱住/控制住……)
  千万要记<u>住</u>明天不能迟到。　내일 늦으면 안 된다는 것 분명히 기억해.

- 见 　看·听·闻 등과 쓰여 대상을 감지함을 표시 (听见/看见/遇见/梦见……)
  昨夜我又梦<u>见</u>了我奶奶。　어제 저녁 꿈에 나는 또 우리 할머니를 봤다.

- 成 　변화하여 다른 것이 됨을 의미 (翻译成/变成/当成/看成……)
  你把这篇文章翻译<u>成</u>中文吧。　네가 이 문장을 중국어로 번역해줘.

- 开 　분리·이탈을 나타냄 (离开/打开/分开/走开……)
  请你把箱子打<u>开</u>。　상자를 열어보세요.

- 懂 　이해함을 나타냄 (看懂/听懂……)
  我听<u>懂</u>了他的话。　나는 그의 말을 알아들었다.

- 掉 　동작의 분리·소실을 나타냄 (卖掉/花掉/扔掉/跑掉/忘掉/删掉……)
  这一段话是多余的, 删<u>掉</u>吧。　이 단락은 불필요해, 지워.

- 光 　조금도 남아있지 않거나 전혀 없음을 나타냄 (吃光/用光/花光/卖光……)
  音乐会的门票都卖<u>光</u>了。　음악회의 입장권은 다 팔렸다.

- 遍 　두루·널리 ~하다 (走遍/看遍/找遍/问遍/传遍……)
  这个坏消息传<u>遍</u>了全校。　이 나쁜 소식은 전 학교에 다 전해졌다.

- 着 　목적의 달성 (找着/睡着/买着/猜着/借着……)
  (zháo)　火车票没买<u>着</u>, 怎么办?　기차표 사지 못했어, 어쩌지?

- 上 　봉합·합침을 나타냄 (关上/合上/贴上/闭上/迷上……)
  他听着听着, 就闭<u>上</u>了眼睛。　그는 듣다 듣다 눈을 감았다.

- 到 　① 목적의 달성 (买到/找到/拿到/见到………)
  　　好不容易才找<u>到</u>一本韩汉词典。　가까스로 한한 사전 한 권을 찾았다.

  　② 도달지점 (送到/搬到/回到………)
  　　我终于回<u>到</u>了家乡。　나는 마침내 고향으로 돌아왔다.

  　③ 도달시점 (等到/看到/工作到………)
  　　他每天晚上工作<u>到</u>十二点。　그는 매일 저녁 12시까지 일한다.

예제 1 : 你出去的时候, 顺便把这些旧报纸扔______。

　　A. 掉　　　　　B. 下　　　　　C. 完　　　　　D. 去

해설 | "버리다"는 단어의 특성상 원래 자리에서 다른 곳으로의 분리 내지 이탈을 포함하고 있으므로 결과보어 掉를 사용한다.
단어 | 扔(rēng) 던지다, 내버리다
해석 | 너 나가는 김에 이 옛날 신문지 버려 주라.
정답 | A

예제 2 : 我问______了这里所有的人, 谁也不知道他去哪儿了。

　　A. 全　　　　　B. 问　　　　　C. 遍　　　　　D. 光

2 | 방향보어 (동사 뒤에 붙어서 동작의 방향을 구체적 생동적으로 보충하는 성분)

(1) 방향보어의 종류

01 단순방향보어 : 동사 + 来 / 去 / 上 / 下 / 进 / 出 / 起 / 过 / 回

弟弟考上大学了。 남동생은 대학에 합격했다.

小王带回一件电子玩具。 샤오왕은 전자장난감을 가지고 돌아왔다.

天冷了，妈妈给我寄来了一些冬天的衣服。
날씨가 추워졌다, 엄마가 나에게 겨울옷들을 보내왔다.

예제 : 这 A 是 B 我们的一点儿心意，请 C 收 D。

　　　　　　　　下

해설 | 下는 방향보어로 사용되고 있으므로, 동사 收 뒤에 위치한다. 收下가 되면 원래 收의 "받
　　　다"라는 의미에 下의 "두다" 혹은 "놓다"라는 의미가 더해져 "받아두다"·"받아 놓다"라는
　　　뜻이 되어 더 구체적이고 생동적인 표현이 된다.
단어 | 心意(xīnyì) 마음, 성의
해석 | 이것은 우리들의 조그마한 정성이니 받아두세요.
정답 | D

02 복합방향보어 : 동사 + 到 / 上 / 下 / 进 / 出 / 回 / 过 / 起 + 来 / 去

你得先把孩子送回去。 너는 먼저 아이를 되돌려 보내야 한다.

这件事说起来容易，做起来难。 이 일은 말로는 쉽지만 하자면 어렵다.

司机一个急刹车，汽车在桥边停了下来。
기사가 급브레이크를 걸어 자동차를 다리 가에 세웠다.

예제 : 他从飞机上走______。

A. 上去　　　　　B. 下来　　　　　C. 进去　　　　　D. 起来

해설 | 문장의 의미상 비행기에서 내리는 것이므로 일단 下의 개념이 오고, 내려서 오는 것이므로
　　　뒤에 来가 온다.
해석 | 그는 비행기에서 걸어 내렸다.
정답 | B

(2) **자주 사용되는 복합방향보어**

01 上来

① 사람이나 물체가 낮은 곳에서 높은 곳으로 이동

- 把那个箱子抬<u>上来</u>。 그 상자를 들어올려라.
- 他在河边坐了一下午，终于钓<u>上来</u>了一条鱼。
  그는 강가에 오후 내내 앉아 있다가 결국 물고기 한 마리를 낚았다.

② 사람이나 사물이 낮은 부분에서 높은 부분으로 이동

- 明天把你们的作业交<u>上来</u>。 내일 너희들 숙제를 제출해라.
- 他是刚从基层提拔<u>上来</u>的干部。 그는 제일 말단에서 막 승진해 온 간부이다.

02 上去

① 화자의 사회적 지위가 높고 낮음을 나타냄

- 请你把我的作业也交<u>上去</u>吧。 당신이 내 숙제도 제출해 줘요.
- 同学们的意见都反映<u>上去</u>了。 학우들의 의견을 모두 반영했다.

② 첨가 혹은 접합·연결의 의미

- 把这幅画儿挂<u>上去</u>。 이 그림을 걸어라.
- 信封上别忘了写<u>上去</u>邮政编码。 편지봉투에 우편번호 써넣는 거 잊지 마라.

③ 수준을 높일 때 사용

- 我决心把学习搞<u>上去</u>。 나는 학습을 향상시키기로 결심했다.
- 你们应该把产品的质量抓<u>上去</u>。 당신들은 생산품의 품질을 높여야 한다.

03 下来

① 동작의 완성이나 고정적일 때 사용 (停·记·写·留……)

- 投资计划定<u>下来</u>了。 투자 계획이 정해졌다.
- 大雨终于停<u>下来</u>了。 큰비가 마침내 그쳤다.

② 과거에서 지금까지 지속 (跑·传·坚持·流传·继承……)

- 这个传说是从古代流传<u>下来</u>的。 이 전설은 고대에서부터 전해 내려왔다.
- 刚到中国留学的时候，他遇到了很多困难，但最后他还是坚持<u>下来</u>了。
  막 중국에 유학 왔을 때 그는 많은 어려움을 만났지만 그는 그래도 끝까지 버텨나갔다.

③ 움직임에서 멈춤, 밝음에서 어두운 상태로의 변화 (형용사 + 下来)

- 天色暗<u>下来</u>了。 날이 어두워지기 시작한다.

- 跑了一会儿, 她的速度慢了<u>下来</u>。 조금 뛰더니 그녀는 속도를 늦췄다.
- 经过半年的减肥和锻炼, 她慢慢瘦了<u>下来</u>。
  반 년 동안의 다이어트와 단련을 통해 그녀는 살을 천천히 뺐다.

04 下去

① 높은 곳에서 낮은 곳으로의 이동
- 我们把这些东西扔<u>下去</u>吧。 우리 이 물건들을 버려 버리자.
- 听到楼下的电话响了, 他飞快地跑了<u>下去</u>。
  아래층의 전화가 울리는 것을 듣고, 그는 잽싸게 달려 내려왔다.

② 현재에서 미래까지 지속 (说·讲·学·读·传·坚持……)
- 我们这样讨论<u>下去</u>是不会有结果的。
  우리가 이렇게 토론해 나가는 것은 어떤 결과가 있지 않을 거야.
- 不论遇到多大的困难, 我们都要坚持<u>下去</u>。
  얼마나 큰 어려움을 만나더라도 우리는 계속 해 나가야 한다.

05 过来

① 사람이나 물체가 어떤 곳 혹은 상대방 쪽에서 오는 것을 말한다.
- 一辆汽车从桥上开<u>过来</u>。 차 한 대가 다리 쪽에서 다가왔다.
- 那个卖东西的老汉向我走<u>过来</u>。 그 물건을 파는 남자가 내 쪽으로 걸어왔다.

② 비정상 상태에서 정상적인 상태로의 전환
(醒·改·救·明白·苏醒·恢复·反应……)
- 他解释了半天, 我才明白<u>过来</u>。 그가 한참 동안 설명하고서야 나는 이해가 됐다.
- 经过医生的全力抢救, 病人终于苏醒<u>过来</u>了。
  의사의 전력을 다한 응급조치로 환자는 마침내 깨어났다.

06 过去

① 어떤 한 시간을 거치면서 동작이 이미 끝났음을 나타낸다.
- 事情已经<u>过去</u>了, 不要再提了。 다 지난 일이니, 다시 꺼내지 마라.
- 四年很快<u>过去</u>了, 他下个月就要大学毕业了。
  4년이 아주 빨리 지나갔다, 그는 다음 달 대학을 졸업한다.

② 비정상적인 상태로의 변화 (死·昏·晕·睡·醉……)
- 病人昏迷<u>过去</u>了。 환자는 혼미 상태에 빠졌다.
- 听到这个消息, 妻子顿时晕了<u>过去</u>。 이 소식을 듣고 아내는 순간 기절했다.

① 낮은 곳에서 높은 곳으로의 이동 (坐·站·跳·举·拿·提·抬……)

- 他突然站了<u>起来</u>。　그는 갑자기 일어섰다.
- 有问题的同学请把手举<u>起来</u>。　문제가 있는 학우들은 손을 드세요.

② 시작·계속

- 他的身体正在一天天好<u>起来</u>。　그의 몸은 하루하루가 좋아지고 있다.
- 听完他讲的故事, 大家都笑了<u>起来</u>。
  그가 말한 이야기를 다 듣고 사람들은 웃기 시작했다.

③ 분산되었다가 집중됨 (联合·集中·收拾·积累·存·组织……)

- 你先把东西收<u>起来</u>吧。　너는 먼저 물건을 받아 둬라.
- 只靠我们的力量是不够的, 我们应该把大家组织<u>起来</u>。
  우리 힘만으로는 부족해, 우리는 사람들을 모아야 한다.

④ 짐작이나 평가 (看·说·做·用·吃·喝·听·穿……)

- 任何事情都是说<u>起来</u>容易, 做<u>起来</u>难。　어떤 일도 말하기는 쉬워도 하기란 어렵다.
- 这件衣服看<u>起来</u>不怎么样, 穿<u>起来</u>还挺漂亮的。
  이 옷은 보기에는 별로인 것 같지만 입어보면 아주 예쁘다.

① 안에서 밖으로 나올 경우

- 我看见他从教室走了<u>出来</u>。　나는 그가 교실에서 나오는 것을 봤다.
- 他从书包里拿<u>出来</u>一本杂志。　그는 책가방 안에서 잡지 한 권을 꺼냈다.

② 발견·식별의 의미 (分·看·认·查·闻·猜……)

- 你听得<u>出来</u>我是谁吗?　너는 내가 누군지 드러낼 수 있겠니?
- 我一眼就认<u>出</u>他<u>来</u>了。　나는 첫눈에 그를 알아냈다.

③ 창조·완성 (写·画·设计·制造·整理·研究……)

- 幸福的生活是由双手创造<u>出来</u>的。　행복한 생활은 두 손으로 만들어 내는 것이다.
- 我们的建筑施工图设计<u>出来</u>了吗?　우리의 건축 설계도 설계되어 나왔습니까?

예제1 : 电影开始了, 观众们都安静了______。
　　　A. 上来　　　　B. 下来　　　　C. 出来　　　　D. 起来
　　　해설 | "조용해졌다"는 것은 동적인 상황에서 정적인 상황으로의 변화를 의미하므로, 下来를 사용한다.
　　　해석 | 영화가 시작되자, 관중들은 모두 조용해졌다.
　　　정답 | B

예제2 : 根据我们的了解, 目前有些人的工资外收入根本就查不______。
　　　A. 出来　　　　B. 上来　　　　C. 出去　　　　D. 上去

해설 | 동사 "查"는 "조사하다"는 의미이다. 이 의미에는 어떤 것을 발견 혹은 식별한다는 의미
　　　를 갖고 있다. 따라서 방향보어 出来를 사용한다.
단어 | 工资(gōngzī) 월급, 임금
해석 | 우리가 이해한 바에 따르면, 현재 몇몇 사람들의 월급 외의 수입에 대해서는 근본적으로
　　　조사할 수 없다.
정답 | A

예제3 : 王明趁着暑假到一家计算机公司打工, 两个月_____挣了不少钱。
　　　A. 下去　　　　　B. 下来　　　　　C. 过来　　　　　D. 过去
해설 | "두 달"이라는 시간은 과거에서 지금까지 이어저 온 시간을 뜻하므로 下来를 사용한다.
단어 | 打工(dǎgōng) 아르바이트하다 | 挣钱(zhèngqián) 돈을 벌다
해석 | 왕밍은 여름방학동안 한 컴퓨터 회사에서 아르바이트를 해서 두 달 지나 적지 않은 돈을
　　　벌었다.
정답 | B

(3) 복합방향보어에서 목적어의 위치

01 목적어가 장소일 경우 :
동사 + (上 / 下 / 过 / 起 / 出 / 到) + **장소목적어** + 来 / 去

下个月我要到中国去。 다음달 나는 중국에 가려고 한다.
考试结束后, 学生们走出教室去。 시험이 끝난 후 학생들은 교실을 걸어 나갔다.
考试结束后, 学生们走出去教室。(×)

02 목적어가 사람 혹은 사물일 경우 :
동사 + (上 / 下 / 过 / 起 / 出) + **목적어** + 来 / 去
동사 + (上 / 下 / 过 / 起 / 出) + 来 / 去 + **목적어**

李明从书包里拿出一本书来。 = 李明从书包里拿出来一本书。
리밍은 가방 안에서 책 한 권을 꺼냈다.

吃过晚饭后, 他看起电视来。 = 吃过晚饭后, 他看起来电视。
저녁을 다 먹은 후 그는 TV를 보기 시작했다.

03 이합사(说话 · 看书 · 睡觉 · 聊天 · 游泳 · 唱歌 등)일 경우 :
동사 + (上 / 下 / 过 / 起 / 出) + **목적어** + 来 / 去

说起话来 / 唱起歌来

예제1 : 他的话令我__________。

A. 想了一个学生起来　　　　　B. 起来想一个学生了
C. 一个学生想起来了　　　　　D. 想起了一个学生来

해설 | 목적어가 "一个学生"이라는 사람목적어이므로, 방향보어의 앞 혹은 뒤에 와도 상관이
없는데 주의해야 할 것은 방향보어 중에 하나는 동사와 붙어있어야 한다. 예를 들어, "동
+□+사람(사물)+□" 혹은 "동사+□□+사람(사물)" 형태가 되어야 한다.
해석 | 그의 말은 나로 하여금 한 학생을 떠올리게 했다.
정답 | D

예제2 : 知道儿子已经平安地到达中国, 妈妈终于__________。

A. 放下心来　　　　　　　　　B. 下来放心
C. 放心下来　　　　　　　　　D. 放下来心

해설 | "放心"은 이합사이므로, 방향보어는 "放+□+心+□" 형태로 들어가야 한다.
단어 | 到达(dàodá): 도착하다, 도달하다
해석 | 아들이 이미 무사히 중국에 도착했다는 것을 알고 엄마는 마침내 마음을 놓았다.
정답 | A

• 결과보어 관련문제

1 一月里，雨一落下来就冻______了冰。
A. 完　　　　B. 掉　　　　C. 好　　　　D. 成

2 生了一场大病，他的头发都掉______了。
A. 光　　　　B. 下　　　　C. 走　　　　D. 去

3 我们班的老师因为有事没有来，所以今天的口语课没上______。
A. 好　　　　B. 完　　　　C. 了　　　　D. 成

4 那辆汽车他只开了一个月就把它卖______了。
A. 走　　　　B. 开　　　　C. 没　　　　D. 掉

5 6岁的圆圆终于回到了自己的家，抱______爸爸就大哭起来。
A. 起　　　　B. 住　　　　C. 到　　　　D. 动

6 这种药很难买，我找______了整个首尔，也没买到。
A. 在　　　　B. 去　　　　C. 到　　　　D. 遍

7 那辆汽车开到医院的门口突然停______了。
A. 在　　　　B. 住　　　　C. 到　　　　D. 着

8 没等孩子说______，他就打了孩子一巴掌。
A. 光　　　　B. 掉　　　　C. 完　　　　D. 遍

9 一连好几个问题他都______，看来被录取的希望很小。
A. 回答没有对　　B. 不有回答对　　C. 不回答对　　D. 没回答对

10 卖菜的是个郊区农民，＿＿＿＿＿挺老实的。

    A. 看上来   B. 看上去   C. 看下来   D. 看下去

11 吃过晚饭，天已经完全暗了＿＿＿＿＿。

    A. 出来   B. 起来   C. 过来   D. 下来

12 下课后，所有的学生都留＿＿＿＿＿开会。

    A. 出来   B. 起来   C. 过来   D. 下来

13 我看了他很久，终于想 ＿＿＿＿＿了他的名字。

    A. 出来   B. 起来   C. 过来   D. 下来

14 电梯的墙壁上空荡荡的，他就把家人的照片贴了＿＿＿＿＿。

    A. 上去   B. 出来   C. 起来   D. 下去

15 不知不觉中，两个小时＿＿＿＿＿了，总理的演讲已接近尾声。

    A. 过来   B. 上来   C. 过去   D. 出来

16 回忆起童年的趣事，两个人就忍不住笑了＿＿＿＿＿。

    A. 上来   B. 下来   C. 过来   D. 起来

17 望着眼前的田园景色，诗人有一种说不＿＿＿＿＿的激动和感动。

    A. 下去   B. 下来   C. 上去   D. 出来

18 一个月＿＿＿＿＿了，我们始终没有他的任何消息。

    A. 过来   B. 过去   C. 出来   D. 起来

19 哭了一会儿，她的情绪渐渐平静＿＿＿＿＿。

    A. 上去   B. 下去   C. 起来   D. 下来

20 一个星期过去了，我始终无法从痛苦中解脱________。

    A. 上来   B. 过来   C. 下来   D. 出来

21 手捧着妈妈给他织的毛衣，他的眼睛模糊了________。

    A. 上来   B. 下来   C. 出来   D. 起来

22 在很长一段时间里，王勇都没有从伤心中恢复________。

    A. 出来   B. 过来   C. 起来   D. 出去

23 他的包不知道什么时候从自行车上掉________了。

    A. 出来   B. 起来   C. 出去   D. 下来

24 老师让我把做错的题改________。

    A. 出来   B. 过来   C. 起来   D. 回来

• 방향보어에서 목적어의 위치 관련문제

25 真想不到，这孩子能____________。

    A. 这么好的主意想出来   B. 想出这么好的主意来
    C. 出来想这么好的主意   D. 想这么好的主意出来

26 我抬起头，看见从远处____________。

    A. 走一个年轻的小伙子过来   B. 走过来一个年轻的小伙子
    C. 过来一个年轻的小伙子走   D. 过来走一个年轻的小伙子

27 在家里呆了一天，李明也____________。

    A. 写出没什么东西来   B. 什么东西没写出来
    C. 没写出什么东西来   D. 什么东西写没出来

28 刚晴了两天，怎么又____________？

    A. 下起雨来了   B. 雨下起来了
    C. 下了起来雨   D. 下雨起来了

29 这时候，他们正在上课呢，恐怕你们还____________。

    A. 进不能教室去   B. 不能进去教室
    C. 进教室不能去   D. 不能进教室去

정답과 해설

1 D	**2** A	**3** D	**4** D	**5** B	**6** D
7 B	**8** C	**9** D	**10** B	**11** D	**12** D
13 B	**14** A	**15** C	**16** D	**17** D	**18** B
19 D	**20** D	**21** D	**22** B	**23** D	**24** B
25 B	**26** B	**27** C	**28** A	**29** D	

1 해석 | 1월 중에 비는 내리자마자 얼음으로 얼어 버린다.
단어 | 落(luò) : 떨어지다, 내리다
冻(dòng) : 얼다
해설 | 비가 얼음으로 변한 것이므로, 成을 사용해야 한다.

2 해석 | 한 번 큰 병을 앓고서 그의 머리카락은 하나도 남김없이 모두 빠졌다.
단어 | 掉(diào) : 떨어지다
해설 | 머리카락이 조금도 남아있지 않다는 의미이므로, 光을 사용한다.

3 해석 | 우리 반의 선생님께서는 일이 있어서 오시지 못하기 때문에 오늘 회화수업은 하지 않는다.
해설 | 수업이 아예 이루어지지 않았다는 의미이므로, 成을 사용한다. 好는 완료나 만족을 나타낼 때 사용한다.

4 해석 | 그 자동차 그는 한 달 타고 다니다가 팔아 버렸다.
해설 | 자동차가 그에게서 떠난 것이므로, 동작의 분리를 나타내는 결과보어 掉를 사용한다.

5 해석 | 6살의 위엔위엔은 마침내 자신의 집으로 돌아와서 아빠를 꼭 껴안고 크게 울었다.
해설 | 아빠를 꼭 껴안았다고 했으므로, 동작의 고정을 나타내는 결과보어 住를 사용한다.

6 해석 | 이 약은 아주 사기 어려워서 나는 온 서울을 다 찾아다녀서도 사지 못했다.
해설 | "온 서울 다 찾아다녔다"고 했으므로, "두루" · "널리"를 나타내는 遍을 사용한다.

7 해석 | 그 자동차는 병원 입구에 갑자기 멈춰 섰다.
해설 | 차가 멈춘 것은 고정적인 의미가 있으므로, 동작의 고정을 나타내는 결과보어 住를 사용한다.

8 해석 | 아이가 말을 다 하기도 전에 그는 아이를 한대 때렸다.
단어 | 打一巴掌(dǎyìbāzhang) : 뺨을 한대 때리다
해설 | "아이가 말을 다 하기도 전에"라고 했으므로, 완료를 나타내는 결과보어 完을 사용한다.

9 해석 | 연이어 그는 몇 문제를 정확하게 대답하지 못했다, 보아하니 합격될 가능성이 적다.
단어 | 一连(yìlián) : 연이어, 연거푸
录取(lùqǔ) : 합격하다
해설 | 결과보어는 동사 뒤에 위치하며, 결과보어를 부정할 때에는 没로 부정한다. 이 문장에서 동사는 回答이고 결과는 对이다.

10 해석 | 채소를 파는 교외의 농민은 보아하니 아주 성실하다.
단어 | 郊区(jiāoqū) : 교외
老实(lǎoshi) : 성실한, 착실한
해설 | "보아하니"라는 의미를 가지고 있는 말은 看上去이다. 看下去는 "계속 봐 내려간다."는 의미를 담고 있다.

11 해석 | 저녁을 먹고 나니 날이 이미 완전히 어두워졌다.
해설 | "어두워지는 것"은 새로운 상태의 출현이기 때문에 下来를 사용한다.

12 해석 | 수업을 마친 뒤 모든 학생들은 남아 회의

를 열었다.
해설 | "남는다"는 것은 고정적인 의미를 가지고
있으므로, 下来를 사용한다.

13 해석 | 나는 그를 아주 오랫동안 보고나서 마침
내 그의 이름이 떠올랐다.
해설 | "떠올랐다"는 것은 생각이 나기 시작했다
는 의미를 담고 있으므로, 起来를 사용
한다.

14 해석 | 엘리베이터의 벽은 텅 비어 있었다, 그는
가족들의 사진을 붙였다.
단어 | 空荡荡(kōngdāngdāng) : 텅 비다, 허전
하다
해설 | 벽에 붙인 것은 고정 내지 첨가의 의미를
담고 있으므로, 上去를 사용한다.

15 해석 | 자신도 모르게 두 시간이 지나가버렸고,
총리의 연설은 이미 막바지에 다다랐다.
단어 | 接近尾声(jiējìnwěishēng) : 종결단계에
가까워지다
해설 | 어떤 시간이 지난 것이므로, 过去를 사
용한다.

16 해석 | 어릴 때의 재미난 일을 회상하며 두 사람
은 참을 수 없어 웃기 시작했다.
단어 | 回忆(huíyì) : 회상하다
趣事(qùshì) : 재미있는 일, 우스운 일
해설 | "웃다"라는 동작이 시작됐다는 의미를 담
고 있으므로, 起来를 사용한다.

17 해석 | 눈앞의 전원 풍경을 바라보면서 시인은 일
종의 말할 수 없는 기쁨과 감동이 있었다.
단어 | 望着(wàngzhe) : 바라보면서
田园(tiányuán) : 전원, 농촌
해설 | "말할 수 없다"는 것은 말이 밖으로 나오
지 않는 의미를 담고 있으므로, 出来를
사용한다.

18 해석 | 한 달이 지나도 우리들은 시종 그에 대한
어떤 소식도 없다.
단어 | 任何(rènhé) : 어떠한
해설 | 한 달이라는 시간이 이미 끝난 것을 의미
함으로, 过去를 사용한다.

19 해석 | 잠시 울고 나서 그녀의 기분은 점차 차분

해졌다.
단어 | 平静(píngjìng) : 조용한, 평온한
해설 | 차분해진 것은 동적인 상황에서 정적인
상황으로의 변화를 의미함으로, 下来를
사용한다.

20 해석 | 한 주가 지나가도 나는 시종 고통에서 벗
어날 방법이 없었다.
단어 | 痛苦(tòngkǔ) : 고통
解脱(jiětuō) : 벗어나다, 해탈하다
해설 | "벗어난다"는 것은 안에서 밖으로 나온
다는 의미를 담고 있으므로, 出来를 사용
한다.

21 해석 | 손에 엄마가 그에게 짜준 스웨터를 받쳐
들자 그의 눈은 모호해지기 시작했다.
단어 | 捧(pěng) : 받쳐 들다
织(zhī) : 짜다
模糊(móhu) : 모호하다, 흐리게 하다
해설 | "모호하다"라는 동작이 시작됐음을 말하
고 있으므로, 起来를 사용한다.

22 해석 | 아주 오랜 시간 동안 왕용은 상심 중에서
회복되지 않았다.
단어 | 伤心(shāngxīn) : 상심하다
恢复(huīfù) : 회복하다
해설 | "회복"이라는 말은 안 좋은 상태에서 좋
은 상태로 돌아오는 의미를 담고 있으므
로, 过来를 사용한다.

23 해석 | 그는 가방이 언제 자전거에서 떨어졌는
지 몰랐다.
해설 | 자전거에서 가방이 떨어진 것은 아래로의
의미를 담고 있으므로, 下来를 사용한다.

24 해석 | 선생님은 나로 하여금 잘못 푼 문제를 고
치라고 하셨다.
해설 | 틀린 것을 맞는 문장으로 고치는 의미를
담고 있으므로, 过来를 사용한다.

25 해석 | 정말 생각지도 못했네, 이 아이가 이렇게
좋은 생각을 낼 줄은.
해설 | 목적어가 "这么好的主意"라는 사물 목
적어이므로, 방향보어의 앞 혹은 뒤에 와
도 상관이 없는데 주의해야 할 것은 방향
보어 중에 하나는 동사와 붙어있어야 한

다. 예를 들어, "동+□+사람(사물)+□"
혹은 "동사+□□+사람(사물)" 형태가 되
어야 한다.

26 **해석 |** 나는 머리를 들어 먼 곳에서 한 젊은 총
각이 오고 있는 것을 보았다.
단어 | 抬头(táitóu) : 머리를 들다
小伙子(xiǎohuǒzi) : 젊은이, 총각
해설 | 목적어가 "一个年轻的小伙子"라는 사
람목적어이므로, 방향보어의 앞 혹은 뒤
에 와도 상관이 없는데 주의해야 할 것은
방향보어 중에 하나는 동사와 붙어있어
야 한다. 예를 들어, "동+□+사람(사
물)+□" 혹은 "동사+□□+사람(사물)"
형태가 되어야 한다.

27 **해석 |** 집에 하루 동안 있어도 리밍은 어떤 것도
써내지 못했다.
해설 | 목적어가 "什么东西"라는 사물목적어이

므로, 방향보어의 앞 혹은 뒤에 와도 상
관이 없는데 주의해야 할 것은 방향보어
중에 하나는 동사와 붙어있어야 하고, 부
정사 没는 동사 앞에 위치한다. 예를 들
어, "没+동+□+사람(사물)+□" 혹은
"没+동사+□□+사람(사물)" 형태가 되
어야 한다.

28 **해석 |** 막 이틀 동안 날이 맑았는데 왜 또 비가
내리지?
해설 | "下雨"는 이합사이므로, 방향보어는 "下
+□+雨+□" 형태로 들어가야 한다.

29 **해석 |** 이때쯤이면 그들은 수업하고 있어, 너희
들 교실에 들어가서는 안 될 것 같다.
해설 | "教室"는 장소를 나타내는 장소목적어이
기 때문에 방향보어는 반드시 "동사+□
+장소목적어+□" 형태로 사용해야 한다.

보어 (2)

보어의 특징 : 동사 뒤에서 동사의 의미 즉 결과·방향·가능·정도 등을 보충하는 역할을 하는 품사를 말한다. 종류에 따라 "결과보어"·"방향보어"·"가능보어"·"정도보어"·"수량보어"로 나눈다.

중점사항 : 각종 보어의 형태와 위치 / 각종 보어의 특징 / 보어에서의 긍정과 부정

1 | 가능보어 (동사 뒤에 동작이 어떤 결과나 상황에 도달할 수 있는지 여부를 보충 설명하는 성분)

(1) 가능보어의 종류

01 동사 + 得 / 不 + 보어 (결과보어 / 방향보어)

教室里太吵了, 听不清录音。
교실 안은 너무 시끄러워 녹음을 또렷하게 들을 수 없다.

我怎么也想不起来他的名字。 나는 어떻게 해도 그의 이름이 생각나지 않았다.

今天的课不太难, 我们都听得懂。
오늘의 수업은 그다지 어렵지 않아, 나는 모두 알아들을 수 있다.

예제 : 这么多的内容, 一个晚上恐怕______。

  A. 看不完　　　B. 不看完　　　C. 看不得完　　　D. 不看得完

해설 | 문장의 의미상 가능보어의 부정형식이 들어가야 한다. 가능보어의 부정형식은 "동사+不+보어"형태이다. "看不得完"과 "不看得完"같은 형식은 중국어에 쓰이지 않는다.

해석 | 이렇게 많은 내용은 하루 밤 동안 다 볼 수 없을 것 같다.

정답 | A

02 동사 + 得 / 不 + 了 (liǎo) (행위의 실현 가능성을 나타냄)

三个人, 吃不了这么多菜。 세 사람만으로는 이렇게 많은 음식을 먹을 수가 없다.

去朋友家做客, 免不了要带点礼物。
친구 집에 손님으로 가는데 선물을 조금 안 가져갈 수가 없다.

现在机票还没有买, 明天去得了中国吗?
지금 비행기표 아직도 안 샀는데, 내일 중국으로 갈 수 있겠니?

예제 : 你连这点小事都______, 怎么能干大事呢?

  A. 做得了　　　B. 不做了　　　C. 做不了　　　D. 做了得

(2) 자주 보이는 고정격식

01 동사 + 得 / 不 + 上(목적을 실현할 능력이 있고 없음을 나타낸다.)

车上人太多了, <u>坐不上</u>了。 차 안에는 사람들이 너무 많아, 앉을 수가 없다.

飞机十点起飞, 八点出发<u>赶得上</u>。
비행기는 10시에 이륙하니, 8시에 출발하면 시간에 댈 수 있다.

弟弟的成绩一向很好, 明年一定<u>考得上</u>名牌大学。
남동생의 성적은 줄곧 좋아서 내년에 반드시 명문대학에 합격할 수 있을 것이다.

02 동사 + 得 / 不 + 下(받아들일 수 있고 없음을 나타낸다.)

就这点儿书, 一个箱子<u>装得下</u>。 이 조금의 책들은 상자 하나에 담을 수 있어.

这间屋子<u>坐不下</u>一百个人。 이 집에는 백 명의 사람이 앉을 수 없다.

今天吃得太多了, 已经<u>吃不下</u>了。 오늘 너무 많이 먹었어, 더 이상 먹을 수 없다.

03 동사 + 得 / 不 + 动(힘들거나 무거워서 어떤 동작의 이동이 불가능함을 의미)

这件行李不重, 我自己<u>拿得动</u>。 이 짐은 무겁지 않아, 나 혼자 가지고 갈 수 있어.

<u>骑不动</u>了, 停下来歇会儿吧。 더 이상 탈 수 없어, 멈춰서 좀 쉬자.

今天我太累了, 一点儿也<u>走不动</u>了。 오늘 나는 너무 피곤해서 조금도 걸을 수 없다.

04 동사 + 得 / 不 + 住(동작이 확실치 않거나 고정내지 안정되어 있지 않음을 나타냄)

这个人<u>靠得住</u>吗? 이 사람 믿을 수 있니?

我看了好几遍, 还是<u>记不住</u>。 나는 여러 번 봤는데, 그래도 기억하지 못한다.

听到这个消息, 她<u>禁不住</u>哭了。 이 소식을 듣고 그녀는 울음을 참을 수 없었다.

05 동사 + 得 / 不 + 起(자신의 경제능력으로 할 수 있고 없음을 의미)

一辆自行车, 我还<u>买得起</u>。 나는 자전거 한 대 정도는 살 수 있다.

这么贵的房子, 我可<u>住不起</u>。 나는 이렇게 비싼 집에 정말 살 수가 없다.

这次回国我<u>坐不起</u>飞机了, 只好坐船了。
이번에 귀국 때 나는 비행기를 탈 수 없어서, 하는 수 없이 배를 탔다.

2 | 정도보어 (동사나 형용사 뒤에 정도를 나타내는 역할을 한다)

01 동사/형용사 + 得 + 보어성분

他的汉语说得很好。 그는 중국어를 아주 잘한다.
我姐姐说话说得很快。 우리 누나(언니)는 말을 아주 빨리 한다.
儿子温顺得让我吃惊。 아들이 온순해져 나를 놀라게 했다.

02 부정형식 : 동사/형용사 + 得 + 不 + 형용사

这个字写得不清楚。 이 글자는 분명치 않게 쓰여져 있다.
今天的风刮得不大。 오늘은 바람이 세게 불지 않는다.
我踢球踢得不好，但很喜欢看球赛。
나는 축구를 잘 못하지만 축구경기 보는 것을 매우 좋아한다.

03 형용사/동사 + 多了/极了/透了/死了/坏了

这个孩子长得可爱极了。 이 아이는 아주 귀엽게 생겼다.
你把这件事办得糟糕透了。 그는 이 일을 완전히 엉망으로 처리했다.
走了半天的路，我们都累坏了。
한참 동안 걷고 나서 우리는 피곤해 죽을 지경이었다.

04 형용사/동사 + 得 + 很/慌/多/不得了 (liǎo)/要命/什么似的

今天比昨天热<u>得</u>多。 오늘은 어제보다 훨씬 덥다.

这几年到中国留学的学生多<u>得很</u>。
요 몇 년 동안 중국에 유학 오는 학생들이 아주 많아졌다.

我不常坐公共汽车，我嫌车里挤<u>得慌</u>。
나는 시내버스를 자주 타지 않는데, 나는 차 안이 무지무지 붐비는 것을 싫어한다.

예제1： 工作了一天了，现在累＿＿＿＿＿＿＿。
A. 不得了　　　　B. 了不得　　　　C. 得死了　　　　D. 得不得了

해설 ┃ 不得了는 정도가 매우 심함을 나타낸다. 不得了가 술어의 정도를 나타내게 될 경우 앞에 정도보어 得가 나와야 한다. 了不得는 "대단하다"·"큰일났다"는 의미이다. 死了는 앞에 술어가 바로 와서 "累死了"가 되어야 하며, 정도보어 得를 넣지 않는다.

해석 ┃ 하루 내내 일했더니 지금은 굉장히 피곤하다.

정답 ┃ D

예제2： 莉莉没有来上课，因为她＿＿＿＿＿＿＿。
A. 感冒得非常厉害　　　　　　　B. 非常厉害得感冒
C. 厉害非常得感冒　　　　　　　D. 感冒得厉害非常

해설 ┃ 정도보어 得가 있을 경우의 어순을 묻는 문제이다. 일단 정도보어는 得는 앞에 반드시 동사나 형용사 술어가 오는데 이 문장에서 동사는 感冒이므로 "感冒 + 得"형태가 되어야 한다. 得 뒤에는 "부사 + 술어"형태가 오므로 非常厉害가 와야 한다.

해석 ┃ 리리는 아주 지독한 감기에 걸렸기 때문에 수업에 오지 않았다.

정답 ┃ A

3 ｜ 수량보어 (동사 뒤에 동작이 진행되는 횟수나 지속되는 시간 등을 나타내는 성분)

(1) 수량보어의 특징과 위치

종류	동 량 보 어	시 량 보 어
특징	동작이 발생한 횟수를 나타낸다. 他去了<u>三次</u>长城。 老师让我每天念<u>三遍</u>课文。	동작이 진행된 시간을 나타낸다. 我学了<u>三年</u>汉语。 我们只玩儿了<u>半个小时</u>。
위치	동사 + 대명사 + <u>동량보어</u> 我找过她<u>一次</u>。 在北京我见过他好<u>几次</u>。	동사 + 대명사 + <u>시량보어</u> 我等了她<u>一个小时</u>。 我找了你<u>半天</u>了。
	동사+인명·지명+<u>동량보어</u>+(인명/지명) 我去过中国<u>一次</u>。 (＝ 我去过<u>一次</u>中国。)	동사+인명·지명+<u>시량보어</u>+(인명/지명) 我来中国<u>一年</u>了。 (＝ 我来<u>一年</u>中国了。)

| 위치 | 동사 + <u>동량보어</u> + 일반목적어
我看过<u>一回</u>那个电影。
刚才刮了<u>一阵</u>大风，这会儿下起雨来了。 | 동사 + <u>시량보어</u> + 일반목적어
我学了<u>一年</u>汉语。
我一共打了<u>二十分钟</u>电话。 |
| | 〈부정〉동량보어 + 부정부사 + 동사
我<u>一次</u>也没去过中国。(○)
我没去过一次中国。(×) | 〈부정〉시량보어 + 부정부사 + 동사
我在中国<u>一天</u>也没呆过。(○)
我没呆过一天中国。(×) |

예제1 : 他 A 给大家 B 说了 C 这件事情发生的经过 D。

一遍

해설 | 이 문장의 목적어 즉 "이 일이 발생하게 된 경과"는 일반목적어이므로, 어순은 "동사 + 수량보어
+ 일반목적어"형태가 된다.

해석 | 그는 사람들에게 이 일이 발생한 경위를 한번 말했다.

정답 | C

예제2 : 他是一个很聪明的学生，＿＿＿＿＿＿。

A. 我辅导过曾经三次他　　　　　　B. 我曾经辅导过三次他

C. 我曾经辅导过他三次　　　　　　D. 我辅导过他三次曾经

해설 | 이 문장의 목적어 他는 인칭대명사이다. 목적어가 인칭대명사일 경우 수량보어의 위치는 "동사
+ 대명사 + 수량보어"형태가 된다. 또 曾经은 부사이므로 주어와 동사 사이에 위치한다.

해석 | 그는 아주 총명한 학생이다. 나는 예전에 세 번 그에게 개인지도를 한 적이 있다.

정답 | C

• 가능보어 관련문제

1 我已经__________她的名字了。

    A. 记不起来   B. 不记起来   C. 记得不起来   D. 记没起来

2 幸福是用钱__________的。

    A. 不买到   B. 买没到   C. 买不到   D. 没买到

3 老人们的思想有很多已经__________时代的发展了。

    A. 不跟上   B. 没跟得上   C. 不跟得上   D. 跟不上

4 她__________任何东西，气息奄奄几乎快要死了。

    A. 吃不下   B. 不吃下   C. 不吃得下   D. 没吃得下

5 房间太小，来客人多了都__________。

    A. 坐得下   B. 坐不下   C. 坐不上   D. 坐得上

6 听到这个消息，他的眼泪再也__________了。

    A. 不止住   B. 止不住   C. 止得住   D. 止得不住

7 近几年工资是增加了不少，普通家庭还是__________轿车。

    A. 买得起   B. 买不起   C. 买得来   D. 买不来

8 有些来自农村的同学连件像样的衣服都没有，更__________什么每月的零花钱了。

    A. 舍不得   B. 顾不得   C. 谈不上   D. 算不上

9 电脑出了点儿问题，今天__________了。

    A. 上不了网   B. 上网不了   C. 不上得了网   D. 上得不了网

10 试试吧，也许她__________，但是也已经很久没有跟她联系了，就算顺便问候她吧。

    A. 我的帮忙不上   B. 我的帮不上忙
    C. 帮忙我的不上   D. 帮不上我的忙

11 韩老师说话的声音太小，我们__________。

    A. 不听清楚   B. 听不清楚   C. 不清楚听   D. 不听得清楚

12 眼看去不成北京了，李自健＿＿＿＿＿＿。

    A. 直掉急得眼泪　　　　　　　　B. 直掉眼泪急得

    C. 急得直掉眼泪　　　　　　　　D. 眼泪直掉急得

13 你的汉语说得不错，＿＿＿＿＿＿。

    A. 写字得也挺漂亮　　　　　　　B. 字写得也挺漂亮

    C. 写字得挺也漂亮　　　　　　　D. 挺漂亮字写得也

14 路边的那栋房屋＿＿＿＿＿＿，院子里长满了杂草。

    A. 已经无法居住了破得　　　　　B. 已经破得无法居住了

    C. 破得居住了已经无法　　　　　D. 破得无法已经居住了

15 他的女朋友长得＿＿＿＿＿＿。

    A. 很漂亮极了　　　　　　　　　B. 非常漂亮极了

    C. 漂亮极了　　　　　　　　　　D. 漂亮很极了

16 夏天，在山顶写生，＿＿＿＿＿＿。

    A. 烤晒得烈日他的皮肤都起了泡　　B. 烤晒得他的皮肤都起了泡烈日

    C. 烈日得他的皮肤烤晒都起了泡　　D. 烈日烤晒得他的皮肤都起了泡

17 他＿＿＿＿＿＿。

    A. 高兴得差点儿跳了起来　　　　B. 跳了起来差点儿高兴得

    C. 差点儿得高兴跳了起来　　　　D. 高兴得跳了起来差点儿

18 一路上又热又渴，＿＿＿＿＿＿。

    A. 干渴得直冒烟儿喉咙　　　　　B. 喉咙干渴得冒烟儿直

    C. 干渴得直喉咙冒烟儿　　　　　D. 喉咙干渴得直冒烟儿

19 仅仅一年的功夫，＿＿＿＿＿＿，也老了好多，与从前判若两人。

    A. 大姐就瘦得不成样子了　　　　B. 就大姐瘦得不成样子了

    C. 瘦得大姐就不成样子了　　　　D. 不成样子了大姐就瘦得

20 这件事我至少＿＿＿＿＿＿，你怎么又忘了呢？

    A. 提醒你过三次　　　　　　　　B. 提醒过三次你

    C. 提醒过你三次　　　　　　　　D. 提醒三次你过

21 这本小说我____________。

    A. 看两遍过　　　　　　　　B. 看过两遍

    C. 两遍看过　　　　　　　　D. 过两遍看

22 他们 ____________。

    A. 结婚了五年已经　　　　　B. 已经结五年婚了

    C. 已经五年结婚了　　　　　D. 已经结婚五年了

23 小亮刚才去书店____________。

    A. 买了书几本　　　　　　　B. 买书了几本

    C. 几本书买了　　　　　　　D. 买了几本书

24 记得八岁那年，我____________，现在回想起来，觉得十分可笑。

    A. 和他打过一次架　　　　　B. 打过一次架和他

    C. 打架过一次和他　　　　　D. 和他一次打架过

25 金美京在中国____________。

    A. 学了一年汉语　　　　　　B. 学汉语了一年

    C. 学了汉语一年　　　　　　D. 一年汉语学了

26 不知怎么了，妹妹一进门就哭，我们都____________，也没用。

    A. 劝了她半天了　　　　　　B. 劝了半天她了

    C. 半天劝了她了　　　　　　D. 她劝了半天了

27 我们____________，你忘了今天有一个重要的会议了吗？

    A. 找了一整天你　　　　　　B. 一整天找了你

    C. 你找了一整天　　　　　　D. 找了你一整天

28 每天晚上我____________。

    A. 只看电视半个小时　　　　B. 只看半个小时电视

    C. 只半个小时看电视　　　　D. 只半个小时电视看

29 昨天晚上回来得太晚了，我一共____________。

    A. 只睡觉了两个小时　　　　B. 只两个小时睡觉了

    C. 两个小时只睡觉了　　　　D. 只睡了两个小时觉

30 昨天我什么地方也没有去，把自己关在屋子里____________。

    A. 看一整天书了　　　　　　B. 看了一整天书

    C. 一整天看了书　　　　　　D. 看书了一整天

정답

1 A	2 C	3 D	4 A	5 B	6 B
7 B	8 C	9 A	10 D	11 B	12 C
13 B	14 B	15 C	16 D	17 A	18 D
19 A	20 C	21 B	22 D	23 D	24 A
25 A	26 A	27 D	28 B	29 D	30 B

1
해석 ┃ 나는 이미 그녀의 이름을 기억해 낼 수 없었다.
해설 ┃ "기억해 낼 수가 없다"는 것은 불가능을 나타내므로, 가능보어의 부정형태를 사용한다. 가능보어의 부정형식은 "동사＋不＋□" 형식이다.

2
해석 ┃ 행복은 돈으로 살 수 없는 것이다.
해설 ┃ "살 수 없다"는 것은 불가능을 나타내므로, 가능보어의 부정형태를 사용한다. 가능보어의 부정형식은 "동사＋不＋□" 형식이다.

3
해석 ┃ 노인들의 사상은 이미 많은 점에서 시대의 발전을 따라가지 못한다.
해설 ┃ "따라가지 못 한다"는 것은 불가능을 나타내므로, 가능보어의 부정형태를 사용한다. 가능보어의 부정형식은 "동사＋不＋□" 형식이다. "跟"은 보통 전치사로 사용되나 동사로 사용되면 "따라가다"는 의미가 된다.

4
해석 ┃ 그녀는 어떤 것도 먹을 수 없어, 숨이 끊어질 듯 말 듯 곧 죽으려 한다.
단어 ┃ 气息奄奄(qìxīyǎnyān) : 숨이 간들간들하다
해설 ┃ "먹을 수 없다"는 것은 불가능을 나타내므

5
로, 가능보어의 부정형태를 사용한다. 가능보어의 부정형식은 "동사＋不＋□" 형식이다.

해석 ┃ 방이 너무 작아, 손님들이 너무 많이 와서 모두 앉을 수 없어.
해설 ┃ "앉을 수가 없다"는 것은 불가능을 나타내므로, 가능보어의 부정형태를 사용한다. 가능 보어의 부정형식은 "동사＋不＋□" 형식이다. 또 "앉는다"는 의미이므로 보어로 "下"를 사용한다.

6
해석 ┃ 이 소식을 듣고 그는 눈물을 멈출 수 없었다.
단어 ┃ 止(zhǐ) : 그치다, 멈추다
해설 ┃ "멈출 수 없다"는 것은 불가능을 나타내므로, 가능보어의 부정형태를 사용한다. 가능보어의 부정형식은 "동사＋不＋□" 형식이다.

7
해석 ┃ 근 몇 년 동안 임금이 많이 올랐지만 일반 가정에서는 그래도 승용차를 살 수가 없다.
단어 ┃ 轿车(jiàochē) : 승용차
해설 ┃ "살 수가 없다"는 것은 경제적 능력이 부족해서 살 수 없음을 뜻하므로, 가능보어의 "동사＋不＋起" 형식을 사용한다.

8
해석 ┃ 농촌에서 온 몇몇 학생들은 그럴듯한 옷조차 없을 뿐더러 더욱이 매달 용돈은 더 말할 것도 없다.
단어 ┃ 像样(xiàngyàng) : 그럴듯한, 버젓한
零花钱(línghuāqián) : 용돈
해설 ┃ 舍不得는 "아쉽다"·"섭섭하다", 顾不得는 "돌볼 겨를이 없다", 谈不上은 "말할 나위가 못되다", 算不上은 "~라고 할 수 없다"는 의미이다.

9
해석 ┃ 컴퓨터에 문제가 좀 생겨 오늘은 인터넷을 할 수 없다.
해설 ┃ "인터넷을 할 수 없다"는 것은 불가능을 나타내므로, 가능보어의 부정형태를 사용한다. 가능보어의 부정형식은 "동사＋不＋□" 형식이다.

10
해석 ┃ 한번 해 봐, 그녀가 너를 도와줄 수 없을지 몰라, 그렇지만 벌써 한동안 연락을 못했잖아 안부나 묻는 셈 치면 되지.
단어 ┃ 算(suàn) : 계산하다, 셈에 넣다, 치다
해설 ┃ "도와줄 수 없다"는 것은 불가능을 나타

내므로, 가능보어의 부정형태를 사용한
다. 가능보어의 부정형식은 "동사＋不＋
□" 형식이다. 또한 帮忙은 이합사이기
때문에 "帮不上我的忙" 형태가 된다.

11 해석 | 한 선생님께서 말하는 소리가 너무 작아
우리들은 또렷하게 들을 수 없다.
해설 | "또렷하게 들을 수 없다"는 것은 불가능
을 나타내므로, 가능보어의 부정형태를
사용한다. 가능보어의 부정형식은 "동사
＋不＋□" 형식이다.

12 해석 | 이제 베이징으로 갈 수 없게 되자 리쯔지
엔은 급해 바로 눈물을 흘려버렸다.
단어 | 眼看(yǎnkàn) : 이제, 순식간에
해설 | 정도보어 得는 문장에서 "동사/형용사＋
得＋~"의 형태가 된다.

13 해석 | 너는 중국어를 잘하고 글자도 아주 예쁘
게 잘 쓴다.
해설 | 정도보어 得 앞에는 반드시 동사 혹은
형용사가 와야 하며, 也는 得 바로 뒤에
온다.

14 해석 | 길가의 그 집은 이미 거주할 방법이 없을 정
도로 낡았고, 뜰에는 잡초들이 무성했다.
단어 | 栋(dòng) : 동, 채
破(pò) : 찢어지다, 낡다
长满(zhǎngmǎn) : 무성하게 자라다
杂草(zácǎo) : 잡초
해설 | 우선 정도보어 得는 동사 破 앞에 오며,
已经은 부사이기 때문에 동사 破 앞에 위
치해야 한다. 따라서 올바른 어순은 "~已
经破得~"순이 된다.

15 해석 | 그의 여자친구는 아주 예쁘다.
해설 | 极了는 그 자체로 "매우"·"아주"의 의
미를 담고 있기 때문에 很·太·非常
등의 단어와는 결합할 수 없다.

16 해석 | 여름에 산 정상에서 그림을 그리다 보니,
뜨거운 태양에 쬐여 그의 피부에는 물집
이 생겼다.
단어 | 写生(xiěshēng) : 사생하다
烈日(lièrì) : 강하게 내리 쬐는 태양
烤晒(kǎoshài) : 그을리다
起泡(qǐpào) : 거품이 일다, 물집이 생기다
해설 | 뒤의 문장에서 주어는 烈日이고, 동사는
烤晒이므로, 어순은 "烈日烤晒得~" 형
태가 된다.

17 해석 | 그는 기뻐서 하마터면 뛸 뻔 했다.
해설 | 우선 高兴은 형용사술어이기 때문에 得
앞에 온다. 부사 差点儿은 동사 跳를 수식
하고 있기 때문에 그 앞에 위치해야 한다.

18 해석 | 길에서 덥고 목도 말라, 바로 목이 몹시
말라 죽을 지경이었다.
단어 | 喉咙(hóulóng) : 목구멍
干渴(gānkě) : 목이 몹시 마르다
冒烟儿(màoyānr) : 연기가 나다, 죽을 지
경이다.
해설 | 뒤의 문장에서 주어는 喉咙이고, 동사는
干渴이므로, 어순은 "喉咙干渴得~"의
형태가 된다.

19 해석 | 겨우 일년간의 노력으로 큰 언니는 꼴이
말이 아니었고, 또한 많이 늙은 것 같아
예전과 완전히 딴 사람이 되었다.
단어 | 不成样子(bùchéngyàngzi) : 꼴이 말이
아니다
判若两人(pànruòliǎngrén) : 전혀 딴 사
람 같다
해설 | 이 문장에서 주어는 大姐이고, 瘦는 형용
사술어가 되므로, 어순은 "大姐就瘦得
~"의 형태가 된다.

20 해석 | 나는 이 일을 적어도 너에게 세 번 이상
일깨워 주었는데, 너 왜 또 잊어버렸니?
단어 | 至少(zhìshǎo) : 최소한, 적어도
해설 | 이 문장에서 목적어 你는 인칭대명사이
기 때문에 수량보어 三次는 你의 뒤에 위
치한다. 过는 동태조사이므로 동사 提醒
뒤에 위치한다.

21 해석 | 나는 이 소설을 두 번 본 적 있다.
해설 | 이 문장에서 목적어 这本小说는 앞으로
도치되었기 때문에 동사 看过 뒤에 수량
보어가 위치한다. 过는 동태조사로써, 동
사 看 뒤에 위치한다.

22 해석 | 그들은 결혼한 지 5년이 되었다.
해설 | 우선 부사 已经은 동사 结婚 앞에 와야
하고, 수량사는 五年은 동사 뒤에 위치
한다.

23 해석 | 샤오리앙은 방금 서점에 가서 책 몇 권을
샀다.
해설 | "책"은 일반목적어이기 때문에 수량보어
几本은 그 앞에 위치한다.

24 **해석ㅣ** 내가 기억하기로 8살 되던 그해, 나는 그
와 한 차례 다툼을 한 적이 있었다. 지금
생각해 보면 아주 우습게 느껴진다.

　　단어ㅣ 打架(dǎjià) : 싸움하다, 다투다

　　해설ㅣ 打架는 이합사이기 때문에 수량보어 一
次는 그 사이에 들어간다.

25 **해석ㅣ** 김미경은 중국에서 일 년 동안 중국어를
배웠다.

　　해설ㅣ 문장에서 汉语는 일반목적어이기 때문에
수량보어 一年은 汉语 앞에 위치한다.

26 **해석ㅣ** 어떻게 된 일인지 모르겠지만 여동생은
문에 들어오자마자 울었다, 우리가 그를
한참 동안 달랬지만 소용이 없었다.

　　단어ㅣ 劝(quàn) : 설득하다, 충고하다

　　해설ㅣ 목적어 她는 인칭대명사이기 때문에 수량
보어 半天은 반드시 她 뒤에 와야 한다.

27 **해석ㅣ** 우리 오늘 하루 종일 널 찾았다, 너는 오

늘 중요한 회의가 있다는 것을 잊었는가?

　　해설ㅣ 목적어 你는 인칭대명사이기 때문에 수
량보어 一整天은 반드시 동사 你 뒤에
와야 한다.

28 **해석ㅣ** 매일 저녁 나는 30분간만 TV를 본다.

　　해설ㅣ 목적어 电视는 일반목적어이기 때문
에 수량보어 半个小时는 电视 앞에
위치한다.

29 **해석ㅣ** 어제 저녁 너무 늦게 돌아와서 나는 두 시
간 밖에 자지 못했다.

　　해설ㅣ 睡觉는 이합사이기 때문에 수량보어
两个小时는 睡觉 사이 즉, "睡两个小
时觉"의 형태가 된다.

30 **해석ㅣ** 어제 나는 아무데도 가지 않았다, 나 자신
을 집에 가둬 놓고 하루 종일 책을 봤다.

　　해설ㅣ 목적어 书는 일반목적어이므로, 수량보
어 一整天은 书 앞에 위치한다.

08 능원동사

능원동사의 특징 : 동사 앞에서 가능·허가·바람·필요·허가 등을 나타내는 역할을 한다.

중점사항 : 능원동사의 위치 / 개별 능원동사의 용법

1 | 능원동사의 위치

1 주어+능원동사+동사

我明天**能**去上课。 나는 내일 수업에 갈 수 있다.

金小姐**想**学习汉语。 미스 김은 중국어를 배우고 싶어 한다.

예제 : A 也许 B 明天 C 他 D 来。
　　　　　　　　　　会

해설 | 조동사는 동사 앞에 위치한다. 이 문장에서 会는 조동사이므로 동사 来 앞에 위치한다.
해석 | 아마 그는 내일 올 것이다.
정답 | D

2 주어+능원동사+전치사구+동사

我**能**跟你谈谈吗? 너와 얘기 좀 할 수 있겠니?

我们**应该**在足球场踢球。 우리들은 축구장에서 축구를 해야 한다.

예제 : A 大家 B 在 C 这儿 D 看电视。
　　　　　　　　　可以

해설 | 可以는 조동사로써 전치사구 앞에 위치한다. 이 문장에서 "在这儿"은 전치사구이므로 "可以"는 그 앞에 위치한다.
해석 | 사람들은 이곳에서 TV를 볼 수 있다.
정답 | B

3 주어+부사+능원동사+동사

小金常常**得**去中国出差。 샤오진은 자주 중국에 출장을 가야 한다.

不听老人的话，早晚**得**吃亏。 어르신의 말을 듣지 않으면 조만간에 손해 볼 것이다.

太晚了，我估计他不**会**来了。 너무 늦었어, 나는 그가 오지 않을 거라고 생각해.

4 **주어＋능원동사＋동사1＋목적어1＋동사2＋목적어2 (연동문)**
주어＋능원동사＋동사1＋겸어＋동사2＋목적어 (겸어문)

我想去电影院看电影。 나는 영화관에 가서 영화를 보려고 한다. (연동문)

我要请他来我这儿吃饭。
나는 그를 청해 나 있는 곳에 와서 밥을 먹도록 하려 한다. (겸어문)

2 | 주요 능원동사

01 会

~을 할 수 있다 (학습을 통해 익힌 능력), ~일 것이다 (추측), ~에 뛰
어나다

我会说汉语。 나는 중국어를 할 수 있다.
今天晚上他一定会来的。 오늘 저녁 그는 반드시 올 것이다.

02 能

할 수 있다 (능력), ~에 능하다 (很 · 最 · 真… +), ~해도 된다 (허가)

这儿能照相吗? 이곳에서 사진을 찍을 수 있습니까?
金先生能说一口流利的汉语。
김 선생님은 중국어를 유창하게 구사할 수 있다.

03 可以

~을 할 수 있다 (주관 · 객관적 허가 하에 할 수 있음), ~해도 된다
(허가)

这儿可以抽烟吗? 이곳에서 담배를 피울 수 있습니까?
这本书我下个星期可以看完。 나는 이 책을 다음 주까지 다 볼 수 있다.

04 可 ~해도 된다(가능 혹은 허가), ~할 가치가 있다 / ~할 만하다

在公共场所不**可**随地吐痰。

공공장소에서 마음대로 침을 뱉어서는 안 된다.

这本书没有什么**可**看的内容。(= 值得)

이 책은 어떤 볼만한 내용이 없다.

〈 "可"의 용법 〉

- 甼 매우, 아주

  他这个人**可**聪明了。 그 사람은 아주 총명하다.

- 젭 그러나

  人家天天盼着你早点儿回来，**可**一等就是半年。

  나는 날마다 당신이 일찍 돌아오기만을 간절히 바랐는데 반 년이나 기다렸어.

---

05 想 ~하고 싶다, ~할 생각이다

我**想**去中国留学，可妈妈一直不同意。

나는 중국 유학 가고 싶지만 엄마가 줄곧 동의하지 않으신다.

张东**想**问老师一个问题，可有点儿不好意思开口。

쟝동은 선생님에게 문제 하나를 묻고 싶었지만 입을 열기가 좀 부끄러웠다.

06 要 ~하려고 한다, ~해야 한다

每天一大早，爷爷都**要**出去运动运动。

매일 이른 아침 할아버지는 나가서 운동을 하려 하신다.

这孩子闹着**要**吃西瓜，大冬天的，上哪儿买呀?

이 아이는 수박을 먹으려고 소란을 피우는데, 이 한 겨울에 어디 가서 사나?

吃饭之前**要**先洗手。 밥 먹기 전에는 먼저 손을 씻어야 한다.

所有的题目都做完以后，**要**认真检查一下儿。

모든 제목을 정한 뒤 진지하게 한번 조사를 해봐야 한다.

07 愿意 ~하기를 바라다, ~하기를 원하다

我**愿意**跟你们一起吃饭。 나는 너희들과 같이 밥 먹고 싶다.

星期六晚上他**愿意**找朋友们玩玩。

토요일 저녁 그는 친구를 찾아 좀 놀고 싶어 한다.

08 肯 기꺼이 ~하다

在学习方面，小李是**肯**下功夫的。

학습 방면에 샤오리는 기꺼이 노력을 하려 한다.

我问了好几次，他还是不**肯**告诉我。(= 愿意)

내가 몇 차례 물어도 그는 나에게 알려주려 하지 않는다.

09 敢 감히 ~하다

他不**敢**不答应大家的要求。

그는 사람들의 요구를 감히 수락하지 않을 수 없었다.

我**敢**说他一定会来参加比赛。
내가 감히 말하건대 그는 경기에 참여하러 반드시 올 것이다.

10 得　～해야 한다, ～임에 틀림없다

快要期末考试了, 我们**得**抓紧时间复习了。
곧 기말시험이다, 우리들은 시간을 다잡아 복습해야 한다.

这么晚才到校, 老师准**得**批评你。
이렇게 늦게 학교 오면 선생님께서 분명히 널 야단치실 거야.

> 〈"得"의 용법〉
>
> • 동 얻다 (dé)
> 　今年冬天, 我**得**过几次感冒。
> 　올해 겨울 나는 몇 차례 감기 걸린 적이 있다.
>
> • 조 ～한 정도 (de)
> 　衣服洗**得**很干净。옷을 아주 깨끗하게 씻었다.

11 应该(应当·该)　마땅히 ～해야 한다(도리) / 마땅히(응당)～일 것이다(짐작)

你们**应该**努力学习。너희들은 열심히 공부해야 한다.
这是新买的洗衣机, **应当**不会坏的。
이것은 새로 산 세탁기라서 고장 나지 않을 거야.

> 〈"该"의 용법〉
>
> • 부 추측 (가정문에서 사용)
> 　他能来**该**有多好啊! 그가 올 수 있다면 얼마나 좋을까!
> 　如果你不去, 他**该**生气了。만약 네가 가지 않는다면 그는 화를 낼 것이다.
>
> • 대 이, 그, 저
> 　**该**校是所重点学校。이 학교는 중점학교이다.

12 值得　～할 만한 가치가 있다

这本书**值得**一读。이 책은 한번 읽을만 한 가치가 있다.
这件衣服很便宜, **值得**买。이 옷은 아주 싸서 살만하다.

13 必须　반드시 ～해야 한다.(부정은 不必)

学生**必须**带学生证。학생들은 반드시 학생증을 가지고 다녀야 한다.
你**必须**把事实说清楚。너는 반드시 사실을 분명하게 말해야 한다.

▶ 주의　능원동사는 보통 不로 부정을 하나 能만은 不와 没로 부정을 할 수 있다.

这儿**不能**游泳。이곳에서는 수영을 할 수 없다.
昨天他病了, **没能**来上课。어제 그는 몸이 아파 수업에 올 수 없었다.

1_ 小李，我＿＿＿＿你的自行车吗?

    A. 用   B. 要用   C. 会用   D. 能用

해설 | 상대방에게 허가나 동의를 구할 때에는 能과 可以를 사용할 수 있다. 要·会는 가능성과 계획을 나타내므로 답이 될 수 없다.

해석 | 샤오리, 네 자전거 쓸 수 있니?

정답 | D

2_ 商店里的服务员对待顾客＿＿＿＿热情一点。

    A. 会   B. 愿   C. 可以   D. 应该

해설 | 应该는 "도리상 마땅히 ∼해야 한다"는 의미를 담고 있다. 이 문장에서 종업원은 손님에게 마땅히 친절해야 하는 것을 의미함으로 应该가 와야 한다.

단어 | 对待(duìdài) 접대하다, 대처하다, 대응하다

해석 | 상점의 종업원들은 손님들에게 마땅히 친절해야 한다.

정답 | D

3_ 陈厂长 A 说这回的任务 B 我们 C 在15号以前完成，D 不能拖延。

必须

해설 | 조동사는 문장에서 동사 앞에 위치하는데 전치사구가 있을 경우에는 전치사구 앞에 놓인다. 이 문장에서 전치사구는 "在15号以前"이므로 조동사 必须는 그 앞에 위치한다. 앞의 说도 동사라서 必须가 위치할 수 있으나 문장의 의미상 맞지 않는다.

단어 | 拖延(tuōyán) 끌다, 연기하다, 지체하다

해석 | 천 공장장은 이번 임무를 우리가 15일 이전에 반드시 완성해야 하며, 지체해서는 안 된다고 말했다.

정답 | C

1 星期天 A 去 B 图书馆 C 借书 D 吗?
　　　　　能

2 北京的冬天 A 很冷，B 出去不 C 穿大衣就 D 感冒。
　　　　　会

3 20分钟他 A 应该 B 赶到，他的家 C 离这儿不 D 远。
　　　　　能

4 时间 A 到了，我 B 去 C 坐班车 D 回家了。
　　　　　得

5 明天早晨 A 我 B 把 C 准备好的材料 D 拿出来的。
　　　　　会

6 A 放了假 B，你们就 C 去 D 旅行了。
　　　　　可以

7 A 你 B 把自己的想法 C 告诉 D 大家。
　　　　　应该

8 A 我下班后 B 常常去的那个商场，C 买的东西 D 很多。
　　　　　可

9 农村人 A 喜欢 B 城市的生活，但是他们不 C 离开 D 家乡。
　　　　　愿意

10 从我家到邮局很远，A 骑自行车 B 大概 C 骑 D 50多分钟。
　　　　　要

11 老师说 A 留学生 B 多和中国人 C 练习说话 D，不多说是学不好汉语的。
　　　　　应该

12 老师要求这篇作文星期一就______交上来。

    A. 想   B. 得   C. 会   D. 愿

13 天色不好, 也许______下雨的, 快回家吧。

    A. 会   B. 能   C. 可以   D. 愿

14 这本小说你______借给我看一个星期吗?

    A. 需要   B. 可以   C. 应该   D. 必须

15 既然专家都说是真的, 那______没有什么问题。

    A. 必须   B. 可以   C. 能够   D. 应该

16 由于他的病治得及时, 恢复得比较快, 现在基本上______说话了。

    A. 能   B. 想   C. 会   D. 敢

17 小王每天放了学在外头玩得精疲力尽了才______回家。

    A. 能   B. 可   C. 肯   D. 就

18 今天作业太多, 晚会我______参加了。

    A. 不可以   B. 不能   C. 不要   D. 不应该

19 他______迷路了?

    A. 要不要   B. 会不会   C. 可能不   D. 可以不

20 他们以前是同班同学, 见了面不______不认识的。

    A. 得   B. 可以   C. 能   D. 会

21 在北京买一套住房至少______花三十万元。

    A. 该   B. 会   C. 要   D. 能

22 你既然______学, 我就一定教你。

    A. 能   B. 会   C. 愿意   D. 怕

정답과 해설

1 A	**2** D	**3** B	**4** B	**5** B	**6** C
7 B	**8** C	**9** C	**10** C	**11** B	**12** B
13 A	**14** B	**15** D	**16** A	**17** C	**18** B
19 B	**20** D	**21** C	**22** C		

1 　해석 | 일요일 도서관에 가서 책을 빌릴 수 있습니까?
　해설 | 이 문장은 동사 去와 借가 함께 나오는 연동문이다. 연문동에서 조동사는 첫 번째 동사 앞에 위치한다.

2 　해석 | 베이징의 겨울은 매우 추워서, 외출할 때 외투를 입지 않으면 감기에 걸린다.
　해설 | 이 문장에서 동사는 感冒이므로 조동사 会는 그 앞에 위치한다. 이때 会의 의미는 "~일 것이다"라는 추측을 나타낸다.

3 　해석 | 20분이면 그는 시간에 맞출 수 있어, 그의 집은 이곳에서 멀지 않잖아.
　해설 | 조동사는 동사 앞에 위치한다. 본 문장에서 동사는 赶到이므로, 能은 그 앞에 위치한다.

4 　해석 | 시간이 되어, 우리는 통근차를 타고 귀가해야 했다.
　해설 | 연문동에서 조동사는 첫 번째 동사 앞에 위치한다.

5 　해석 | 내일 새벽 나는 준비한 자료를 가지고 올 것이다.
　해설 | 전치사구가 있는 문장에서 조동사는 전치사 앞에 위치한다. 이 문장에서 전치사구는 "把准备好的材料"이므로 会는 把 앞에 위치한다.

6 　해석 | 방학을 하면 너희들은 여행 갈 수 있다.
　해설 | 연문동에서 조동사는 첫 번째 동사 앞에 위치한다.

7 　해석 | 너는 자신의 생각을 사람들에게 알려야 한다.
　해설 | 전치사구가 있는 문장에서 조동사는 전치사 앞에 위치한다. 이 문장에서 전치사구는 "把自己的想法"이므로 应该는 把 앞에 위치한다.

8 　해석 | 내가 퇴근 후에 자주 가는 그 상점에는 살 만한 물건이 아주 많다.
　해설 | "可"는 "~할 만하다"는 의미이고, "可买的东西"라고 하면 "살만한 물건" 혹은 "살 가치가 있는 물건"이라는 의미가 된다.

9 　해석 | 농촌 사람들은 도시의 생활을 좋아하지만 그들은 고향을 떠나길 원치 않는다.
　해설 | 조동사는 동사 앞에 위치한다. 본 문장에서 동사는 离开이므로, 愿意는 바로 그 앞에 위치 한다.

10 　해석 | 우리 집에서 우체국까지는 아주 멀어, 대략 50여 분 자전거를 타야 한다.
　해설 | 조동사는 동사 앞에 위치한다. 본 문장에서 동사는 骑이므로, 要는 그 앞에 위치 한다.

11 　해석 | 선생님께서는 유학생들은 중국인과 말하는 연습을 많이 해야 하고 많이 말하지 않으면 중국어를 잘 배울 수 없다고 말씀하셨다.
　해설 | 전치사구가 있는 문장에서 조동사는 전치사 앞에 위치한다. 이 문장에서 전치사구는 "多和中国人"이므로 要는 多和 앞에 위치한다.

12 　해석 | 선생님은 이 작문 숙제를 월요일에 내야 한다고 요구하셨다.
　해설 | 문장에서 작문을 월요일 반드시 내라고 했으므로 得를 사용한다.

13 　해석 | 날씨가 좋지 않아, 비가 올 것 같으니 빨리 돌아가자.
　해설 | 문장의 의미상 추측을 나타내므로 会를 사용한다.

14 해석 | 이 소설 너 나에게 일주일간 빌려 줄 수
있겠니?

해설 | 정중하게 허락을 구하는 것이므로, 可以
를 사용한다.

15 해석 | 전문가들도 사실이라고 말한 이상 그럼
어떤 문제가 없을 거야.

해설 | 마땅히 어떤 문제가 없음을 나타내므로,
应该를 사용한다. 能够는 "충분히~할
수 있다."라는 의미이다.

16 해석 | 그는 병을 제때에 치료했기 때문에 아주
빨리 회복되었다. 지금은 기본적으로 말
을 할 수 있다.

단어 | 及时(jíshí) : 제때에, 적시에
恢复(huīfù) : 회복하다

해설 | 병에서 회복되어 말할 수 있게 된 것이므
로, 能을 사용한다.

17 해석 | 샤오왕은 매일 방과 후에 밖에서 기진맥
진할 때까지 놀다가 돌아오려고 한다.

단어 | 外头(wàitou) : 밖, 바깥
精疲力尽(jīngpílìjìn) : 기진맥진하다

해설 | "~하고 돌아오려고 한다"고 했으므로,
肯을 사용한다.

18 해석 | 오늘 숙제 너무 많아서 저녁 모임에 참가
할 수 없다.

해설 | 참가할 수 없음을 나타내므로, 不能을 사
용한다.

19 해석 | 그가 길을 잃어버리지 않을까?

단어 | 迷路(mílù) : 길을 잃어버리다

해설 | 문장의 의미상 추측을 나타내므로, 会를
사용한다.

20 해석 | 그들은 이전에 같은 반 학우여서, 만나면
모르진 않을 것이다.

해설 | 문장의 의미상 추측을 나타내므로, 会를
사용한다.

21 해석 | 베이징에서 집 한 채 사려면 적어도 인민
폐 30만 원은 써야 한다.

해설 | "~해야 한다"라고 했으므로, 要를 사용
한다.

22 해석 | 네가 이왕 배우길 원한 이상 나는 너를 반
드시 가르치겠다.

해설 | "배우길 원했다"라고 했으므로, 愿意를
사용한다.

# 대명사

대명사의 특징 : 다른 것을 가리키거나 대신 지칭하는 역할을 하는 품사이다. 대명사에는 "인칭대명사" · "지시대명사" · "의문대명사" 등이 있다.

중점사항 : 대명사의 종류와 위치 / 혼동되는 대명사 구별 / 대명사 관련 관용표현

1 | 인칭대명사

1 종류

我 · 我们 · 咱们 · 你 · 你们 · 自己 · 他 · 他们 · 人家 · 她 · 她们 · 别人 · 它 · 它们

2 용법

(1) 我们과 咱们의 차이

01 我们 말하는 사람만 가리킬 뿐 듣는 사람은 포함하지 않는다.

A: 昨天你和小明去哪儿了? 어제 너는 샤오밍과 어디 갔었니?
B: <u>我们</u>去东大门市场了。 우리 동대문시장에 갔어.

02 咱们 말하는 사람과 듣는 사람을 모두 포함

A: 今天吃什么? 오늘 뭘 먹지?
B: <u>咱们</u>吃炸酱面吧。 우리 자장면 먹자.

(2) 人家의 용법

01 남(다른 사람)

<u>人家</u>的东西别随便动。 다른 사람의 물건에 함부로 손을 대서는 안 된다.

02 그 사람(人家＋이름)

你看<u>人家</u>小许多聪明。 내가 보기에 그 샤오쉬 아주 총명해.

人家等了你半天了，你怎么才回来呢?
나는 너를 한참 동안 기다렸어, 너 왜 이제야 돌아오니?

예제

张华，我和小红去看电影了，你们先休息，不要等＿＿＿＿了。

A. 咱们　　　　B. 我们　　　　C. 别人　　　　D. 人家

해설 | 이곳에서는 문맥상 "우리"라는 말이 들어가야 한다. 따라서 우선 咱们과 我们을 고려해볼 수 있다.
그런데 이곳에서는 "나와 샤오훙"만 가리키므로 我们이 들어가야 한다.
해석 | 장화야, 나 샤오훙하고 영화 보러 간다, 너희들 먼저 쉬어, 우릴 기다리지 마.
정답 | B

2 | 지시대명사

1 종류

- **这**　이, 이것

  这是什么?　이것은 무엇입니까?

- **那**　저, 저것

  那是什么水果?　저것은 무슨 과일입니까?

- **这里 / 这儿**　이곳, 여기

  咱们在这儿休息一会儿。　우리 이곳에서 조금 쉬자.

- **那里 / 那儿**　그곳, 저기

  同学们都去老师那儿了。　학우들 모두 선생님이 계시는 그곳에 갔다.

- **这些**　이들, 이것들

  这些书是我买的。　이 책들은 내가 산 것이다.

- **那些**　저들, 저것들

  那些小说是我借来的。　저 소설책들은 내가 빌려 온 것이다.

- **这么**　이렇게

  今天怎么来得这么晚?　오늘 왜 이렇게 늦게 온 거야?

- **那么**　저렇게, 그렇게

  哈尔滨的夏天没有南京那么热。　하얼빈의 여름은 난징만큼 그렇게 덥지 않다.

- 这样 **이렇게, 이런**

  她说她就喜欢你<u>这样</u>的人。 그녀는 너 이런 사람을 좋아한다고 말했다.

- 那样 **저렇게, 저런**

  父母<u>那样</u>做也是为了你好呀。 부모님께서 저렇게 하시는 것도 널 위해서잖아.

- 这会儿 **이때, 지금**

  早晨有点儿不舒服, <u>这会儿</u>好多了。 새벽에 조금 불편했는데 지금은 많이 좋아졌어.

- 那会儿 **그때**

  我上大学<u>那会儿</u>特别瘦。 내가 대학 다니던 그때에는 특히나 말랐다.

2 | 지시대명사의 위치 : 这(那)+(숫자)+양사+명사

<u>这</u>件事好办。 이 일은 처리하기 쉽다.
<u>那</u>三个人都是韩国人。 그 세 사람은 모두 한국인이다.
<u>这</u>台电视机是日本产的。 이 TV는 일본 제품이다.

예제 : A 高考 B 三天, C 所有的家长也 D 陪着孩子们紧张了三天。

这

해설 | 这는 지시대명사로 문장에서 위치는 수사 혹은 양사 앞에 위치한다. 이 문장에서 三이 수사이
므로 지시대명사 这는 三 앞에 위치한다.
단어 | 高考(gāokǎo) 대학입학시험 | 陪(péi) 모시다, 동반하다, 수행하다
해석 | 대학입학시험을 보는 이 3일 동안 모든 가장들도 아들과 함께 3일 동안 긴장한다.
정답 | B

3 | 의문대명사

1 종류

- 谁 **누구**

  <u>谁</u>看见我的词典了? 누가 내 사전 봤니?

- 什么 **무엇**

  这是<u>什么</u>? 이것은 무엇입니까?

- 几 **몇(10미만의 수를 헤아릴 때)**

  你家有<u>几</u>口人? 식구가 몇 명입니까?

- 多少　몇(10이상의 수를 헤아릴 때), 얼마

  这所大学有多少(个)学生? 이 학교에는 몇 명의 학생이 있습니까?

- 哪　어느, 어디~하겠는가? (반문형식)

  你看哪本书容易一些。 너 어느 책이 좀더 쉬운가 봐.
  我哪有那么聪明! 내가 어디 그렇게 총명하다고!

- 怎么　어떻게, 왜 / 어떻게~하겠는가? (반문형식)

  请问, 去天安门怎么走? 실례합니다만 천안문 어떻게 갑니까?
  我怎么能这样干呢? 내가 어떻게 이렇게 하겠는가?

- 怎样　어떻게, 어떠하다

  请告诉我他是怎样的一个人? 그가 어떤 사람인지 저에게 알려주세요.

- 怎么样　어때?

  明天一起看去电影, 怎么样? 내일 같이 영화 보러 가는 게 어때?

- 为什么　왜

  你们为什么还不走呢? 너희들은 왜 아직도 가지 않느냐?

- 哪里 / 哪儿　어디(장소), 어디~했나 (반문형식)

  哪儿能买到中国地图? 중국지도 어디에서 살 수 있습니까?
  我哪儿知道这件事呀! 내가 어디 이 일을 알고 있겠는가!

- 什么时候　언제

  你什么时候去买都可以。 너는 언제라도 가서 사면 된다.

- 多会儿　언제

  你多会儿跟我说过? 너가 언제 나에게 말한 적이 있었니?

2　의문대명사 + 전치사구 + 동사 (전치구가 있을 경우)

我哪里跟他一样呢? 내가 어디 그와 같겠어?
我不知道该怎么跟他解释。 나는 그에게 어떻게 설명해야 좋을지 모르겠다.

예제：事情 A 还没办成, 我 B 不知道该 C 向顶头上司 D 汇报。

怎么

해설 | 怎么는 의문대명사로 전치사구가 있을 경우 그 앞에 위치한다. 이 문장에서 向顶头上司는 전치사구이므로, 怎么는 그 앞에 위치한다.

단어 | 顶头上司(dǐngtóushàngsi) 직속상사 | 汇报(huìbào) 상급자 혹은 대중에게 보고하다

해석 | 일이 아직 처리되지 않아서, 나는 직속상사에게 어떻게 보고해야 할지 모르겠다.

정답 | C

(1) "谁" 관련 표현

01 谁知道……   ~할 줄 누가 알았겠는가, 생각지도 않게

我以为他还没下来呢，等了他半天，谁知道他早回家了。

나는 그가 아직 안 내려왔을 거라고 생각해서 그를 한참 동안 기다렸는데, 그가 일찌감치 집에 갔을 줄 누가 알았겠는가.

02 谁都(也)……   누구도 ~하다

我们班谁都喜欢她。 우리 반에 누구도 그녀를 좋아한다.

谁也不能在这儿抽烟。 누구도 이곳에서 담배를 피울 수 없다.

03 谁说……   ~하다고 누가 말했는가(반문의 어기를 나타냄)

谁说他病了，刚才他还在这儿聊天呢。

누가 말했나 그가 아프다고, 방금 그는 이곳에서 한담을 했는데도 말이야.

예제

我到教室的时候已经八点了，______教室里一个人也没有。

  A. 谁知道   B. 看不见   C. 就知道   D. 看得见

해설 | 화자 입장에서 교실 안에 아무도 없다는 것은 뜻밖의 일이므로, 谁知道를 사용한다. 看不见은 "볼 수 없다", 看得见은 "볼 수 있다"는 의미로 전자는 가능보어의 부정형식, 후자는 가능보어의 긍정형식이다.

해석 | 내가 교실에 도착했을 때 이미 8시였다, 교실 안에 한 사람도 없을 줄은 생각지도 못했다.

정답 | A

---

(2) "什么"·"怎么"·"哪儿"·"哪里" 관련 표현

01 의문대명사 + 都(也)

他什么困难都不怕。 그는 어떤 어려움도 두려워하지 않는다.

我怎么解释他都不相信。 내가 어떻게 설명해도 그는 믿지 않는다.

02 주어 + 怎么 / 哪儿 / 哪里 + 동사 (반문의 어기를 나타냄)

我哪儿知道！ 내가 어디 알겠어!

房间这么暗，你<u>怎么</u>不开灯。 방이 이렇게 어두운데, 너 어떻게 등을 켜지 않니?
<u>哪里</u>是苹果，这明明是梨嘛。 어디가 사과야, 이건 분명히 배야!

03 ① 不怎么 + 동사／형용사 = 不太(그다지)

我<u>不怎么</u>相信他。 나는 그를 그렇게 믿지 않는다.
最近天气好像<u>不怎么</u>冷。 최근에 날씨가 그렇게 춥지 않은 것 같다.

② 不怎么 + 동사 = 不经常 (가끔)

我<u>不怎么</u>来这儿。 나는 이곳에 그렇게 자주 오지 않는다.
她在办公室<u>不怎么</u>说话。 그녀는 사무실에서 자주 말을 많이 하지 않는다.

③ 不怎么样 = 不好 = 不怎么着 (안 좋다)

他们的关系<u>不怎么样</u>。 그들 관계는 별로다.
昨天的电影<u>不怎么样</u>。 어제 영화는 별로다.

④ 怎么了 = 怎么回事(어떻게 된 거니?)

他<u>怎么了</u>? 그는 어떻게 된 거니?

⑤ 怎么 = 为什么

你昨天<u>怎么</u>没来? 너 어제 왜 안 왔어?

⑥ 怎么～也 (아무리～해도)

<u>怎么</u>找<u>也</u>找不着。 아무리 찾아도 찾을 수 없다.
我<u>怎么</u>劝他<u>也</u>不听，还是你去吧。
내가 아무리 설득해도 그는 듣지 않으니, 네가 가봐.

(3) ～의문사 (谁·什么·怎么·哪里…)～就～의문사 (谁·什么·怎么·哪里…)

<u>谁</u>会<u>谁</u>就先回答。 누가 할 줄 알면 누가 먼저 대답한다.
你想吃<u>什么</u>就买<u>什么</u>。 네가 먹고 싶은 것 사라.

(4) 怎样＋的＋수사＋양사＋명사 (수사가 "一"일 때 "的" 생략 가능)

他是<u>怎样</u>(的)一个人? 그는 어떤 사람인가?
那是<u>怎样</u>(的)一部电影? 그것은 어떤 영화인가?

1_ 她给我做＿＿＿＿，我就吃＿＿＿＿。

    A. 怎么, 怎么　　　　　　　　B. 什么, 什么
    C. 哪里, 哪里　　　　　　　　D. 哪种, 哪种

해설 | 문장의 의미상 "무엇을 하면 무엇을 먹는다"는 의미이므로, 什么가 와야 한다.
해석 | 나는 그녀가 해주는 대로 먹는다.
정답 | B

2_ 这样做我觉得不＿＿＿＿好。

    A. 这么　　　　B. 什么　　　　C. 怎么　　　　D. 怎样

해설 | "不怎么…"는 "별로 …하다"라는 의미이다.
해석 | 나는 이렇게 하는 것이 별로 좋지 않다고 생각한다.
정답 | C

4 | 기타의 대명사

1 종류

- **各** 각, 각각, 갖가지

  他们三个人**各**有优点。 그들 세 사람은 각기 장점이 있다.

- **每** 매, ～마다

  每个班表演一个节目。 반마다 하나의 프로그램을 공연한다.
  我**每**说一句话, 他都要记下来。 내가 한 마디 할 때마다 그는 적으려고 한다.

- **本** 본, 자기 쪽의

  本校定于三月一日开学。 본 교는 3월 1일에 개교하기로 정했다.

- **该** 이, 그

  该产品物美价廉。 이 생산품은 품질도 좋고 가격도 저렴하다.

- **某** 모, 어떤

  他说把东西交给**某**位同志了。 그는 어떤 사람에게 물건을 전했다고 말했다.

- **有的** 어떤 것, 어떤 사람

  这个主意**有的**赞成, **有的**反对。
  이 생각에 대해 어떤 사람은 찬성하고 어떤 사람은 반대했다.

- **所有** 모든

这个意见并不是<u>所有</u>的人都同意的。
이 의견에 대해 <u>모든</u> 사람들이 결코 동의하는 것은 아니다.

- **彼此** 피차

他们也没有问<u>彼此</u>的名字。 그들도 <u>피차</u>간의 이름을 물어보지 않았다.

- **各自** 각자

开完会我们就<u>各自</u>回家了。 회의를 마치고 우리는 <u>각자</u> 집으로 돌아갔다.

- **如何** 어떻게, 왜, 어째서

家里的情况<u>如何</u>? 집안 사정 <u>어때</u>?

- **任何** 어떠한~라도

他在我心中没有留下<u>任何</u>印象。 그는 내 마음속에 <u>어떤</u> 인상도 남아있지 않다.

2 용법

(1) "各"와 "每"의 차이

01 各 + (양사) + 명사 : 각(개체의 차별성)

各国 각국 / 各人 개인 / 各地 각지 / 各位家长 각 가장 /
各种问题 각종 문제

02 每 + (一) + 양사 + 명사 : 매, ~마다(전체의 공통성)

每个班 반마다 / 每一个人 한 사람마다 / 每个学生 학생마다 /
每个学校 학교마다

▶ **주의** 양사성 명사(人・年・月・日・天・小时・分钟・星期・周 등) 앞에는 양사를 사용하지 않는다. 每人/每年/每月/每星期/每周 등

예제

老师在春游时, 把全班同学分成三组, _____组_____十个人。

A. 每, 各   B. 本, 每   C. 各, 每   D. 该, 各

해설 | 组는 몇 명이 이루어진 것이므로 전체를 강조하는 개념이므로 每组가 되고, 十个人은 한 사람 한 사람 개체를 강조하므로 各十个人이 되어야 한다.
단어 | 春游(chūnyóu) 봄놀이, 봄 소풍
해석 | 선생님께서는 봄 소풍 때 전체 반 학우들을 세 개 조에 매조 각 열 명씩으로 나누셨다.
정답 | A

(2) "本"과 "该"의 차이

01 本(본·우리·지금)

本人 본인 / 本公司 본 회사 / 本月 이번 달

02 该(그·이·저)

该公司 이 회사 / 该书 이 책 / 该国 이 나라

_____ 塔建于公元1300年。

   A. 每   B. 本   C. 各   D. 该

해설 | 문장의 의미상 탑을 가리키는 지시 대명사가 필요하다. 보기 중에 该에 "이" 혹은 "저"라는 의미가 있어 지시대명사의 역할을 한다.

단어 | 塔(tǎ) 탑 | 建于(jiànyú) ~에 지어졌다

해석 | 이 탑은 서기 1300년에 만들어졌다.

정답 | D

(3) "如何"와 "任何"의 차이

01 如何   怎么(어떻게), 怎么样(어때)의 의미

你初次到中国, 感觉如何? 처음으로 중국에 오셨는데 느낌이 어떠세요?
我真不知道如何解决这个问题。
나는 정말 이 문제를 어떻게 해결해야 할지 모르겠다.

02 任何   "어떠한"의 의미로, "都" 혹은 "也"와 함께 사용

他对任何事都很认真。 그는 어떤 일에 대해서도 아주 진지하다.
任何民族都有自己的传统风俗。
어떤 민족이라도 자신의 전통 풍속을 갖고 있다.

随着环境的 A 变动, B 人在 C 每一个阶段中都会有不同的 D 朋友。

任何

해설 | 任何는 뒤에 보통 명사가 나오며 都나 也가 뒤에 호응한다. 이 문장에서 人은 명사이고 뒤에 都가 호응하고 있기 때문에 任何는 人 앞에 위치해야 한다. 朋友 역시 명사이나 의미상 통하지 않는다.

단어 | 变动(biàndòng) 변동하다, 이동하다 | 阶段(jiēduàn) 단계, 계단

해석 | 환경이 변화함에 따라 어떠한 사람이라도 매 단계마다 다른 친구가 있을 것이다.

정답 | B

1 A 生病 B 段时间，C 可把 D 父母给忙坏了。
　　　　　　这

2 这次去中国 A 出差，大概 B 得去 C 五六天 D。
　　　　　　那么

3 你见他 A 好好 B 上过 C 一天课 D？
　　　　　　多会儿

4 A 李刚下海后发 B 啦! 看不起 C 我们这帮 D 穷哥们儿了! 真是!
　　　　　　人家

5 我觉得你 A 讲 B 普通话 C 没有他 D 好。
　　　　　　那么

6 A 真 B 是一个热心肠的人呀! C 对 D 都那么热情。
　　　　　　谁

7 谁能说清楚 A 他父亲 B 是 C 一个 D 人。
　　　　　　怎样

8 后来 A 大家见面时，B 都互相 C 询问分离 D 后的情况。
　　　　　　彼此

9 你叔叔 A 这个人，B 一定是在市场上又遇到了 C 人，D 聊起来了。
　　　　　　什么

10 A 刚开始学汉语的时候，老师 B 发音 C，我们 D 也应该怎么发音。
　　　　　　怎么

11 重要的不是 A 学了多少，而是 B 把 C 学过的内容全 D 都记住。
　　　　　　怎样

12 时间太紧了，我______做也做不完。

    A. 怎样　　　　　B. 怎么　　　　　C. 无论　　　　　D. 哪怕

13 那首流行歌曲虽然有名，其实______好听。

    A. 怎么　　　　　B. 不怎么　　　　C. 没怎么　　　　D. 什么

14 这是本市最大的医院，______医院拥有全国最先进的医疗设备。

    A. 该　　　　　　B. 贵　　　　　　C. 本　　　　　　D. 其

15 我______人不同意他的做法，我保留自己的意见。

    A. 该　　　　　　B. 本　　　　　　C. 每　　　　　　D. 这

16 认识这么多年了，你还不了解我吗？我______干过这种缺德事儿？

    A. 多会儿　　　　B. 一会儿　　　　C. 那会儿　　　　D. 过会儿

17 学校要求______个班表演三个节目。

    A. 各　　　　　　B. 个　　　　　　C. 每　　　　　　D. 全

18 当年住在一起的三个好朋友，现在______有了属于自己的家。

    A. 彼此　　　　　B. 各自　　　　　C. 互相　　　　　D. 人家

19 去年她住院______都由侄媳妇照顾她，儿女都没了影儿。

    A. 那会儿　　　　B. 这会儿　　　　C. 一会儿　　　　D. 过会儿

20 这是大家送给你的，你想______吃就______吃，没人说什么。

    A. 谁，谁　　　　B. 怎么，怎么　　C. 什么，什么　　D. 多少，多少

21 他想得倒简单____________。

    A. 事情哪有好办那么　　　　　　B. 事情好办哪有那么
    C. 事情哪有那么好办　　　　　　D. 哪有那么好办事情

정답과 해설

1 B	2 C	3 A	4 A	5 D	6 D
7 C	8 B	9 C	10 B	11 B	12 B
13 B	14 A	15 B	16 A	17 C	18 B
19 A	20 B	21 C			

1 해석 | 병이 난 기간 동안 부모님을 정말 너무 바쁘게 했다.
단어 | 坏了(huàile) : 망치다, 큰일이다
해설 | 지시대명사의 문장에서의 위치는 "지시대명사(+숫자)+양사+명사" 형태이다. 따라서 这는 양사 段 앞에 위치해야 한다.

2 해석 | 이번에 중국에 출장 가면 대략 5·6일은 가야 한다.
해설 | 지시대명사의 문장에서의 위치는 "지시대명사(+숫자)+양사+명사" 형태이다. 따라서 那么는 五六天 앞에 위치한다.

3 해석 | 너는 그가 언제 하루라도 수업을 잘 들었던 것을 봤느냐?
해설 | 多会儿은 "언제"라는 의미의 의문대명사이다.

4 해석 | 그 리강이 업종을 바꾼 후에 돈 벌었다지! 우리 가난한 친구들을 무시하니, 정말!
단어 | 下海(xiàhǎi) : 장사에 뛰어들다
帮(bāng) : 집단, 무리
哥儿们(gērmen) : 형제들
해설 | 人家는 인칭대명사로, "人家+인명"으로 쓰인다. 李刚은 인명이므로, 人家는 그 앞에 위치 한다.

5 해석 | 나는 너의 표준어가 그만큼 뛰어나지 않

다고 생각한다.
단어 | 普通话(pǔtōnghuā) : 표준어
해설 | "주어+没有+A+那么(这么)+B"는 "주어는 A만큼 그렇게 B하지 않다"라는 뜻이다.

6 해석 | 정말 마음이 뜨거운 사람이야! 누구에 대해서도 그렇게 열정적이야.
단어 | 热心肠(rèxīncháng) : 뜨거운 마음, 열성
해설 | "谁都~"는 "누구도~하다"라는 의미이다.

7 해석 | 누가 그의 아버지가 어떤 사람인지를 분명하게 말할 수 있겠는가?
해설 | 怎样은 "怎样+的+수사+양사+명사" 형태로 쓰인다. 이때 수사가 "一"일 경우, 的를 생략할 수 있다.

8 해석 | 후에 사람들이 만났을 때 피차 서로 헤어지게 된 후의 상황을 물었다.
단어 | 互相(hùxiāng) : 서로, 상호
询问(xúnwèn) : 알아보다, 문의하다
分离(fēnlí) : 분리하다, 헤어지다
해설 | "彼此都~"는 "피차간에 모두~하다"라는 의미이다.

9 해석 | 네 삼촌이라는 사람 분명히 시장에서 어떤 사람 만나 이야기하고 있을 거다.
해설 | 什么 뒤에는 보통 명사가 나온다. 문장에서 명사는 人이므로, 什么는 그 앞에 위치한다.

10 해석 | 막 중국어를 배우기 시작했을 때에는 선생님께서 발음하시는 대로 우리는 그대로 따라 해야 한다.
해설 | 怎么 뒤에는 보통 동사가 나온다. 문장에서 동사는 发音이므로, 怎么는 그 앞에 위치한다.

11 해석 | 중요한 것은 얼마나 많이 배우는 가가 아니라 어떻게 배운 내용을 모두 기억하고 있는 가이다.
해설 | 怎样은 "어떻게~하다"라는 의미이다.

12 해석 | 시간이 너무 없다, 나는 어떻게 해도 다할 수가 없다.
해설 | 怎么는 "怎么+동사" 형태로 쓰이고, 怎样은 "怎样+的+수사+양사+명사" 형태로 쓰인다. 哪怕는 "설사~한다하더라도"의 의미이다.

13 해석 | 그 유행가는 유명하지만 사실 그렇게 듣기 좋지 않다.

해설 | 怎么는 "어떻게 ~하다"라는 의미이고, 不怎么는 "그다지 ~하지 않다"라는 의미이다.

14 해석 | 이곳은 본 시에서 가장 큰 병원으로, 이 병원은 전국에서 가장 선진적인 의료설비를 보유하고 있다.

단어 | 拥有(yōngyǒu) : 보유하다
医疗设备(yīliáoshèbèi) : 의료설비

해설 | 该는 "이"라는 의미이고, 其는 "그"라는 의미이다.

15 해석 | 나 본인은 그의 견해에 동의하지 않고, 나는 내 의견을 유보한다.

단어 | 保留(bǎoliú) : 보류하다, 유보하다

해설 | "나 본인"이라고 했으므로, 本을 사용한다.

16 해석 | 이렇게 오랫동안 알고 지냈는데도, 너 아직 나를 이해하지 못하니? 내가 언제 그런 부도덕한 일을 한 적이 있니?

단어 | 缺德(quēdé) : 부도덕하다, 비열하다

해설 | 多会儿은 "언제", 一会儿은 "잠시", 那会儿은 "그때", 过会儿은 "조금 후에"라는 의미이다.

17 해석 | 학교는 반마다 세 개의 프로그램을 공연할 것을 요구했다.

해설 | 每는 "每+양사+명사"형태로 쓰인다.

18 해석 | 그해 함께 생활했던 세 명의 친한 친구들은 지금 자신의 가정을 꾸리고 있다.

단어 | 属于(shǔyú) : ~에 속하다

해설 | 문장에서 "세 명의 친한 친구"라고 했으므로, 各自를 사용한다. 彼此는 양쪽, 互相은 서로를 나타낸다.

19 해석 | 작년 그녀가 입원하던 그때, 조카며느리가 그녀를 돌봐주고, 자식들은 그림자조차도 안보였다.

단어 | 侄媳妇(zhíxífu) : 조카며느리
影儿(yǐngr) : 그림자

해설 | 문장에서 "그해"라고 했으므로, 那会儿을 사용한다.

20 해석 | 이것은 사람들이 너에게 보내는 것이야, 먹고 싶은 대로 먹어, 누가 아무 말도 안 해.

해설 | "怎么＋A＋就＋怎么＋A"는 "A하고 싶은 대로 해라"는 의미이다.

21 해석 | 그가 생각한 건 오히려 간단해, 일이 어디 그렇게 쉽게 되겠어.

해설 | "哪有那么~"는 "어디 그렇게~하겠는가!"라는 의미이다.

동사·형용사의 중첩

1 | 동사의 중첩 (어기를 완화하거나 부드럽게 함)

(1) 단음절 동사

01 A → AA / A—A (아직 발생하지 않은 일이나 습관성 동작)

你看一看这本书难不难。 너 이 책 어려운지 안 어려운지 좀 봐 봐.

这件衣服你试试, 看合适不合适。
이 옷 너 한번 입어 봐, 어울리는지 안 어울리는지 말이야.

天气这么好, 我们一起出去走走吧。
날씨가 이렇게 좋은데 우리 같이 나가서 좀 걷자.

02 A → A了A (이미 발생한 동작)

我向窗外看了看, 一个人也没有。 내가 창밖으로 한번 보니, 한 사람도 없었다.

听了我的话, 他点了点头, 没说话。
내 말을 듣고 그는 고개를 끄덕이고 말을 하지 않았다.

吃饭前______这本书, 觉得没什么意思。

A. 翻一翻　　　　B. 翻着　　　　C. 翻了翻　　　　D. 翻翻

해설 | 문장의 의미상 이 책을 넘겨보고 재미가 없다고 생각한 것은 벌써 이 책을 넘겨봤다는 의미가 되므로 翻은 이미 발생한 동작이 된다. 이미 발생한 동작의 중첩형태는 A了A가 된다.

해석 | 밥 먹기 전에 이 책을 좀 넘겨봤는데 별 재미가 없네요.

정답 | C

(2) 쌍음절 동사

01 AB → ABAB / AB了AB (완료형식)

这件事让我再考虑考虑。 이 일을 내가 다시 생각하게 해 주세요.
这项计划明天在会议上讨论讨论吧。 이 계획 내일 회의에서 토론하자.
小亮把房间收拾了收拾就出去了。 리리앙은 방을 치우고 나갔다.

02 이합동사 : AB → AAB

见面 → 见见面 / 散步 → 散散步 / 帮忙 → 帮帮忙 / 聊天 → 聊聊天
洗澡 → 洗洗澡

> **주의** 중첩형태에서 진행형(在·正在)이나 부정형(不)·동태조사(过·着·了) 사용불가
> 他们正在看看电视呢。(×) / 我看看过他写的文章。(×)
>
> 开始 · 加以 · 进行 + 쌍음절 동사(중첩불가)
> 对大家提的建议要好好加以研究研究。(×) → 对大家提的建议要好好加以研究。(○)
> 사람들이 제기한 건의에 대해 잘 연구를 해 봐야 한다.

예제

如果你有空儿, 我想和你_____________。

A. 聊天一会儿　　　　　　B. 聊聊天
C. 聊天聊天　　　　　　　D. 聊了聊天

해설 | 聊天은 이합사이기 때문에 중첩형식은 AAB 형태가 된다. 또 문장에 想이 있어 동작이 아직 발생하지 않았기 때문에 聊了聊天은 답이 될 수 없다.
해석 | 네가 시간이 있으면 너와 이야기 하고 싶어.
정답 | B

03 A+来+A+去 (동작의 반복적인 진행을 나타냄)

孩子们在河边跑来跑去。 아이들은 강가에서 이리저리 뛰어다녔다.
蝴蝶在天上飞来飞去。 나비는 하늘을 이리저리 날아다녔다.

예제

这个问题怎么也解决不了, 他急得在房间里_____________。

A. 走着走着　　　　　　　B. 走走着
C. 走来走去　　　　　　　D. 走过来过去

해설 | 문장의 의미상 동작의 반복적인 진행을 나타낸다. 이럴 경우 "A来B去"형식을 사용한다.
해석 | 어떻게 해도 이 문제를 해결할 수 없어서, 그는 급히 방안을 왔다 갔다 했다.
정답 | C

2 | 형용사의 중첩 (의미를 심화시키거나 강조함)

01 단음절형용사 : A → AA

女儿<u>静静</u>地靠在爸爸身边睡着了。 딸은 아빠에 기대 조용히 잠들었다.

小女孩儿瞪着<u>大大</u>的眼睛看着我。
어린 딸아이가 눈을 휘둥그렇게 뜨고 나를 쳐다보고 있다.

02 쌍음절 형용사 : AB → AABB

昨天我对你说得<u>清清楚楚</u>的, 你怎么又忘了。
어제 내가 너에게 분명히 말했는데, 너 왜 또 잊어버렸어.

听说张东要来, 大鹏把屋子收拾得<u>干干静静</u>的。
쟝동이 온다고 해서 따펑은 방을 아주 깨끗하게 치웠다.

03 A에 비유 · 묘사의 의미가 있는 경우 : AB → ABAB

这件衣服<u>雪白雪白</u>的。 이 옷은 아주 희다.

这头小猪长得<u>滚圆滚圆</u>的。 이 어린 돼지는 아주 둥글게 생겼다.

他刚才急奔过来, 跑得满脸<u>通红通红</u>的。
그는 방금 급히 달려오느라 온 얼굴이 벌게졌다.

04 혐오감이 있는 형용사 : AB → A里AB

糊涂 → 糊里糊涂 / 傻气 → 傻里傻气 / 土气 → 土里土气

05 언어습관상 사용되는 형식 : A → ABB

热 → 热乎乎 / 冷 → 冷冰冰 / 暖 → 暖洋洋

▶ 참고 **ABB식의 대표적인 형용사**

胖乎乎(따끈따끈하다) 黑乎乎(시꺼멓다) 傻乎乎(멍청하다) 绿油油(파릇파릇하다) 红彤彤(새빨갛다) 白茫茫(온통 끝없이 희다) 圆溜溜(똥글똥글하다) 沉甸甸(묵직하다) 黑黝黝(거무칙칙하다) 空荡荡(텅 비다) 静悄悄(아주 고요한) 干巴巴(말라서 딱딱하다) 亮晶晶(반짝반짝하다) 香喷喷(향기가 코를 찌르다) 乱哄哄(와자지껄하다) 慢悠悠(어슬렁어슬렁 하다) 暖洋洋(포근하다) 喜洋洋(기쁨이 가득한 모양) 气冲冲(노발대발하다) 气乎乎(씩씩거리다) 笑眯眯(눈을 가늘게 뜨고 미소 짓다)

▶ 주의 **형용사 중첩형태에서는 정도부사(很 · 非常 · 太……)를 사용하지 않는다.**

在很多人面前, 他很坦坦白白地说出了那天发生的事情。(×)
많은 사람의 면전에서 그는 아주 솔직하게 그날 일어난 일을 말했다.

她的头发长长<u>的</u>。 그녀의 머리카락은 아주 길다.
房间里暖暖和和<u>的</u>。 방안은 아주 따뜻하다.

예제

1_ 既然来了, 就不要老想着工作, _____________地玩儿吧。

    A. 痛快痛快   B. 痛痛快快

    C. 比较痛快痛快   D. 很痛痛快快

해설 | 痛快는 형용사이므로 중첩형식은 AABB형태가 된다. 중첩된 형태에서는 정도를 나타내는 부사 很·比较는 오지 못한다.

단어 | 既然(jìrán) 설사, 설령~해도

해석 | 이왕 온 거니 일만 생각하지 말고 실컷 놀아보자.

정답 | B

2_ 今天王老师的讲座_____________。

    A. 精精彩彩   B. 精彩精彩

    C. 比较精精彩彩   D. 非常精彩

해설 | 精彩는 형용사로 중첩형태는 精精彩彩이나 문장 끝에 올 경우에는 반드시 的를 붙여줘야 한다. 중첩이 되지 않았을 경우 정도부사의 수식을 받을 수 있으므로 정답이 D가 된다.

단어 | 讲座(jiǎngzuò) 강좌, 강의

해석 | 오늘 왕 선생님의 강의는 아주 훌륭했다.

정답 | D

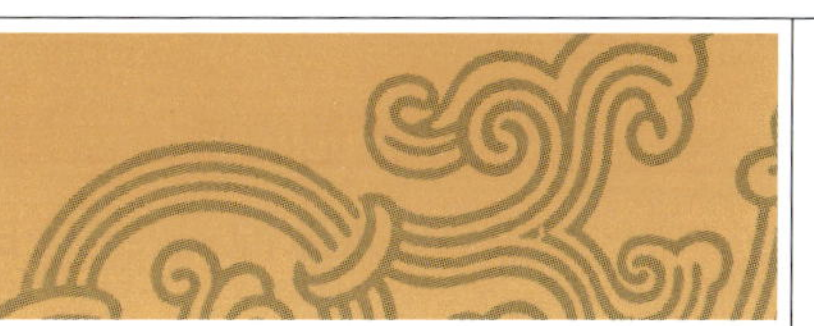

1 近来我们正在__________拉丁舞。

   A. 学习学习　　　B. 学习了　　　C. 学习了学习　　　D. 学习

2 下午有时间吗？我想跟你__________。

   A. 谈　　　B. 谈谈　　　C. 谈了谈　　　D. 谈了

3 经常__________不容易生病。

   A. 运动运动　　　B. 运动了运动　　　C. 运动运动了　　　D. 运运动动

4 关于去中国留学的事情，你跟父母__________，再决定吧。

   A. 商商量量　　　B. 商量商量　　　C. 商量了商量　　　D. 很商量地

5 她__________那本书，觉得有点儿难，没有买。

   A. 翻翻　　　B. 翻一翻　　　C. 翻了翻　　　D. 翻翻了

6 绿色，是生命的象征，是人类最宝贵的财富，我们应该__________绿色。

   A. 珍惜　　　B. 珍惜珍惜　　　C. 珍惜一下儿　　　D. 珍惜了珍惜

7 那天，张小姐独自一人在荒凉的田野上__________。

   A. 走走来去　　　B. 走走去来　　　C. 走去走来　　　D. 走来走去

8 学校已经放寒假了，校园里__________。

   A. 安静安静　　　B. 安安静静的　　　C. 安安静静　　　D. 很安安静静

9 一个打扮得__________的年轻姑娘正朝我这边走过来。

   A. 漂亮漂亮　　　B. 漂亮亮　　　C. 漂漂亮亮　　　D. 很漂漂亮亮

10 今天玩得真__________。

   A. 痛快　　　B. 痛痛快快　　　C. 痛快痛快　　　D. 痛快极了

11 喝了酒以后，他的脸__________的。

   A. 通红　　　B. 通通红红　　　C. 通红通红　　　D. 很通红

12 一摸他的手，__________的，把我吓坏了。

    A. 冰冰凉   B. 冰凉冰凉   C. 冰冰凉凉   D. 冰凉

13 同学们忙了一下午，把教室打扫得__________。

    A. 干干净净   B. 整整齐齐   C. 马马虎虎   D. 热热闹闹

14 他__________进了教室。

    A. 跑得急急忙忙   B. 急忙地跑
    C. 急忙急忙地跑   D. 急急忙忙地跑

15 阳光透过没有叶子的树枝，照在身上__________的。

    A. 冷冰冰   B. 热乎乎   C. 热辣辣   D. 暖洋洋

16 中国的农业人口__________高于全球平均数，是一个典型的农业国家。

    A. 大大   B. 很大   C. 大大的   D. 很大的

17 他对我__________就走了。

    A. 点头了点头   B. 点头点头了
    C. 点了点头   D. 点点了头

18 节目开始以后，我们只__________就走了。

    A. 看一看十分钟   B. 看看十分钟
    C. 看了看十分钟   D. 看了十分钟

19 我又去__________，他还是不愿意来。

    A. 请了他一次   B. 请了请他一次
    C. 请请了他一次   D. 请请他一次

20 他们__________。

    A. 正在调查调查这个问题呢
    B. 正在调查这个问题呢
    C. 正在调查一调查这个问题呢
    D. 调查了调查这个问题呢

정답과 해설

1 D	2 B	3 A	4 B	5 C	6 A
7 D	8 B	9 C	10 A	11 C	12 B
13 A	14 D	15 D	16 A	17 C	18 D
19 A	20 B				

1 해석 | 근래 우리는 라틴댄스를 배우고 있다.
단어 | 拉丁舞(lādīngwǔ) : 라틴댄스
해설 | 진행형 문장에서는 동사를 중첩할 수 없고, 동태조사 了를 사용하지 않는다.

2 해석 | 오후에 시간 있니? 너와 얘기 좀 하고 싶다.
해설 | 단음절 동사의 중첩형태는 "AA" 혹은 "A一A"이다.

3 해석 | 자주 운동을 하면 병에 잘 걸리지 않는다.
해설 | 쌍음절 동사의 중첩형태는 ABAB이다. 运动은 동사이므로, 중첩하면 "运动运动"이 된다.

4 해석 | 중국 유학 가는 일에 관해서 너 부모님하고 상의한 뒤 결정해.
해설 | 쌍음절 동사의 중첩형태는 ABAB이다. 商量은 동사이므로, 중첩하면 "商量商量"이 된다.

5 해석 | 그녀는 그 책을 펼쳐보고 좀 어렵다고 느껴 사지 않았다.
해설 | 이미 발생한 동작의 경우, 단음절 동사의 중첩형태는 A了A가 된다.

6 해석 | 녹색은 생명의 상징이자 인류의 가장 소중한 재산으로, 우리는 녹색을 귀중하게 여겨야 한다.

단어 | 象征(xiàngzhēng) : 상징
　　　宝贵(bǎoguì) : 귀중한
　　　财富(cáifù) : 부, 재산
　　　珍惜(zhēnxī) : 소중히 여기다
해설 | 쌍음절 동사의 중첩형태는 ABAB이다. 珍惜는 동사이므로, 중첩하면 "珍惜珍惜"가 된다.

7 해석 | 그날 미스 장은 혼자 황량한 들판을 이리저리 걸었다.
단어 | 独自(dúzì) : 혼자서, 홀로
　　　荒凉(huāngliáng) : 황량하다
　　　田野(tiányě) : 전야, 들판
해설 | 같은 동작이 반복될 경우, "A+来+A+去" 형태가 된다.

8 해석 | 학교는 이미 겨울방학을 하여, 교정은 아주 조용했다.
해설 | 쌍음절 형용사의 중첩형태는 AABB이다. 安静은 형용사이므로, 중첩하면 "安安静静"이 된다. 또 이렇게 중첩된 형용사가 문장 끝에 올 경우에는 的를 반드시 붙여준다. 형용사를 중첩하면 "매우"라는 의미가 되기 때문에, 중첩된 형식에서는 정도부사 很·非常 등과 함께 사용하지 않는다.

9 해석 | 아주 예쁘게 화장한 젊은 아가씨가 마침내 쪽으로 걸어오고 있다.
단어 | 打扮(dǎban) : 화장하다
해설 | 쌍음절 형용사의 중첩형태는 AABB이다. 漂亮은 형용사이므로, 중첩하면 "漂漂亮亮"이 된다.

10 해석 | 오늘 정말 아주 통쾌하게 놀았다.
해설 | 부사 真이 있으므로 痛快를 중첩할 수 없다.

11 해석 | 술을 마신 뒤 그는 얼굴이 벌게졌다.
단어 | 通红(tōnghóng) : 새빨갛다
해설 | 쌍음절 형용사 중에 A에 비유나 묘사의 의미가 있는 경우의 중첩형태는 ABAB가 된다.

12 해석 | 그의 손을 한번 잡아보니, 얼음 같이 차가워 나는 깜짝 놀랐다.
단어 | 摸(mō) : 짚어 보다, 어루만지다
　　　冰凉(bīngliáng) : 매우 차다, 차디차다
해설 | 쌍음절 형용사 중에 A에 비유나 묘사의 의미가 있는 경우의 중첩형태는 ABAB

가 된다.

13 해석 | 학우들은 오후 내내 분주하게 교실을 아
주 깨끗하게 청소했다.
해설 | 干干净净은 "아주 깨끗하다", 整整齐齐
는 "아주 가지런한", 马马虎虎는 "그저
그렇다"라는 의미이다.

14 해석 | 그는 황급히 교실로 뛰어 들어왔다.
단어 | 急忙(jímáng) : 급한, 분주한
해설 | 쌍음절 형용사의 중첩형태는 AABB이다.
急忙은 형용사이므로, 중첩하면 "急急忙
忙"이 된다.

15 해석 | 양광이 잎이 없는 나뭇가지에 스며들며
몸 위를 따뜻하게 비추고 있다.
단어 | 透过(tòuguo) : 투과하다, 통과하다
树枝(shùzhī) : 나뭇가지
해설 | 冷冰冰은 "서늘한", 热乎乎는 "따끈따
끈한", 热辣辣는 "얼얼한", 暖洋洋는
"따뜻한"·"포근한"의 의미이다.

16 해석 | 중국의 농업 인구는 전 세계 평균수보다
훨씬 높아서, 전형적인 농업 국가이다.
단어 | 农业(nóngyè) : 농업
高于(gāoyú) : ~보다 높다
典型(diǎnxíng) : 전형

해설 | 단음절 형용사의 중첩형태는 AA 혹은 A
一A 형태이다. 的는 중첩된 형용사가 문
장 끝에 올 경우 붙인다.

17 해석 | 그는 나에게 고개를 끄덕이고 가버렸다.
해설 | 이합사의 중첩 형태는 AAB이다. 点头는
이합사이므로, 중첩하면 点点头가 된다.
또 중첩 형태에서 동태조사 了는 A了AB
형태가 된다.

18 해석 | 프로그램이 시작된 후 우리들은 10분간
좀 보다가 가버렸다.
해설 | 단음절 형용사의 중첩형태는 AA 혹은 A
一A 형태이고, 동작이 이미 발생한 경우
중첩형태는 A了A 형태가 된다.

19 해석 | 내가 또 가서 그를 한번 청해 봤지만 그는
그래도 오길 원치 않았다.
해설 | 请은 중첩해서 사용하지 않는다. 또한 연
동문에서 동태조사 了는 두 번째 동사 뒤
에 온다.

20 해석 | 그들은 이 문제를 좀 조사하고 있다.
해설 | 正在~呢가 있어 이 문장은 진행형 문장
이다. 진행형 문장에서는 동사를 중첩할
수 없다.

비교문

비교문의 특징 : 주로 두 사람이나 두 가지 사물의 특징, 정도상의 차이를 나타내어
비교의 결과를 보여주는 문장이다.
중점사항 : 각종 비교문의 특징/ 비교문에서의 어순

1 | "比"가 들어가는 비교문

1 A+比+B+술어(형용사/심리상태를 나타내는 동사)

他比我喜欢学习。 그는 나보다 공부하는 것을 좋아한다.
这栋楼比那栋高。 이 건물은 저 건물보다 크다.

2 A+比+B+술어+一些/多了/得多/一点儿/수량사(구체적 수치)

他比我胖一点。 그는 나보다 조금 뚱뚱하다.
我比他大多了。 나는 그보다 나이가 훨씬 많다.
你买的苹果比这儿卖的贵两块。 네가 산 사과는 이곳에서 파는 것보다 2원 비싸다.

3 A+比+B+술어+更/还+술어(술어를 강조)

他比我更胖。 그는 나보다 훨씬 뚱뚱하다.
这几天比前两天还热。 요 며칠은 이틀 전보다 더 덥다.

4 A+比+B+동사+得+형용사+一点儿/一些/得多/多了
(A+동사+得+比+B+형용사+一点儿/一些/得多/多了)

他的汉语比你说得好。(= 他的汉语说得比你好。)
그는 중국어를 너보다 잘한다.

这辆汽车比那辆跑得快一点儿。(= 这辆汽车跑得比那辆快一点儿。)
이 차는 저 차보다 더 빨리 달린다.

> ▶ **주의** "比"자문에서 부정사와 부사는 "比" 앞에 온다.
> (단, 정도보어 "得"가 있는 문장에서 부정사는 앞뒤로 모두 올 수 있다)
>
> A + 比 + B + 不 + 서술어 (×)　　　　A + 不 + 比 + B + 서술어 (○)
>
> 北方的夏天比南方不凉快。　(×)　　　北方的夏天不比南方凉快。　(○)
> 他的汉语比中国人说得不差。(×)　　　他的汉语说得不比中国人差。(○)

5 A+比+B+1음절 형용사(多·少·早·晚…)+동사+구체적 수치

他<u>比</u>我<u>早</u>来了十分钟。 그는 나보다 10분 일찍 왔다.

我<u>比</u>别的同学<u>多</u>上了一年高中。 나는 다른 학우보다 고등학교를 일 년 더 다녔다.

예제1 : 今天你说的______昨天说的好得多。

    A. 比   B. 如   C. 跟   D. 没

해설 | 이 문장은 今天你说的와 昨天说的 양자를 비교하는 것이므로 중간에는 比가 들어가야 한다.

해석 | 오늘 말한 것은 어제 말한 것보다 훨씬 낫다.

정답 | A

예제2 : 儿子考上了大学, 妈妈比儿子______高兴。

    A. 很   B. 真   C. 还   D. 太

해설 | 비교문에서 강조를 나타낼 경우에는 还와 更을 사용하며, 정도부사 很·太·真·非常 등은 사용할 수 없다.

해석 | 아들이 대학에 합격하자 엄마는 아들보다 더 기뻐하였다.

정답 | C

2 | 각종 비교문

1 A+有(没有)+B+(这么/那么)+술어 : A는 B만큼 ~하다(하지 않다)

她<u>有</u>你<u>那么</u>高。 그녀는 너만큼 크다.

他<u>没有</u>我<u>这么</u>胖。(= 我<u>比</u>他胖。) 그는 나만큼 뚱뚱하지 않다.

韩国的夏天<u>没有</u>中国<u>那么</u>热。(= 中国的夏天<u>比</u>韩国热。)

한국의 여름은 중국만큼 덥지 않다.

예제 : 虽然我们的学习环境 A 你们的好, 但是 B 我觉得我们这儿的学习气氛 C 比你们的 D 好。

没有

해설 | 没有가 비교문에 사용될 경우, "A+没有+B+(那么)+술어"형태로 사용되고, 比와 함께 사용하지 않는다.

단어 | 气氛(qìfēn) 분위기

해석 | 우리의 학습 환경이 너희들만큼 좋지 않지만 우리 이곳의 학습 분위기는 너희들보다 좋다고 나는 생각한다.

정답 | A

2 A＋不如＋B＋(这么／那么)＋술어 : A는 B만 (그렇게／저렇게) 못하다

他不如我。 그는 나만 못하다.

坐车不如骑车。 차를 타는 것은 자전거 타는 것만 못하다.

他不如我这么胖。 그는 나만큼 뚱뚱하지 않다.

这本书的内容不如那本书写得那么详细。 이 책의 내용은 저 책만큼 상세하지 않다.

예제 : A 我们孩子 B 你们孩子 C 个子 D 高。

不如

해설 | 不如가 비교문에 사용될 경우, "A＋不如＋B＋(那么)＋술어"형태로 사용된다.
해석 | 우리 아이들은 당신네 아이들보다 키가 크지 않다.
정답 | B

3 A＋跟(和·同·与)＋B＋差不多／一样＋술어

姐姐跟妹妹一样漂亮。 언니는 여동생처럼 예쁘다.

李明姬跟朴美英一样喜欢逛街。 이명희는 박미영처럼 거리를 돌아보는 것을 좋아한다.

他的年龄和我(的年龄)一样。 그의 나이는 나와 같다.

〈부정형식〉

· A 跟 B＋ 不一样

我跟你不一样。 나는 너와 다르다.
我的意见跟她的意见不一样。 나의 의견은 그녀의 의견과 다르다.

▶ 주의 　一样은 정도부사(很·非常 등)의 수식을 받지 못한다.

我的意见跟你的意见很一样。(×)
我的意见跟你的意见很不一样。(○) 나의 의견은 너의 의견과 다르다.

예제 : A 现在的中学生 B 吃的, 穿的, 用的 C 我们那个时候 D 完全不一样了。

跟

해설 | 跟이 비교문에서 사용될 경우, "A＋跟＋B＋一样"형태가 된다. 이 문장에서는 "现在的中学生 吃的, 穿的, 用的"가 A가 되고, "我们那个时候"가 B가 되는데 가운데 양자를 비교해주는 跟이 들어가야 한다.
해석 | 지금의 중학생들이 먹고 입고 쓰는 것들은 우리 때와 완전히 다르다.
정답 | C

01 没有 + 比 + 비교대상 + 再(更) + 형용사 + (的)了

没有比这个再(更)好的了。 이것보다 더 좋은 것은 없다.
你去别的商店看看, 没有比我这儿的再(更)便宜的了。
다른 상점 가 보세요, 우리 이곳보다 더 싼 곳 없어요.

02 再(最) + 형용사 + 不过了

这次考试再(最)容易不过了。 이번 시험은 더 이상 쉬울 수가 없다.
这件衣服穿在你身上, 真是再(最)合适不过了。
이 옷 너가 입으면 정말 더 이상 어울릴 수 없겠다.

03 형용사 + 得 + 不能 + 再(更) + 형용사 + 了

今天的天气冷得不能再(更)冷了。 오늘 날씨 더 이상 추울 수가 없다.
这次考试容易得不能再(更)容易了。 이번 시험 더 이상 쉬울 수가 없어.

예제 : 老师要是能 A 跟我们 B 一起 C 去一趟, 那就 D 好不过了。

再

해설 | "再+형용사+不过了"는 "더 이상 ～할 나위없다"는 의미이다.
해석 | 선생님께서 저희와 함께 한번 가주면 더할 나위 없이 좋겠어요.
정답 | D

他像你这么努力。 그는 너처럼 그렇게 노력한다.
她像妈妈那么漂亮。 그녀는 엄마처럼 예쁘다.
他不像弟弟那么喜欢吃水果。 그는 남동생과 달리 과일 먹는 것을 좋아한다.

예제 : 发起脾气来, 他______老虎那么厉害。

A. 跟　　　　　B. 有　　　　　C. 像　　　　　D. 和

해설 | 이곳에서 그가 "호랑이의 사나움"을 닮았다는 의미이므로 像이 와야 한다. 有는 주로 양자 간
　　　을 비교할 때 사용한다. 跟과 和는 一样과 함께 사용된다.
단어 | 脾气(píqi) 성격, 성깔 | 老虎(lǎohǔ) 호랑이 | 厉害(lìhai) 사납다, 대단하다, 굉장하다
해석 | 화를 내면 그는 호랑이처럼 그렇게 사납다.
정답 | C

天气<u>一天比一天</u>凉快了。 날씨가 하루가 다르게 선선해진다.

他打字的速度<u>一次比一次</u>快。 그의 타자 속도는 칠 때마다 빨라진다.

瞧这些小狗<u>一只比一只</u>长得可爱。
이 강아지들 좀 봐, 한 마리 한 마리가 귀엽게 생겼네.

예제｜A 听说 B 你们那儿的经济发展 C 得 D 好。

一年比一年

해설｜一年比一年은 "一＋A(양사)＋比＋一＋B(양사)＋형용사＋(了)"형태이다. 따라서 一年比一年
은 형용사 앞에 온다. 이 문장에서 형용사는 好이므로 그 앞에 온다.

단어｜经济(jīngjì) 경제

해석｜듣자하니 너희들의 경제가 해마다 발전하고 있다면서.

정답｜D

国家和民族的利益<u>高于</u>任何个人利益。
국가와 민족의 이익은 어떠한 개인의 이익보다 높다.

他的汉语水平<u>不亚于</u>汉语专业毕业的学生。
그의 중국어 수준은 중국어를 전공하는 학생들에게 뒤지지 않는다.

예제｜实际的行动______空洞的语言。

　A. 高于　　　　　B. 大于　　　　　C. 胜于　　　　　D. 等于

해설｜高于는 "~보다 높다", 大于는 "~보다 크다", 胜于는 "~보다 낫다", 等于는 "~와 같다"는
의미이다.

단어｜行动(xíngdòng) 행동 ｜ 空洞(kōngdòng) 공허한, 내용이 없는

해석｜실제적인 행동은 공허한 말보다 낫다.

정답｜C

1 我们都觉得 A 丽莎写汉字 B 写 C 得好 D。
　　　比木村

2 爱玲织毛衣的速度也很快，A 她 B 不 C 慢 D。
　　　比我

3 我和他一起去的图书馆，我 A 比他 B 呆了 C 一个小时 D。
　　　多

4 这段时间工作很 A 忙，B 一点儿也 C 比你 D 轻松。
　　　不

5 我 A 觉得 B 他的意见 C 没有小军的 D 重要。
　　　那么

6 真没想到，你们俩 A 弟弟 B 比 C 哥哥高 D。
　　　倒

7 南京的夏天＿＿＿＿＿＿北京热多了。
　　A. 像　　　　B. 差　　　　C. 比　　　　D. 跟

8 够冷的，看样子今天比昨天＿＿＿＿＿＿冷。
　　A. 也　　　　B. 很　　　　C. 还　　　　D. 比较

9 今天35度，昨天33度，今天比昨天＿＿＿＿＿＿热。
　　A. 也　　　　B. 很　　　　C. 最　　　　D. 更

10 这课的难度＿＿＿＿＿＿那课一样。
　　A. 跟　　　　B. 有　　　　C. 比　　　　D. 不如

11 怪不得他考得比我好，原来他比我____________。

    A. 一年多学了汉语　　　　　　　B. 多学一年汉语了

    C. 多学了一年汉语　　　　　　　D. 一年汉语多学了

12 我的同屋喜欢早起，每天早晨都____________。

    A. 早起一个小时比我　　　　　　B. 我比早起一个小时

    C. 比我早起一个小时　　　　　　D. 一个小时比我早起

13 这棵树比那棵树____________。

    A. 有一点儿粗　　B. 粗有一点儿　　C. 一点儿粗　　D. 粗一点儿

14 对我来说，这件衣服比那件____________。

    A. 有点儿瘦　　B. 比较瘦　　C. 瘦一点儿　　D. 很瘦

15 这段日子全国高温，西安的气温____________上海差不多。

    A. 比较　　B. 相比　　C. 和　　D. 比

16 你们家的情况也____________我们好多少，我怎么能向你借钱呢？

    A. 比　　B. 不如　　C. 跟　　D. 不比

17 那里的情况老金比我____________了解，你还是问问他吧。

    A. 很　　B. 多了　　C. 不　　D. 更

18 我跑得____________你快，你跑得____________我快。

    A. 比，比　　B. 比，没有　　C. 没有，没有　　D. 没有，更

19 冬天快到了，____________。

    A. 天气一天比一天更冷　　　　　B. 一天比一天天气更冷

    C. 天气一天比一天冷了　　　　　D. 一天比一天天气冷了

20 弟弟的学习成绩远远____________哥哥。

    A. 重于　　B. 高于　　C. 比上　　D. 大于

21 小李喜欢听广播，这个收音机送给他____________了。

    A. 合适再不过　　B. 再不过合适　　C. 不过再合适　　D. 再合适不过

22 西部地区的工资水平____________。

    A. 不如东部沿海地区   B. 比东部沿海地区不高

    C. 不东部沿海地区高   D. 没有东部沿海地区

23 中国一些大城市的消费____________。

    A. 不比韩国的消费低   B. 比韩国的消费不低

    C. 不低比韩国的消费   D. 比不韩国的消费低

24 虽说他不如哥哥的学历高，可干这种事，____________。

    A. 有办法多了他比哥哥   B. 有他比哥哥办法多了

    C. 他比哥哥办法有多了   D. 他比哥哥有办法多了

25 我们这个小城市的条件当然____________。

    A. 大城市没有那么好   B. 没有大城市那么好

    C. 没有那么好大城市   D. 那么大城市没有好

26 他常常跟中国朋友一起说汉语，所以____________。

    A. 他说汉语比我得流利   B. 他说汉语比我说得流利多

    C. 他比我说汉语流利得多   D. 他说汉语比我说得流利得多

27 我们小组____________。

    A. 没有他们小组讨论热烈   B. 不如他们小组讨论得热烈

    C. 不如他们小组讨论热烈   D. 比他们小组讨论得不热烈

28 我真的不知道____________。

    A. 天下比读书还有什么更快乐的事

    B. 天下还有什么比读书更快乐的事

    C. 还有什么天下更快乐的事比读书

    D. 还有什么天下比读书更快乐的事

29 作为残疾人，他____________。

    A. 比更早更多地尝到了一般人找工作的酸甜苦辣

    B. 更早更多地尝到了找工作的酸甜苦辣比一般人

    C. 比一般人更早更多地尝到了找工作的酸甜苦辣

    D. 一般人尝到了更早更多地找工作的酸甜苦辣比

정답

1 B	2 C	3 B	4 C	5 D	6 B
7 C	8 C	9 D	10 A	11 C	12 C
13 D	14 C	15 C	16 D	17 D	18 B
19 C	20 B	21 D	22 A	23 A	24 D
25 B	26 D	27 B	28 B	29 C	

1 해석 | 우리는 리사가 무춘보다 한자를 더 잘 쓴다고 생각한다.
해설 | 비교문은 기본적으로 "A+比+B+술어" 형태가 된다. 따라서 比木村 다음에는 술어가 나와야 한다. 문장에서 술어로 쓰이고 있는 단어는 写이므로, 比木村은 写 앞에 위치한다.

2 해석 | 아이링의 스웨터 짜는 속도 역시 빠르다, 그녀는 나보다 느리지 않다.
해설 | 비교문의 부정은 "不比~" 형태가 된다. 따라서 比我는 不 뒤에 위치한다.

3 해석 | 나는 그와 함께 도서관에 갔는데, 나는 그보다 한 시간 더 있었다.
해설 | 비교문에서 1음절 형용사는 동사 앞에 위치한다.

4 해석 | 이 시간 동안 일이 아주 바쁜 것이 너보다 조금도 수월하지 않다.
해설 | 비교문의 부정은 "不比~" 형태가 된다. 따라서 不는 比 앞에 위치한다.

5 해석 | 나는 그의 의견이 샤오쥔의 의견만큼 중요하지 않다고 여긴다.
해설 | "A+没有+B+那么+술어"는 "A는 B만큼 ~하지 않다"는 의미이다.

6 해석 | 정말 생각지도 못했다, 너희 두 동생이 오히려 형보다 클 줄 말이야.
해설 | 倒는 부사로써, 전치사인 比 앞에 위치한다.

7 해석 | 난징의 여름은 베이징보다 훨씬 덥다.
해설 | "A+比+B+多了"는 "A는 B보다 훨씬 ~하다"는 의미이다.

8 해석 | 정말 춥다, 보아하니 오늘은 어제보다 더 추운 거 같다.
단어 | 看样子(kànyàngzi) : 보아하니
해설 | 비교문에서 술어를 강조할 때는 还 혹은 更으로 한다.

9 해석 | 오늘은 35도, 어제는 33도, 오늘은 어제보다 더 덥다.
해설 | 비교문에서 술어를 강조할 때는 还 혹은 更으로 한다.

10 해석 | 이 과의 난이도는 저 과와 같다.
단어 | 难度(nándù) : 난이도
해설 | "跟+A+一样"은 "A와 같다"는 의미이다.

11 해석 | 어쩐지 그가 나보다 시험을 잘 봤더라, 원래 그는 나보다 중국어를 일 년 더 배웠었구나.
단어 | 怪不得~原来~(guàibude~yuánlái~) : 어쩐지 ~하다 했는데 원래~했구나.
해설 | 문장의 他比我 다음에는 술어가 나와야 하는데 1음절 형용사가 있을 경우 술어 앞에 위치하기 때문에 어순은 "多学了~" 형태가 된다.

12 해석 | 나의 룸메이트는 일찍 일어나는 것을 좋아해서, 매일 아침 나보다 한 시간 일찍 일어난다.
해설 | 比我 다음에는 술어가 나와야 하는데 1음절 형용사가 있을 경우 술어 앞에 위치하기 때문에 어순은 "比我早起~" 형태가 된다.

13 해석 | 이 나무는 저 나무보다 조금 굵다.
단어 | 粗(cū) : 굵다, 거칠다
해설 | 비교문에서 구체적 정도를 나타내는 말들은 술어 다음에 위치하는데 "A+比+B+술어+구체적 정도" 형태가 된다.

14 해석 | 나에게 있어 이 옷이 저 옷보다 조금 조인다.

해설 | 비교문에서 구체적 정도를 나타내는 말
들은 술어 다음에 위치한다.

15 해석 | 이 시기 동안 전국은 고온을 보이고 있는
데, 시안의 기온은 상하이와 차이가 없다.
해설 | "跟＋A＋差不多"는 "A와 거의 같다"는
의미이다. 相比는 "비교하다"라는 의미
이다.

16 해석 | 너희 집 상황도 우리보다 얼마나 좋다고,
내가 어떻게 너에게 돈을 빌리겠니?
해설 | 비교문의 기본어순은 "A＋比＋B＋술어＋
구체적 정도" 형태가 된다. 이를 부정을
할 경우, 不는 比앞에 위치하여 "不比~"
형태가 된다.

17 해석 | 그곳의 상황은 라오진이 나보다 더 잘
알고 있으니, 너 그에게 물어 보는 게 좋
겠다.
해설 | 비교문에서 술어를 강조할 때는 还 혹은
更을 사용한다.

18 해석 | 나는 너보다 빠르고, 나는 너만큼 느리지
않다.
해설 | "A＋比＋B＋술어"는 "A는 B보다 ~하
다"는 의미이고, "A＋没有＋B＋술어"는
"A는 B만큼 ~하지 않다"는 의미이다.

19 해석 | 겨울이 곧 온다, 날씨가 하루가 다르게
추워지고 있다.
해설 | "一＋A＋比＋一＋A＋형용사＋(了)"는
"하나하나가 ~하다"는 의미이다.

20 해석 | 동생의 학업 성적이 형보다 훨씬 높다.
단어 | 远远(yuǎnyuǎn) : 멀다, 아득하다
해설 | 重于는 "~보다 중하다", 高于는 "~보다
높다", 大于는 "~보다 크다"는 의미이다.

21 해석 | 샤오리는 라디오 듣는 것을 좋아해서 이
라디오를 그에게 주면 더할 나위 없이 알
맞겠다.
해설 | "再~不过了"는 "더할 나위 없이~하다"
는 의미이다.

22 해석 | 서부 지역의 임금 수준은 동부 연해 지역
만 못하다.
단어 | 工资(gōngzī) : 임금, 노임
沿海(yánhǎi) : 연해
해설 | "A＋不如＋B"는 "A는 B만 못하다"는 의
미이다.

23 해석 | 중국 몇몇 대도시의 소비는 한국의 소비
보다 낮지 않다.
단어 | 消费(xiāofèi) : 소비하다
低(dī) : 낮다
해설 | 비교문의 부정은 "A＋不＋比＋B＋술어"
형태가 된다.

24 해석 | 비록 그는 형만큼 학력이 높지 않지만 이
런 일을 하는데 그는 형보다 방법이 훨씬
많다.
단어 | 学历(xuélì) : 학력
해설 | 비교문의 기본어순은 "A＋比＋B＋술어＋
구체적 정도" 형태가 된다.

25 해석 | 우리 이 도시의 조건은 당연히 대도시만
큼 그렇게 좋지 못하다.
해설 | "A＋没有＋B＋那么＋술어"는 "A는 B만
큼 ~하지 않다"는 의미이다.

26 해석 | 그는 늘 중국 친구와 함께 중국어를 말한
다, 그래서 그는 중국어를 너보다 훨씬
유창하게 구사한다.
해설 | "A＋比＋B＋~＋得＋~＋得多"는 "A는
B보다 ~한 정도가 훨씬 ~하다"는 의미
이다.

27 해석 | 우리 팀은 그들 팀만큼 그렇게 격렬하게
토론을 벌이지 않았다.
해설 | "A＋不如(没有)＋B＋那么＋술어"는 "A
는 B만큼 그렇게 ~하지 않다"는 의미이
다. 이곳에서 술어부분은 "讨论得热烈"
가 되어야 한다. "讨论热烈"으로 할 경
우, 热烈가 목적어가 되기 때문에 술어가
될 수 없다.

28 해석 | 나는 정말 이 세상에 독서보다 더 재미있
는 일이 무엇인지 모른다.
해설 | 문장에서 주어는 天下이고, 비교문에서
의 강조는 "A＋比＋B＋更(还)＋술어" 형
태가 된다.

29 해석 | 장애인으로서, 그는 보통사람보다 더 일
찍 더 많이 직장을 구함에 있어 온갖 고
생을 다 맛봤다.
단어 | 残疾人(cánjírén) : 장애인
酸甜苦辣(suāntiánkǔlà) : 각양각색의
맛, 세상의 온갖 고초
해설 | 비교문에서 술어를 강조하고자 할 때의
어순은 "A＋比＋B＋更(还)＋술어＋구체
적 정도"가 된다.

특수 동사 술어문

특수 동사 술어문의 특징 : 把자문과 피동형 · 연동문 · 겸어문을 말하며, 일반 어순과
는 다르기 때문에 "특수 동사 술어문"이라고 한다.
중점사항 : 把자문 · 피동형 · 연동문 · 겸어문의 형태와 특징/부사 · 능원동사의 위치

1 │ 把(将) 자문

1 **기본형태 : 주어＋把(将)＋목적어＋(给)＋동사＋보충성분**

快**把**他叫来。 빨리 그를 불러라.

把你的房间整理一下儿。 너의 방을 한번 정리해라.

莉莉**把**那天下午发生的事告诉了妈妈。
리리는 그날 오후에 발생한 일을 엄마에게 알려주었다.

▶ **주의** 이때 목적어는 반드시 구체적이어야 한다.

我把那个苹果吃完了。(○) / 我把一个苹果吃完了。(×)

동사 앞에 "给"가 와서 강조를 나타낼 수 있다.

我把那件事(给)忘了。 나는 그 일을 잊어버렸다.
他把这篇文章(给)翻译完了。 그는 이 문장을 번역했다.

예제 : 你 A 字再写得 B 大一点儿, 不然 C 后边的人 D 看不清楚。

把

해설 ┃ 把의 위치를 찾는 문제에서는 "목적어＋동사"로 된 구조를 찾아야 한다. 이 문장에서는 字가
목적어이고 写가 동사가 된다. 따라서 把는 동사 写 앞에 위치한다.
단어 ┃ 不然(bùrán) 그렇지 않으면
해석 ┃ 글자를 다시 한번 크게 써 주세요, 안 그러면 뒷사람이 알아볼 수 없어요.
정답 ┃ A

2 **시간사 · 부사 · 능원동사 · 부정사는 "把"자 앞에 위치한다.**

我明天**把**自行车还给你。 내가 내일 자전거 너에게 돌려줄게.

我一直**把**你当成最好的朋友, 你怎么能骗我呢?
나는 줄곧 너를 가장 좋은 친구로 여겼는데 네가 어떻게 나를 속일 수 있어?

他想**把**窗户拉开。 그는 창문을 열고 싶어 한다.

因为考得不好, 所以我没**把**成绩告诉父母。
시험을 못 봤기 때문에 나는 성적을 부모님에게 알리지 않았다.

▶주의 범위부사 都·全·一起·再·又 등이 올 경우에는 "把"자 앞 혹은 뒤로 올 수 있다.

他们都把眼镜摘下来了。(=他们把眼镜都摘下来了。) 그들은 모두 안경을 벗었다.
再把地板擦一擦。(=把地板再擦一擦。) 마루를 다시 좀 닦아라.

예제 : A 我真的 B 把这件事 C 告诉 D 小英。
       没有

해설 | 没有는 부정부사이므로, 把 앞에 위치해야 한다.
해석 | 나는 정말로 이 일을 샤오잉에게 알려주지 않았다.
정답 | B

3 종류

(1) 주어 + 把 + 목적어 + 동사 + 了 / 着 / 중첩형태 / 보어

我把苹果吃了。 나는 사과를 먹었다.
你把那个包提着吧。 너 그 가방을 들고 있어라.
你把这儿擦擦。 너 이 곳을 좀 닦아라.
妈妈把衣服都洗干净了。 엄마는 옷을 모두 깨끗이 씻었다.

예제 : 我们明天把写论文的资料______。

  A. 整理   B. 整理整理   C. 整理着   D. 整理了

해설 | 우선 把자문에 나오는 동사는 단독으로 올 수 없고 了·着·중첩형태 등이 올 수 있다. 그리고 문장에 明天이 있기 때문에 미래형 문장이 된다. 미래형 문장에는 완료를 나타내는 了와 지속을 나타내는 着는 쓸 수 없다. 따라서 이 문장에서는 중첩형태가 와야 한다.
해석 | 우리 내일 논문 쓸 자료들을 정리 좀 하자.
정답 | B

(2) 고정격식

01 주어 + 把 + 목적어1 + 동사 + 在 + 목적어2 (목적어를 어떤 곳에 처하게 함)

妹妹把大衣挂在衣架上了。 여동생은 외투를 옷걸이에 걸었다.
他打算把省下来的钱存在银行。 그는 남는 돈을 은행에 저금할 계획이다.

02 주어 + 把 + 목적어1 + 동사 + 到 + 목적어2 (목적어1을 어떤 곳에 도달하게 함)

她把汽车开到大门口了。 그녀는 자동차를 정문까지 몰았다.
他们把那个小偷送到公安局了。 그들은 그 소매치기를 경찰서로 보냈다.

 주어＋把＋목적어1＋동사＋<u>给</u>＋목적어2 (목적어1을 어떤 대상에게 넘기게 함)

你应该<u>把</u>学费交<u>给</u>王老师。 너는 학비를 왕 선생님께 내야 한다.
他<u>把</u>他的手机卖<u>给</u>我了。 그는 그의 핸드폰을 나에게 팔았다.

04 주어＋把＋목적어1＋동사＋<u>成</u>＋목적어2 (목적어1을 어떤 것으로 이루어지게 함)

他们<u>把</u>邮局当<u>成</u>了银行。 그들은 우체국을 은행으로 간주했다.
小姐，请<u>把</u>这一千美元换<u>成</u>韩币。 아가씨, 이 1000 달러를 한국 돈으로 바꿔주세요.

예제1 : 我会帮你把这些礼物送______安娜那儿的。

　　A. 到　　　　　　B. 在　　　　　　C. 给　　　　　　D. 成

해설 | 문장의 의미상 "~가 있는 곳에 보내주다"는 것이므로 到가 와야 한다.
해석 | 나는 이 선물들을 네가 안나가 있는 곳에 보내주는 것을 도와줄 수 있다.
정답 | A

예제2 : 你能帮我把这篇文章翻译______韩文吗?

　　A. 成　　　　　　B. 到　　　　　　C. 在　　　　　　D. 给

해설 | 목적어를 어떤 것으로 이루어지게 하는 경우에는 成을 사용한다. 이 문장은 의미상 한국
　　　어로 번역하여 이루어지는 것이므로, 成을 사용한다.
해석 | 너 이 문장 한국말로 번역해 주는 거 도와줄 수 있겠니?
정답 | A

2 │ 被 (叫·让·给) － 피동문

1 주어＋被 / 叫 / 让＋목적어＋(给)＋동사＋보충성분

她的英语不好，所以没有<u>被</u>公司录用。
그는 영어를 잘 못해서 회사에 채용되지 않았다.

墨水瓶<u>叫</u>弟弟打翻了。 잉크병이 동생에 의해서 엎어졌다.

门<u>让</u>大风吹开了。 문이 바람에 의해 열려졌다.

▶ **주의** 동사 뒤에는 반드시 보충성분(了·过·보어성분 등)이 와야 한다.
　　　(단, 동태조사 "着"와 중첩형태·가능보어 형식은 사용할 수 없음)

他们被老师批评过。(○) 그들은 선생님에게 야단을 맞은 적이 있다.
那套衣服被他送给朋友了。(○) 그 옷은 그에 의해 친구에게 보내졌다.
书包被他拿着。(×)

동사 앞에 "给"가 와서 강조를 나타낼 수 있다.

他的自行车叫小王(给)骑走了。 그의 자전거는 샤오왕이 타고 갔다.
面包早就被他(给)吃完了。 그가 빵을 일찌감치 다 먹어 치웠다.

2 시간사·부사·능원동사·부정사는 "被"자 앞에 위치한다.

他的自行车昨天被人骑走了。 그의 자전거는 어제 다른 사람이 타고 갔다.

去年的那次交通事故曾经被媒体报道过。
작년의 그 교통사고는 일찍이 언론에 보도된 적이 있다.

你会被他骗的。 너는 그에게 속을 것이다.

我们的申请没被批准。 우리들의 신청은 허락되지 않았다.

3 고정격식

(1) 주어＋被(给)＋동사＋보충성분

大家被(给)感动了。 사람들은 감동을 받았다.

我的自行车被(给)偷了。 내 자전거 도둑맞았다.

▶ 주의 위의 형식에서 "被" 대신 "叫"·"让"을 쓰지 못한다. "叫"·"让"을 쓸 경우 반드시 목적
어가 있어야 한다.

那本书被小李拿走了。(○) / 那本书被拿走了。(○)
那本书叫小李拿走了。(○) / 那本书叫拿走了。(×)
那本书让小李拿走了。(○) / 那本书让拿走了。(×)

(2) 주어＋被(为)＋목적어＋所＋동사("为"를 쓴 경우는 서면어에 많이 보인다)

大家被(为)那部电影所感动。 사람들은 그 영화에 감동을 받았다.

他这样做实在是为贫穷所困。 그가 이렇게 하는 것은 사실 가난해 곤란해서이다.

(3) **주어＋被＋목적어1＋동사＋为(作)＋목적어2**

赵华被大家选为班长。 짜오후아는 사람들에 의해 반장으로 뽑혔다.

那部电影被观众选为今年的最佳电影。
그 영화는 관중들에 의해 올해의 최우수 영화로 선정됐다.

예제1 ： 那棵大树昨天______刮倒了。

A. 叫　　　　　B. 被　　　　　C. 把　　　　　D. 让

해설 | 이 문장은 피동형 문장이다. 따라서 일단 叫·被·让이 정답이 될 수 있다. 그러나 뒤에 동사 刮가 바로 나오기 때문에 被만 가능하다. 叫와 让은 뒤에 반드시 목적어가 와야 한다.

단어 | 棵(kē) 그루, 포기 | 倒(dǎo) 넘어지다, 바꾸다

해석 | 그 큰 나무가 어제 바람에 불려 넘어갔다.

정답 | B

예제2 ： 不知到底过了多久，他______远处一阵雷声所惊醒。

A. 把　　　　　B. 从　　　　　C. 被　　　　　D. 使

해설 | 이 문장은 천둥소리에 의해 잠이 깬 것을 나타내므로 피동문이라고 할 수 있다. 보기에서 피동의 의미를 가지는 단어는 被 뿐이다. 또 뒤에 所는 피동문에서 "주어＋被(为)＋목적어＋所＋동사"형태로 사용된다.

단어 | 一阵(yízhèn) 한바탕, 한번 | 雷声(léishēng) 천둥소리 | 惊醒(jīngxǐng) 깜짝 놀라 깼다

해석 | 도대체 얼마나 지났는지 모르지만 그는 먼 곳에서 들려오는 한 차례의 천둥소리에 깜짝 놀라 깼다.

정답 | C

3 │ 연동문 (하나의 주어에 두 개 이상의 동사 혹은 동사구가 연용 되어 술어가 되는 문장)

1 │ 주어＋동사1＋(목적어1)＋동사2＋(목적어2)

他们来中国工作。 그들은 중국에 일하러 왔다.

我有事找你。 나는 일이 있어 너를 찾았다.

我每天坐校车去学校。 나는 매일 스쿨버스를 타고 학교에 간다.

예제 ： 我______________________。

A. 解决这样的问题有办法　　　B. 有办法解决这样的问题
C. 有办法这样的问题解决　　　D. 解决有这样的问题办法

해설 | 연동문은 두 개의 동사가 연속으로 나와 일을 순차적으로 하는 것을 나타낸다. 문장의 의미상 방법이 있어야 문제를 해결할 수 있는데, 즉 "有办法"가 있어야 "解决这样的问题" 할 수 있으므로 어순은 "有办法解决这样的问题"순이어야 한다.

해석 | 나는 이러한 문제를 해결할 방법이 있다.

정답 | B

(1) 시간사 · 일반부사 · 부정부사와 능원동사는 동사1 앞에 위치한다.

我<u>明年</u>去中国学习汉语。 나는 내년에 중국 가서 중국어를 공부한다.

李华<u>常常</u>听着音乐看书。 리후아는 늘 음악을 들으며 책을 본다.

我<u>没</u>去商店买东西。 나는 상점에 물건을 사러 가지 않았다.

我<u>想</u>到你们那儿看看。 나는 너희들 있는 곳을 한번 가 보고 싶다.

(2) 동태조사 "了"와 "过"는 일반적으로 동사2 뒤에 온다.

爸爸在沙发上坐着看<u>了</u>一会儿报纸。
아빠는 소파에 앉으셔서 잠깐 동안 신문을 보셨다.

他来北京学习<u>过</u>汉语。 그는 베이징에 중국어를 공부하러 온 적이 있다.

▶ **주의** 문중에 "就" · "才" · "再"가 있는 경우에는 동사1 뒤에 위치한다.

她下班回家吃<u>了</u>饭<u>就</u>睡觉了。 그녀는 퇴근을 하고 집에 가서 밥을 먹고 잤다.
昨天我和朋友在外边吃<u>了</u>饭<u>才</u>回家。
어제 나는 친구와 밖에서 밥을 먹고 나서야 집으로 돌아갔다.

(3) 동태조사 "着"는 동사1에 위치한다.

老师总是站<u>着</u>讲课。 선생님께서는 늘 서서 수업을 하신다.

他每天拿<u>着</u>一本厚厚的词典去学校上课。
그는 매일 아주 두꺼운 사전 한 권을 가지고 학교에 수업하러 간다.

예제1： 今天 A 他 B 骑自行车 C 去 D 上学。

　　　　　　没有

해설 Ｉ 이 문장은 동사 骑와 去가 연이어 나오는 연동문이다. 연동문에서 부정부사는 첫 번째 동사 앞에 위치한다.

해석 Ｉ 오늘 그는 자전거를 타지 않고 학교에 갔다.

정답 Ｉ B

예제2： 去年他来 A 中国 B 访问 C 两次 D。

　　　　　　了

해설 Ｉ 이 문장은 동사 来와 访问이 연이어 나오는 연동문이다. 연동문에서 동태조사 了는 두 번째 동사 뒤에 온다. 이 문장에서 두 번째 동사는 访问이므로 了는 그 뒤에 온다.

해석 Ｉ 작년 그는 중국을 두 차례 방문했다.

정답 Ｉ C

4 | 겸어문 (동사 술어문에서 술어가 두 개의 동사구로 구성되어 있는 문장을 말하는데, 이때 앞쪽 동사의 목적어는 뒤쪽 동사의 주어 즉 "겸어"가 된다)

1 종류

(1) 주어＋(让·叫·令·使·请·派…)＋겸어＋동사2＋목적어 (사역·요청·명령 등의 의미)

我请他吃饭。나는 그에게 밥을 사준다.
他让我来找你。그가 나를 보내 너를 찾아오게 했다.
公司派他来学习。회사에서 그를 보내 공부하도록 했다.

(2) 是＋겸어＋동사2＋목적어 (겸어를 강조)

是小张回答了这个问题。바로 샤오쟝이 이 문제를 대답했다.
是老师帮我找到了你。바로 선생님께서 너 찾는 거 도와주셨다.

(3) 주어＋有＋겸어＋동사2＋목적어

有一个人在门口等你。어떤 사람이 입구에서 너를 기다리고 있다.
我们班有三个同学是从韩国来的。우리 반에는 3명의 학우가 한국에서 왔다.

예제1： A 谁 B 告诉 C 你 D 这个消息的？

是

해설 | 이 문장에서 谁가 겸어로 쓰이고 있다. 즉 앞부분에서 谁는 "是谁"형태로 목적어로 쓰이고 있고, 뒤 부분에는 "谁告诉你这个消息的"형태로 주어로 쓰이고 있다. 따라서 是는 겸어가 되는 谁 앞에 위치해야 한다.
해석 | 누가 당신에게 이 소식을 알려주었는가?
정답 | A

예제2： 你们___________________？

A. 当代表选谁　　　　　　　　B. 当谁选代表
C. 选代表当谁　　　　　　　　D. 选谁当代表

해설 | 문장의 의미상 谁가 앞 문장에서는 목적어, 뒤 문장에서는 주어가 되는 겸어가 되고 있다. 따라서 어순은 "～选谁当代表"순이 되어야 한다.
해석 | 당신들은 누구를 대표로 뽑는가?
정답 | D

(1) 시간사 · 일반부사 · 부정부사 · 능원동사는 동사1 앞에 위치한다.

他<u>下午</u>请我吃饭。 그는 오후에 나에게 밥을 사준다.

我<u>刚才</u>看见他进了图书馆。 나는 방금 그가 도서관으로 들어가는 것을 보았다.

父母<u>不</u>让我抽烟。 부모님께서는 내가 담배 피는 것을 허락하지 않으신다.

我<u>可以</u>帮你检查一下。 나는 네가 찾는 것을 좀 도울 수 있다.

(2) 동태조사 "了" · "过"는 일반적으로 동사2 뒤에 온다.

他让我叫<u>了</u>一辆车。 그는 나로 하여금 차 한대를 부르도록 했다.

这本书使我了解<u>了</u>中国。 이 책은 나로 하여금 중국을 이해하게 했다.

예제 : 这件事我让 A 人告诉 B 他 C 好几次 D 了。

过

해설 | 이 문장은 让이 있고, 또 人이 앞부분에서는 목적어가 되고 뒤 부분에서는 주어가 되는 겸어의
역할을 하고 있어 겸어문이 된다. 겸어문에서 동태조사 过는 두 번째 동사 뒤에 온다. 이 문장
에서 두 번째 동사는 告诉이므로 过는 그 뒤에 온다.
해석 | 이 일은 내가 사람들로 하여금 그에게 여러 차례 알려주도록 한 적이 있다.
정답 | B

1 我 A 妹妹告诉 B 他明天早上六点半 C 来学校集合 D 上车。
　　　让

2 今天 A 我又 B 批评 C 了一顿 D。
　　　让老师

3 这件已经过去很长时间的往事，A 我 B 心里一直 C 十分 D 内疚。
　　　令

4 A 那是一次 B 我 C 终生 D 难忘的旅行。
　　　令

5 真倒霉，我 A 又 B 被 C 那个卖水果的小贩 D 骗了。
　　　给

6 他 A 小说里的故事 B 吸引 C 住 D 了。
　　　被

7 A 慢点儿 B 吃，C 把肚子 D 弄坏了。
　　　别

8 A 我刚买的一辆自行车，就 B 人骑走了，到现在也 C 没 D 送回来。
　　　叫

9 她 A 让 B 我等 C 两个小时 D。
　　　了

10 爸爸 A 让 B 我 C 去 D 那条河里游泳。
　　　不

11 他 A 有 B 个哥哥 C 银行的经理 D。
　　　是

12 我 A 请 B 你 C 来 D 参加我的婚礼。
　　　　　　想

13 我没有 A 去 B 新图书馆看 C 书 D。
　　　　　　过

14 他喜欢 A 在 B 床上躺 C 看 D 书。
　　　　　　着

15 妈妈 A 给孩子 B 买了个 C 面包 D。
　　　　　　吃

16 A 我的宿舍里 B 没有 C 椅子 D。
　　　　　　坐

17 这个意外的消息__________在场的人都大吃一惊。
A. 把　　　　　B. 使　　　　　C. 被　　　　　D. 将

18 我的录音机不见了，原来__________我弟弟拿去了。
A. 让　　　　　B. 把　　　　　C. 为　　　　　D. 由

19 我今天上午刚刚买来的一辆新自行车就__________借走了。
A. 被　　　　　B. 把　　　　　C. 让　　　　　D. 为

20 我要把最美好的祝愿送__________你。
A. 在　　　　　B. 到　　　　　C. 来　　　　　D. 给

21 你__________小钱把那份合同送过来，越快越好。
A. 要　　　　　B. 给　　　　　C. 使　　　　　D. 叫

22 你的话__________我想起了许多事情，特别是插队的三年。
A. 被　　　　　B. 由　　　　　C. 使　　　　　D. 给

23 经常发生这样的事情，太__________人失望了。
A. 让　　　　　B. 被　　　　　C. 给　　　　　D. 把

24 我不小心把杯子__________打碎了。

    A. 被　　　　　B. 将　　　　　C. 给　　　　　D. 来

25 我新买的衣服叫他__________烧了一个洞。

    A. 所　　　　　B. 给　　　　　C. 被　　　　　D. 让

26 冰箱里的可乐已经__________。

    A. 被喝完了　　B. 由喝完了　　C. 使喝完了　　D. 让喝完了

27 我的姐姐明天到首尔, 我__________。

    A. 去机场要接她　　　　　B. 要去机场接她
    C. 要机场去接她　　　　　D. 机场要去接她

28 张教授已经搬到外面的小区里去住了, 要不我带您__________。

    A. 找他到他家去　　　　　B. 到他家去找他
    C. 去找他到他家　　　　　D. 找去他到他家

29 他的借书证__________。

    A. 小王给叫丢了　　　　　B. 叫小王给丢了
    C. 给小王叫丢了　　　　　D. 丢给叫小王了

30 那个售货员__________。

    A. 叫去了被商店经理　　　B. 去叫了被商店经理
    C. 被商店经理叫去了　　　D. 被叫商店经理去了

31 我们要__________。

    A. 选他当我们的代表　　　B. 他选当我们的代表
    C. 选我们的代表他当　　　D. 当我们的代表选他

32 我有急事找他, 请__________, 好吗?

    A. 找他一下儿你帮我　　　B. 我找一下儿他帮你
    C. 你帮一下儿我找他　　　D. 你帮我找一下儿他

33 最近你不要来这里找我, __________。

    A. 我打电话给你有事　　　B. 有事我给你打电话
    C. 我打电话有事给你　　　D. 有事给你我打电话

34 每到春节长假，他们全家__________。

    A. 往往一起去南方度假   B. 一起往往去南方度假

    C. 往往度假去南方一起   D. 一起度假往往去南方

35 昨天上课时，老师__________。

    A. 让了他谈谈寒假的见闻   B. 让他谈了谈寒假的见闻

    C. 让他谈谈了寒假的见闻   D. 让他谈谈寒假的见闻了

36 他__________。

    A. 把桌子上放到她的箱子   B. 桌子上把她的箱子放到

    C. 把她的箱子放到桌子上   D. 放到她的箱子把桌子上

37 我__________。

    A. 把那张彩色照片挂在墙上   B. 挂在墙上把那张彩色照片

    C. 彩色照片把那张挂在墙上   D. 挂把那张彩色照片在墙上

38 哪怕再忙，你__________。

    A. 也应该抽时间去医院做检查   B. 应该也去医院抽时间做检查

    C. 也应该抽时间做检查去医院   D. 抽时间应该做检查也去医院

39 节日那天，很多学生__________。

    A. 请我给他们唱歌来到我家里   B. 来我家里到请我给他们唱歌

    C. 到我家里来给他们唱歌请我   D. 到我家里来请我给他们唱歌

정답과 해설

1 A	2 B	3 A	4 B	5 D	6 A
7 C	8 B	9 C	10 A	11 C	12 A
13 C	14 C	15 D	16 D	17 B	18 A
19 A	20 D	21 D	22 C	23 A	24 C
25 B	26 A	27 B	28 B	29 B	30 C
31 A	32 D	33 B	34 A	35 B	36 C
37 A	38 A	39 D			

1
해석 | 나는 여동생으로 하여금 그에게 내일 아침 6시 반에 학교에서 모여 차를 탄다고 알려 주도록 했다.
단어 | 集合(jíhé) : 집합하다
해설 | 让이 사역의 의미일 때, "让+사람+동사" 형태가 된다. 따라서 让은 妹妹 앞에 위치한다.

2
해석 | 오늘 나는 또 선생님에게 한 차례 야단맞았다.
단어 | 批评(pīpíng) : 비평하다
해설 | 让이 사역의 의미일 때, "让+사람+동사" 형태가 된다. 이 문장에서 동사는 批评이므로 让老师는 그 앞에 위치한다.

3
해석 | 이 일은 이미 아주 오래전에 지나간 일인데, 나는 마음속으로 줄곧 큰 가책을 느낀다.
단어 | 内疚(nèijiù) : (마음속의) 멍, 매듭, 가책
해설 | 令은 사역의 의미일 때, 기본적으로 "令+(대)명사+동사" 형태가 된다. 이 문장에서 명사는 心里이므로 令은 그 앞에 위치한다.

4
해석 | 그것은 내가 평생 동안 못 잊을 여행이다.
해설 | 令은 사역의 의미일 때, 기본적으로 "令+(대)명사+동사" 형태가 된다. 이 문장에서 명사는 我이므로 令은 그 앞에 위치한다.

5
해석 | 정말 재수 없네, 또 그 과일 파는 노점상에게 속았어.
단어 | 倒霉(dǎoméi) : 재수 없다
小贩(xiǎofàn) : 소상인, 행상인
骗(piàn) : 속이다
해설 | 피동문에서 给는 강조의 의미를 가지며 해석이 안 된다. 위치는 "주어+被+목적어+给+동사"가 된다.

6
해석 | 그는 소설 속의 이야기에 완전히 매료됐다.
해설 | 피동문의 기본격식은 "주어+被+목적어+(给)+동사" 형태가 된다. 이 문장에서 목적어는 "小说里的故事"이므로 被는 그 앞에 위치한다.

7
해석 | 좀 천천히 먹어라, 배를 다치지 않도록 말이야.
해설 | 别는 부정부사이므로, 把 앞에 와야 한다.

8
해석 | 내가 방금 산 자전거 누가 타고 갔는데, 지금까지도 가져다 주지 않고 있다.
해설 | 叫가 사역의 의미일 때, 기본적으로 "叫+(대)명사+동사" 형태가 된다. 이 문장에서 명사는 人이므로 叫는 그 앞에 위치한다.

9
해석 | 그녀는 나로 하여금 두 시간을 기다리게 했다.
해설 | 이 문장은 让이 있어 겸어문이다. 겸어문에서 동태조사 了는 두 번째 동사 뒤에 온다.

10
해석 | 아빠는 나로 하여금 저 강에서 수영을 하도록 했다.
해설 | 이 문장은 让이 있어 겸어문이다. 겸어문에서 부정부사 不는 让 앞에 위치한다.

11
해석 | 그에게는 은행장인 형이 하나 있다.
해설 | 이 문장은 "个哥哥"가 겸어가 되는 겸어문이다. 겸어가 되는 个哥哥 뒤 부분에 동사가 빠져있으므로 是는 그 뒤에 와야 한다.

12
해석 | 나는 네가 나의 결혼식에 와주기를 청하고

싶다.

단어 | 婚礼(hūnlǐ) : 결혼식

해설 | 이 문장은 请이 있어 겸어문이다. 겸어문
에서 능원동사 想은 첫 번째 동사 请 앞
에 위치한다.

13 **해석 |** 나는 새 도서관에 가서 책을 본 적이 없다.
  해설 | 이 문장은 연동문이다. 연동문에서 동태
조사 过는 두 번째 동사 뒤에 위치한다.

14 **해석 |** 그는 침대에 누워서 책 보는 것을 좋아한다.
  해설 | 이 문장은 연동문이다. 연동문에서 동태
조사 着는 첫 번째 동사 뒤에 위치한다.
첫 번째 동사는 躺이므로, 着는 그 뒤에
위치한다.

15 **해석 |** 엄마는 아이에게 빵을 하나 사서 먹도록
했다.
  해설 | 이 문장은 연동문이다. 연동문의 기본어
순은 "주어 + 동사1 + (목적어1) + 동사
2+(목적어2)"이다. 앞에 동사 买가 있으
므로, 吃는 목적어 面包 뒤에 위치한다.

16 **해석 |** 우리 기숙사에는 앉을 의자가 없다.
  해설 | 이 문장은 연동문이다. 연동문의 기본어
순은 "주어 + 동사1 + (목적어1) + 동사
2+(목적어2)"이다. 앞에 동사 没有가 있
으므로, 坐는 목적어 椅子 뒤에 위치한다.

17 **해석 |** 이 의외의 소식은 현장에 있던 사람들로
하여금 크게 놀라게 했다.
  단어 | 意外(yìwài) : 의외로, 뜻밖에도
在场(zàichǎng) : 현장에 있다
吃惊(chījīng) : 놀라다
  해설 | 이 문장은 사역의 의미이므로, 使를 사용
한다. 将과 把는 같은 의미이다.

18 **해석 |** 내 녹음기가 안 보이나 했더니 원래 내 동
생이 가져갔구나.
  해설 | 이 문장은 피동의 의미이므로, 被를 사용
한다.

19 **해석 |** 내가 오늘 오전에 방금 산 새 자전거 빌려
갔다.
  해설 | 이 문장은 피동의 의미이므로, 일단 被와
让이 올 수 있다. 그러나 뒤에 동사가 바
로 오는 경우에는 被만 사용 가능하다.
让은 뒤에 반드시 목적어가 있어야 한다.

20 **해석 |** 나는 부모님께 가장 아름다운 축원을 보

내려 한다.

단어 | 祝愿(zhùyuàn) : 축원하다

해설 | 문장의 의미상 축원을 부모님에게 드리
는 것은 "주다"라는 의미이므로 给를 사
용한다.

21 **해석 |** 너는 샤오치엔을 시켜 그 계약서를 가져
오도록 해라, 빠르면 빠를수록 좋아.
  단어 | 份(fèn) : 신문이나 문건을 세는 단위
合同(hétong) : 계약
  해설 | 이 문장은 사역의 의미이므로 使와 叫가
올 수 있다. 그러나 의식적인 명령이나
지시를 나타내는 문장에서는 叫를 사용
한다. 使는 어떤 결과를 얻거나 원인이나
조건을 제공한 경우에 사용한다.

22 **해석 |** 너의 말은 나로 하여금 많은 일 특히 농촌
에서 일한 3년을 생각나게 했다.
  단어 | 插队(chāduì) : 농촌에 가서 일하는 대열
에 끼다, 새치기 하다
  해설 | 이 문장은 사역의 의미이므로, 使를 사용
한다. 由는 전치사로써, "~로부터"라는
의미이다.

23 **해석 |** 자주 이런 일이 일어나는 것은 사람을 정
말 실망시킨다.
  해설 | 이 문장은 사역의 의미이므로, 让을 사용
한다.

24 **해석 |** 나는 조심하지 않아 컵을 깼다.
  단어 | 打碎(dǎsuì) : 깨뜨리다, 때려 부수다
  해설 | 把자문에서 给가 오면 강조를 나타낸다.
이때 给는 해석이 되지 않는다.

25 **해석 |** 내가 새로 산 옷을 그가 태워 구멍 냈다.
  단어 | 烧(shāo) : 태우다 | 洞(dòng) : 구멍
  해설 | 피동문에서 给가 오면 강조를 나타낸다.
이때 给는 해석이 되지 않는다.

26 **해석 |** 냉장고 안의 콜라 이미 다 마셨다.
  해설 | 이 문장은 의미상 피동을 나타낸다. 피동
형 문장에서 목적어 없이 뒤에 바로 동사
가 올 수 있는 것은 被밖에 없다.

27 **해석 |** 우리 누나가 내일 서울에 온다고 해서 나
는 공항으로 마중 나가려 한다.
  단어 | 首尔(Shǒu'ěr) : 서울
  해설 | 이 문장은 연동문이다. 연동문에서 능원
동사 要는 첫 번째 동사 앞에 위치한다.

28 해석 | 장 교수님은 이미 이사하셔서 밖에 거주
하시는데, 제가 당신을 그의 집까지 찾아
드리겠습니다.

단어 | 小区(xiǎoqū) : 공장이나 거주시설이 모
여 있는 일정 구역

해설 | 문장에서 到他家는 전치사구이므로, 주어
바로 뒤에 위치해야 한다. "가서 찾는다."
는 의미이므로 去找순이 되어야 한다.

29 해석 | 샤오왕이 그의 대출증을 잃어버렸다.

해설 | 이 문장은 피동을 나타낸다. 피동형 문장
의 기본격식은 "주어＋被(叫·让)＋목적
어＋(给)＋동사＋보충성분" 형태이다.

30 해석 | 그 판매원은 상점의 사장에게 불려 갔다.

해설 | 이 문장은 피동을 나타내기 때문에 被가
쓰였다. 문중의 叫는 피동이 아니라 "부
르다"는 동사로 쓰인 것에 주의한다.

31 해석 | 우리는 그를 우리의 대표로 뽑으려고 한다.

해설 | 겸어문의 어순을 묻는 문제이다. "주어＋
选＋A＋当＋B"는 "주어는 A를 B로 뽑
다"는 의미로서, 이때 A가 겸어가 되고
있다.

32 해석 | 저는 급한 일이 있어 당신을 찾아왔습니
다, 그를 찾는 것을 좀 도와주실 수 있습
니까?

해설 | 이 문장은 연동문이다. 연동문의 기본어
순은 "주어＋동사1＋(목적어1)＋동사
2＋(목적어2)"이다.

33 해석 | 최근에 너 이곳에 나 찾으러 오지 마라,
일이 있으면 내가 너에게 전화하겠다.

해설 | "给A打电话"는 A에게 전화를 걸다"는
의미이다.

34 해석 | 매번 설날 같은 긴 연휴가 오면, 그들 전
가족들은 왕왕 함께 남방으로 휴가를 보
내러 간다.

단어 | 度假(dùjià) : 휴가를 보내다

해설 | 부사 往往과 一起는 일단 동사 앞에 와

야 하는데, 의미상 "往往一起"순이 된
다. 뒤의 문장은 연동문으로, 어순은 "去
南方度假"가 된다.

35 해석 | 어제 수업할 때 선생님은 그로 하여금 겨
울방학 동안에 보고 들은 것들에 대해 이
야기 좀 하게 했다.

단어 | 见闻(jiànwén) : 견문, 보고 들은 것

해설 | 동사가 중첩될 때 了는 A了A형태가 된
다. 동태조사 过는 동사중첩 형태에서 사
용할 수 없다.

36 해석 | 그는 그녀의 트렁크를 테이블 위에 놓았다.

해설 | 把는 강조하고자 하는 목적어를 앞으로
도치시켜 "把＋명사＋동사"형태의 문장
을 만든다.

37 해석 | 나는 그 컬러사진을 벽에 걸었다.

해설 | "주어＋把＋A＋동사＋在＋B(장소)"는
"주어는 A를 B에 ~했다"는 의미이다.

38 해석 | 설사 다시 바쁘다 하더라도 시간 내서 병
원에 진찰 받으러 가야 한다.

해설 | 우선 부사와 조동사가 함께 나올 경우 어
순은 "부사＋조동사"순이 된다. 또 연동
문은 일이 우선적으로 발생하는 것부터
나오므로 抽时间→去医院→做检查순
으로 나와야 한다.

39 해석 | 기념일 그날, 많은 학생들이 우리 집에
와서 나에게 그들에게 노래를 불러 줄 것
을 청했다.

해설 | 중국어의 기본어순은 "주어＋전치사구＋
동사"이다. 문장에서 전치사구는 "到我
家里来"이므로 일단 주어 뒤에 와야 한
다. 그 다음 문장은 请이 있어 겸어문임
을 알 수 있다. 겸어문에서는 목적어와
주어를 겸하는 겸어가 있어야 하는데 이
문장에서는 我가 겸어의 역할을 하고 있
다. 즉, "~请我"와 "我给他们唱歌"의
형태로 된 겸어문임을 알 수 있다.

어순 특징 : 말 그대로 말의 순서이다. 즉 순서에 맞게 배열된 문장을 보기에서 골라 내는 작업을 말한다.
중점사항 : 중국어의 기본어순 / 관형어와 부사어의 위치 / 기타 특수형식의 용법

1 │ 기본어순

1 기본구조 : (부사어)＋(관형어)＋주어＋(부사어)＋술어＋(보어)＋(관형어)＋목적어

(我们班的) 同学 (已经) 学 (完) (两本) 汉语书了。
　　관형어　　　　주어　　부사어　동사　보어　　관형어　　　　목적어
우리 반 학우들은 이미 두 권의 중국어 책을 다 배웠다.

(去年) (金成姬的) 弟弟 (在中国) 学 (了) (一年) 汉语。
　부사어　　관형어　　　주어　　부사어　술어　　　　보어　　목적어
작년 김성희의 남동생은 중국에서 일 년 동안 중국어를 배웠다.

예제 : 我们＿＿＿＿＿＿＿＿＿＿＿＿＿＿＿＿＿＿。

A. 学到已经二十三课了　　　　B. 二十三课已经学到了
C. 已经学到二十三课了　　　　D. 已经二十三课学到了

해설 | 중국어의 일반적인 어순은 "부사어＋동사＋보어＋목적어"형태이다. 이 문장에서 부사는 已经, 동사는 学, 보어는 到, 목적어는 二十三课가 된다. 따라서 정확한 어순은 앞에 나열한 단어들을 순서대로 배열하면 된다.
해석 | 우리는 이미 23과를 배웠다.
정답 | C

2 시간사와 처소사의 위치

01 주어＋시간사＋술어＋기타성분 / 시간사＋주어＋술어＋기타성분

我昨天看了一部电影。 나는 어제 영화 한 편을 봤다.
昨天我看了一部电影。 어제 나는 영화 한 편을 봤다.
我现在不想吃饭，一会儿再吃吧。 나는 지금 밥 먹고 싶지 않아, 조금 후에 먹자.

02 주어＋처소사＋술어＋기타성분

我在学校学习汉语。 나는 학교에서 중국어를 공부한다.

哥哥在大学里当老师，弟弟在广州打工。
형은 대학의 교수이고, 동생은 광저우에서 아르바이트를 한다.

03 시간사＋주어＋처소사＋술어＋기타성분
주어＋시간사＋처소사＋술어＋기타성분

昨天我在学校看了一部中国电影。 어제 나는 학교에서 중국영화 한 편을 봤다.

请你六点半在公园入口处等我。 6시 반에 공원입구에서 저를 기다리세요.

예제

请转告旅游团的全体成员，我们＿＿＿＿＿＿＿＿＿＿＿＿＿＿＿。

A. 在天安门上午10点等他们　　　B. 上午10点等他们在天安门
C. 等他们在天安门上午10点　　　D. 上午10点在天安门等他们

해설 | 시간과 장소가 함께 나올 경우 어순은 "시간사＋장소사＋술어"형태가 된다.
단어 | 转告(zhuǎngào) 전달하다, 전언하다 | 成员(chéngyuán) 성원, 구성인원
해석 | 여행단 전체구성원들에게 알려주세요, 오전 10시 천안문에서 우리를 기다리시라고요.
정답 | D

2 | 관형어 (주어나 목적어인 명사성 성분을 수식하고 제한하는 역할을 한다)

1 **"的"를 꼭 사용해야 되는 경우**

01 명사·대명사(소유관계)가 관형어가 될 때

我的信 나의 편지 / 人的命运 사람의 운명 / 朋友的公司 친구의 회사 /
他的问题 그의 문제

02 의문대명사(谁·怎(么)样·什么样 등)가 관형어가 될 때

这是谁的书？ 이것은 누구의 책인가?

他是一个什么样的人？ 그는 어떤 사람입니까?

用怎样的办法可以解决污染问题呢？
어떤 방법으로 오염 문제를 해결할 수 있는가?

03 쌍음절 형용사가 관형어가 될 때

她是一个聪明的学生。 그녀는 총명한 학생이다.

晴朗的天空上飘着朵朵白云。
푸르른 하늘 위로 한 점 한 점 흰 구름이 떠가고 있다.

04 단음절 형용사 중첩된 후 관형어가 될 때

大大的眼睛 아주 큰 눈 / 高高的个子 아주 큰 키

05 동사가 명사를 수식할 때

看的书 본 책 / 讨论的题目 토론할 제목

06 각종 구가 명사를 수식할 때

留学生住的房间。 유학생이 사는 방 (주술구)

刚买的书。 방금 산 책 (동사구)

关于历史方面的问题。 역사 방면에 관한 문제 (개사구)

很快的速度。 아주 빠른 속도 (형용사구)

예제

这是______________________。

A. 开的由韩国人一家饭店   B. 一家由韩国人开的饭店
C. 由韩国人一家开的饭店   D. 韩国人的由一家开饭店

해설 | 이 문장에서 목적어는 饭店이다. 따라서 어떤 饭店인가를 수식해주는 수식어가 와야 한다. 이 문장에서 수식어는 "전치사구+술어+동사"형태로 된 由韩国人开이다.

해석 | 이곳은 한국 사람이 연 식당이다.

정답 | B

2 "的"를 쓰지 않는 경우

01 수량사가 관형어가 될 때

他给我们讲了一个故事。 그는 우리들에게 이야기 하나를 해 주었다.

他在阳台上种了几盆花。 그는 베란다에 꽃을 몇 화분 심었다.

02 这·那+(수)량사+명사

大门外的<u>那</u>两个人是谁？ 대문 밖의 저 두 사람은 누구입니까?
<u>这</u>种植物我在中国从来没见过。 나는 중국에서 이 식물을 여태까지 본 적이 없다.

03 의문대명사(什么·哪·多少·几)가 관형어가 될 때

你们公司有<u>多少</u>(名)职员？ 너희 회사 직원이 몇 명이니?
老张家住在<u>哪</u>栋楼？ 라오장의 집은 몇 동입니까?
那部电影是<u>什么</u>名字？ 그 영화 제목은 무엇입니까?

04 복수인칭대명사+집체명사

<u>他们</u>班的人数比我们班少。 그들 반의 학생 수는 우리 반보다 적다.
有时间的话到<u>我们</u>学校看看吧，我们学校很漂亮。
시간이 있으면 우리 학교 보러 와, 우리 학교 아주 아름다워.

05 인칭대명사+친속의 호칭

<u>我</u>妈现在不在家，去买菜了。 우리 엄마는 지금 집에 안 계시고, 채소 사러 가셨다.
<u>他</u>爷爷去年刚刚去世。 그의 할아버지는 작년 막 돌아가셨다.

06 단음절형용사가 관형어가 될 때

她刚买了一件<u>新</u>衣服。 그녀는 방금 새 옷 한 벌을 샀다.
我和小金是<u>好</u>朋友。 나와 샤오진은 좋은 친구이다.

07 재질·속성+명사

他叠了一个<u>纸</u>飞机。 그는 종이비행기 하나를 접었다.
墙上挂着一面<u>韩国</u>国旗。 벽에 한국 국기가 걸려져 있다.

예제

三岁的女儿突然出现在妈妈面前，手里拿着 ___________________。

   A. 一个红的大大苹果   B. 一个大大的红苹果
   C. 红的大大一个苹果   D. 红的一个大大苹果

해설 | 단음절 형용사가 중첩되어 목적어를 수식할 경우 的가 들어가야 한다. 따라서 문장에서는 "大大的
~"형태가 되어야 한다.

해석 | 3살 된 딸아이가 갑자기 엄마 앞에 나타났다, 손에는 하나의 큰 붉은 사과를 들고 있었다.

정답 | B

01 소유성 명사 / 대명사

02 시간사 / 처소사 (1 · 2번은 서로 앞뒤로 바꿀 수 있다.)

03 주술구

04 동사구 / 전치사구

05 지시대명사 / 수량구 (위치는 유동적이라서 1 · 2 · 3 · 4에 위치하기도 한다)

06 형용사 (구)

07 "的"를 사용하지 않는 형용사와 수식성 명사

你的　　　这　　　三本　　　新　　　杂志　　真好看。
1(소유성 대명사)　5(지시대명사)　5(수량사)　7(형용사)　중심어

너의 이 세 권의 새 잡지책 정말 보기 좋다.

上幼儿园时　老师讲的　那些　　美丽动人的　故事　我还记得。
2(시간)　　　3(주술구)　5(지시대명사)　6(형용사)　중심어

유치원 다닐 때 선생님께서 말해 주신 그 아름답고 사람을 감동시키는 이야기들을 나는 아직 기억한다.

昨天　在电影院　跟小明一起看的　那个　　美国　电影　真没有意思。
2(시간)　2(장소)　4(전치사구)　5(지시대명사)　7(수식성 명사)　중심어

어제 영화관에서 샤오밍과 함께 본 그 미국 영화 정말 재미 없었어.

____________________________ 树枯死了。

　A. 我们去年种的那棵小苹果　　B. 去年种的我们那棵小苹果
　C. 我们那棵小苹果去年种的　　D. 去年那棵我们种的小苹果

해설 | 이 문장에서 주어는 那棵小苹果이며 그 앞에는 이를 수식하는 관형어가 온다. 관형어가 여러 개 출현할 경우 어순은 "대명사+시간사+주술구"형태가 되므로 "我们+去年+种的~"순으로 와야 한다.

단어 | 枯(kū) 마르다, 시들다 | 种(zhòng) 심다

해석 | 우리가 작년에 심은 그 작은 사과나무는 말라 죽었다.

정답 | A

3 | 부사어 (형용사나 동사 등 술어가 되는 성분을 묘사하고 수식하는 역할을 한다)

1 "地"를 쓰는 경우

(1) 동사

大家<u>注意</u>地听着。 사람들은 주의 깊게 듣고 있다.
老师<u>称赞</u>地点了点头。 선생님은 칭찬하며 고개를 끄덕이셨다.

(2) 형용사

01 쌍음절 형용사

他<u>高兴</u>地笑了。 그는 기뻐서 웃었다.

02 형용사 앞에 부사가 있는 경우

他很<u>认真</u>地介绍了自己的情况。 그는 아주 진지하게 자신의 상황을 소개했다.

03 쌍음절 형용사의 중첩

弟弟<u>舒舒服服</u>地睡了一觉。 동생은 아주 편안하게 잠을 잤다.

(3) 성어나 관용어

学生们正<u>聚精会神</u>地看着书。
학생들은 마침 정신을 집중해서 책을 보고 있다. (성어)

你这么<u>三天打鱼两天晒</u>地学, 怎么学得好呀?
너 이렇게 하다 말다 공부하면 어떻게 공부를 잘 할 수 있겠니? (관용어)

(4) 각종 구

双方<u>亲切友好</u>地交换了意见。
쌍방은 다정하고 우호롭게 의견을 교환했다. (형용사구)

他<u>心疼</u>地看了孩子一眼。 그는 마음 아프게 아이를 힐긋 쳐다봤다. (주술구)

半夜他<u>像只老鼠似</u>地偷偷溜回了家。
한밤중에 그는 쥐처럼 몰래 집으로 돌아갔다. (고정결구)

01 단음절 형용사 뒤

学汉语得<u>多</u>说、<u>多</u>念、<u>多</u>听。
중국어를 배우기 위해서는 많이 말하고, 많이 읽고, 많이 들어야 한다.

02 부사나 전치사구 뒤

她对人<u>非常</u>热情。 그는 사람들에 대해 아주 열정적이다.
他<u>在餐厅里</u>陪客人吃饭。 그는 식당에서 손님을 모시고 식사를 했다.

예제

每天早晨，那位老人都要__________________。
 A. 心平气静在湖边地打一会儿太极拳
 B. 在湖边心平气静地一会儿打太极拳
 C. 在湖边心平气静地太极拳打一会儿
 D. 在湖边心平气静地打一会儿太极拳

해설 | 우선 전치사구 在湖边은 제일 먼저 나와야 한다. 이 문장에서 동사는 打이고, 打를 수식하기 위해 주술구 형태로 된 心平气静地가 앞에 와야 한다. 목적어는 太极拳이므로 문장 끝에 위치한다.
단어 | 早晨(zǎochén) 이른 아침, 새벽 | 心平气静(xīnpíngqìjìng) 마음이 평온하고 고요하다
해석 | 매일 새벽에 그 노인은 호숫가에서 평온하고 고요하게 태극권을 잠시 단련한다.
정답 | D

01 시간 (今天 · 2004年 · 已经 · 才 · 马上 · 从 · 在 · 当……)

02 장소 (在学校, 从韩国……)

03 범위 (只 · 都 · 一起 · 一共 · 仅仅……)

04 정도 (很 · 太 · 非常 · 十分……)

05 상태 · 방식

<u>星期六, 我们 在校园里 只是 十分 简单地 用汉语 谈了谈那个问题。</u>
　1(시간)　　　　2(장소)　　3(범위) 4(정도) 5(방식)　6(도구)

토요일 우리들은 교정에서 아주 간단하게 중국어로만 그 문제를 이야기했다.

我们 昨天 在家里 都 很 兴奋地 跟她说起这次旅行的趣闻。
　　1(시간)　2(장소) 3(범위) 4(정도) 5(상태)

우리는 어제 집에서 아주 흥겹게 이번 여행에서 재미있었던 일을 그녀에게 말했다.

예제

这几年每天早晨他总是______________________________。

    A. 早早地来到教室打扫卫生　　　B. 早早地打扫卫生来到教室
    C. 来到教室早早地打扫卫生　　　D. 来到教室打扫卫生早早地

해설 | 조사 地는 "형용사＋地＋동사" 형태로 사용된다. 또 문장의 의미상 교실에 먼저 와야 청소를 할 수 있는 것이므로 어순은 "교실→청소" 순이 된다.

단어 | 卫生(wèishēng) 위생적이다, 깨끗하다

해석 | 요 몇 년 매일 새벽 그는 늘 일찍 교실에 와서 청소를 한다.

정답 | A

• **기본어순 관련문제**

1 我____________。

A. 见过他几次　　　　　　　B. 见过几次他
C. 几次见过他　　　　　　　D. 见几次过他

2 大家____________。

A. 都每天吃饭在学生食堂　　B. 在学生食堂每天都吃饭
C. 每天都在学生食堂吃饭　　D. 都在学生食堂每天吃饭

3 那个地方风景太美了，____________。

A. 去那儿旅游谁都喜欢　　　B. 谁喜欢都去那儿旅游
C. 谁都喜欢旅游去那儿　　　D. 谁都喜欢去那儿旅游

4 今天上午____________。

A. 我们都参加了比赛在运动场上　　B. 我们都在运动场上参加了比赛
C. 都在运动场上我们参加了比赛　　D. 我们都参加了在运动场上比赛

5 ____________增添了快乐的气氛。

A. 老师的到来为我的生日晚会　　B. 为我的生日晚会老师到来的
C. 老师到来的生日晚会为我的　　D. 为我的生日晚会的到来老师

• **관형어 관련문제**

6 他买到了____________。

A. 新出版了的口语书　　　　B. 新出版的口语书了
C. 出版新的口语书了　　　　D. 新的口语书出版了

7 ____________秘书在办公室吗？

A. 你们那位新来的年轻女　　B. 你们年轻那位新来的女
C. 那位年轻新来的你们女　　D. 你们新来的那位女年轻

8 他现在已经成为____________。

A. 一个很有经验的汉语教师了　　B. 一个汉语教师了很有经验的
C. 很有了汉语经验的教师一个　　D. 汉语经验很有的一个老师了

9 她满头银发，＿＿＿＿＿＿＿＿。

A. 身着鲜红一件的长大衣　　B. 一件身着鲜红的长大衣
C. 身着一件鲜红的长大衣　　D. 一件鲜红的长大衣身着

10 "京剧"是＿＿＿＿＿＿＿＿的表演形式之一。

A. 中国传统艺术最高水准代表　　B. 中国最高水准传统艺术代表
C. 代表中国传统艺术最高水准　　D. 最高代表中国传统艺术水准

11 ＿＿＿＿＿＿＿＿你现在还穿吗？

A. 我去年给你买的那件衣服　　B. 我去年买的那件衣服给你
C. 我给你去年买的那件衣服　　D. 我买的那件衣服去年给你

12 整理房间时，我偶然发现了＿＿＿＿＿＿＿＿的相片。

A. 一些一起拍和同学们上小学时　　B. 上小学时和同学们一起拍一些
C. 上小学时一些和同学们一起拍　　D. 一些上小学时和同学们一起拍

13 这笔钱是＿＿＿＿＿＿＿＿。他们的报酬很高，五分钟一千元。

A. 我为一家广播公司制作节目得到的报酬
B. 我得到的报酬为一家广播公司制作节目
C. 得到的报酬为我一家广播公司制作节目
D. 我为一家广播公司制作节目的报酬得到

14 她是＿＿＿＿＿＿＿＿。

A. 我认识的在香港一位年轻的华侨姑娘
B. 我在香港认识的一位年轻的华侨姑娘
C. 我在香港认识年轻的华侨姑娘一位的
D. 认识的在香港我一位年轻的华侨姑娘

• 부사어 관련문제

15 晚上，我翻来覆去＿＿＿＿＿＿＿＿。

A. 睡不着怎么也　　B. 怎么也睡不着
C. 怎么睡不着也　　D. 睡也不着怎么

16 安娜明天回国，我想让她把这几本书＿＿＿＿＿＿＿＿。

A. 带给去我朋友　　B. 给带去我朋友
C. 给带我朋友去　　D. 带给我朋友去

17 最近我发现他＿＿＿＿＿＿＿＿。

A. 独自常常一个人叹气   B. 独自一个人叹气常常
C. 一个人叹气常常独自   D. 常常独自一个人叹气

18 我下班回来，＿＿＿＿＿＿＿＿。

A. 看到她打电话正在客厅里   B. 看到她正在客厅里打电话
C. 她客厅里正在打电话看到   D. 正在打电话客厅里看到她

19 因为语音基础没有打好，＿＿＿＿＿＿＿＿。

A. 他的口语水平一直不太高   B. 他的口语一直水平不太高
C. 一直不太高他的口语水平   D. 他一直口语的水平不太高

20 尽管＿＿＿＿＿＿＿＿，但我仍然一点儿也不能忘记他。

A. 我们20年已经没见面了   B. 已经我们没见面20年了
C. 我们已经20年没见面了   D. 已经我们20年没见面了

21 我平时工作太忙，＿＿＿＿＿＿＿＿。

A. 和朋友们见面没有机会简直   B. 简直和朋友们见面没有机会
C. 和朋友们见面机会简直没有   D. 简直没有机会和朋友们见面

정답과 해설

1 A	**2** C	**3** D	**4** B	**5** A	**6** B
7 A	**8** A	**9** C	**10** C	**11** A	**12** D
13 A	**14** B	**15** B	**16** D	**17** D	**18** B
19 A	**20** C	**21** D			

1
해석 | 나는 그를 몇 번 본 적 있다.
해설 | 목적어가 대명사일 때, 수량사는 목적어 뒤에 위치한다. 过는 동태조사이므로, 동사 뒤에 온다.

2
해석 | 사람들은 매일 학생식당에서 밥을 먹는다.
해설 | 주어 다음에는 "시간사＋부사＋전치사구＋동사＋목적어" 어순이 된다.

3
해석 | 그곳의 풍경은 아주 아름답다, 누구라도 그곳에 여행 가길 좋아한다.
해설 | 谁都는 "누구도~하다"라는 의미이다. 다음에 이어지는 문장 "去那儿~"부터는 연동문이므로, 일이 발생하는 순서대로 배열하면 된다.

4
해석 | 오늘 오전 우리 모두 운동장에서 경기에 참가했다.
해설 | 주어 다음에는 "부사＋전치사구＋동사＋목적어" 어순이 된다.

5
해석 | 선생님께서 오셔서 나의 생일파티에 즐거운 분위기를 더해 주셨다.
단어 | 增添(zēngtiān) : 더하다, 늘리다
气氛(qìfēn) : 분위기
해설 | 어순의 기본격식은 "주어＋전치사구＋동사＋목적어"이다. 이 문장에서 주어는 老师的到来이고, 为는 전치사, 我的生日晚会는 명사로, 为我的生日晚会는 전치사구가 된다.

6
해석 | 그는 새로 출판된 회화 책을 샀다.
해설 | 이 문장에서 목적어 口语书이며, 的 앞 부분의 新出版 부분이 口语书를 수식해 주고 있다. 的 앞에 了를 사용할 수 없다.

7
해석 | 당신들 쪽에 새로 온 그 젊은 여비서 사무실에 있습니까?
단어 | 秘书(mìshū) : 비서
해설 | 여러 개의 관형어가 출현할 경우 어순은 "(대)명사＋시간／장소＋지시대명사＋형용사구＋的＋중심어" 순이 된다. 이 문장에서는 시간과 장소를 나타내는 말이 없으므로 어순은 "대명사(你们)＋지시대명사(那位~)＋형용사구(新来)＋的~" 순이 된다.

8
해석 | 그는 현재 이미 경험이 아주 풍부한 중국어 선생님이 되었다.
해설 | 이 문장의 목적어는 "一个汉语老师"이다. 어떤 중국어 선생님인가를 설명하기 위해서는 老师 앞에 的가 들어가 수식을 해주어야 한다.

9
해석 | 그녀는 백발을 하고, 선홍색의 긴 외투를 입고 있었다.
단어 | 满头银发(mǎntóuyínfà) : 백발머리
鲜红(xiānhóng) : 선홍색의
해설 | 이 문장에서 동사는 身着이고, 목적어는 "一件长大衣"이다. 어떤 긴 외투인가를 설명하기 위해서는 长大衣 앞에 的가 들어가 수식을 해주어야 한다.

10
해석 | 경극은 중국 전통 예술의 최고 수준을 대표하는 공연 형식 중의 하나이다.
단어 | 表演(biǎoyǎn) : 공연하다, 연기하다
해설 | 이 문제는 목적어 表演形式을 수식해주는 문장의 어순을 찾는 문제이다. 문장의 의미상 술목구조로 된 형식이 들어가야 하는데 보기 중에 술어는 代表이고, 목적어는 中国传统艺术最高水准이다. 따라서 정확한 어순은 "代表中国传统艺术最高水准"이 되어야 한다.

11
해석 | 내가 작년에 너에게 사 준 그 옷 너 지금도 입고 있니?
해설 | 이 문장은 목적어가 앞으로 와서 강조를 하는 형태를 띠고 있다. 목적어는 那件衣

服이고, 관형어가 여러 개인 경우에는 "대
명사(我) + 시간사(去年) + 전치구(给你
买)" 순이 된다.

12 해석 | 방을 정리할 때 나는 우연히 초등학교 다
닐 때 학우들과 함께 찍은 사진을 발견
했다.
단어 | 偶然(ǒurán) : 우연히, 뜻밖에
相片(xiàngpiàn) : 사진
해설 | 이 문장은 목적어가 一些相片이어서 的
앞은 相片을 수식하고 있다. 관형어가 여
러 개인 경우에는 "대명사 + 시간사(上小
学时) + 전치구(和同学们~)" 순이 된다.

13 해석 | 이 돈은 내가 한 라디오 회사에서 프로그
램을 제작하고 얻은 보수이다. 그들의 보
수는 아주 높아서, 5분에 인민폐 1000원
한다.
단어 | 笔(bǐ) : 금액이나 금전을 세는 양사
广播(guǎngbō) : 방송하다
报酬(bàochou) : 보수
해설 | 문장의 목적어는 "我~得到的报酬"이다.
为는 전치사로, 뒤에 "명사 + 동사" 형태가
와야 한다. 이 문장에서 명사는 一家广播
公司이고, 동사는 制作이다. 따라서 어
순은 我为一家广播公司制作节目得到
的报酬가 된다.

14 해석 | 그녀는 내가 홍콩에서 알게 된 젊은 화교
아가씨이다.
단어 | 华侨(huáqiáo) : 화교
해설 | 뒤 문장의 주어 我 다음에는 전치사구 在
香港认识가 바로 와야 한다.

15 해석 | 저녁에 나는 몸을 이리저리 뒤척이며 어
떻게 해도 잠에 들지 못했다.
단어 | 翻来覆去(fānláifùqù) : 이리저리 몸을
뒤척이다, 같은 일을 여러 번 되풀이 하다
해설 | "怎么也~"는 "어떻게 해도~하다"라는
의미이다.

16 해석 | 안나는 내일 귀국하는데 나는 그녀로 하
여금 이 몇 권의 책을 내 친구에게 갖다
주도록 했다.
해설 | "把A带给B去"는 "A를 B에게 가지고 가
다"는 의미이다.

17 해석 | 최근에 나는 그 혼자 자주 탄식하고 있
는 것을 알았다.
단어 | 叹气(tànqì) : 탄식하다
해설 | 이 문장에서 동사는 叹气이므로, 부사 独
自와 常常은 그 앞에 와야 한다. 独自一
个人은 "혼자"라는 의미이므로, "常常独
自一个人~" 순이 된다.

18 해석 | 나는 퇴근하고 돌아와서 그녀가 응접실에
서 마침 전화를 하고 있는 것을 보았다.
해설 | 우선 正在는 부사로 전치사구 在客厅里
앞에 와야 한다. 전치사구 뒤에는 "동사 +
목적어" 형태가 와야 하므로 打电话가
在客厅里 뒤에 위치하게 된다.

19 해석 | 언어의 기초를 잘 다지지 않았기 때문에
그의 회화 수준은 줄곧 좋지 않았다.
단어 | 基础(jīchǔ) : 기초
해설 | 주어는 他的口语水平이고, 一直는 일반
부사이므로 不 앞에 위치한다.

20 해석 | 비록 우리가 벌써 20년간 만나지 않았지
만 나는 여전히 조금도 그를 잊을 수 없다.
해설 | 주어는 我们이므로 제일 앞에 와야 한다.
"20년간 만나지 못했다"는 표현은 "20年
没见面"이다.

21 해석 | 나는 평상시 일이 너무 바빠서 그야말로
친구들과 만날 기회가 없다.
단어 | 简直(jiǎnzhí) : 그야말로, 실로
해설 | 简直는 부사이므로 没有 앞에 와야 한
다. "~할 기회가 없다"라는 표현은 "没有
机会~"이다.

1 | 부사 관련단어

01 分别 (fēnbié)

각각, 따로따로 ⑧ 헤어지다, 이별하다

- 请你们<u>分别</u>介绍一下自己的设计情况。 각자 자신의 설계 상황을 소개해주세요.
- <u>分别</u>以后我们再没有见面。 이별한 뒤에 우리는 다시 만나지 못했다.

02 分头 (fēntóu)

제각기, 따로따로, 분담하여

- 咱们<u>分头</u>去做吧。 우리 분담해서 일을 하자.

03 赶快 (gǎnkuài)

빨리, 얼른, 어서(명령문에서 사용)

- 咱们<u>赶快</u>走吧，要不就迟到了。 우리 빨리 가자, 그렇지 않으면 지각한다.

04 赶忙 (gǎnmáng)

서둘러, 급히, 재빨리(객관적인 서술형 문장에 사용)

- 他知道自己错了，<u>赶忙</u>向客人道歉。
  그는 자신이 잘못했음을 알고 재빨리 손님에게 사과했다.

05 连忙 (liánmáng)

얼른, 급히, 바삐, 분주히(명령문에 사용불가 / 구조조사 "地"를 수반할 수 있다.)

- 看到客人进来，我<u>连忙</u>给他们倒茶。
  손님이 들어오는 것을 보고 나는 얼른 그들에게 차를 따라 주었다.
- 他看见我，<u>连忙</u>地走回去。 그는 나를 보자, 얼른 되돌아갔다.

06 急忙 (jímáng)

급하다, 바쁘다, 분주하다(명령문에서는 사용불가 / 急急忙忙형태로 중첩가능 / 赶

忙 · 连忙보다 더 급한 어기를 가짐)

· 事故发生后, 大家急忙把伤员送到了医院。
사고 발생 후 사람들은 급히 부상당한 사람들을 병원으로 옮겼다.

07 悄然 (qiǎorán)

근심하는 모양, 조용한, 고요한

· 他悄然离开了我们。 그는 조용히 우리를 떠났다.

08 茫然 (mángrán)

막연하다, 멍청하다 / 망연자실하다

· 面对老师的提问, 他茫然地摇摇头。
선생님의 질문에 그는 멍하니 고개를 흔들었다.

09 恍然 (huǎngrán)

언뜻, 문득, 갑자기 / 문득 깨닫는 모양

· 老师的一番话使我恍然大悟。
선생님께서 한번 하신 말은 나로 하여금 크게 깨닫게 했다.

10 猛然 (měngrán)

뜻밖에, 갑자기, 돌연히

· 看到她, 我猛然想起了妈妈。 그녀를 보자 나는 갑자기 엄마가 생각났다.

11 忽然 (hūrán)

갑자기, 별안간, 문득

· 忽然停电了。 갑자기 정전이 되었다.
· 怎么忽然下起雨来了？ 어떻게 갑자기 비가 오지?

12 突然 (tūrán)

갑자기, 별안간, 돌연히 (형) 갑작스럽다, 의외(뜻밖)이다

· 他突然不见了。 그는 돌연히 사라졌다.
· 这件事使我觉得十分突然。 이 일은 나로 하여금 아주 갑작스럽다는 것을 느꼈다.

13 依然 (yīrán)

의연하다, 전과 다름없다

· 三年不见, 她依然那么漂亮。 3년을 못 봐도 그녀는 의연히 아름답다.

14 显然 (xiǎnrán)

명백히, 분명히

- 这件事<u>显然</u>是你错了。 이 일은 분명히 네가 잘못한 것이다.

15 按时 (ànshí)

제 때에, 제 시간에
- 学生应该<u>按时</u>来教室上课。 학생들은 제 시간에 교실에 수업을 하러 와야 한다.

16 及时 (jíshí)

제때에, 적시에 ⑲ 시기적절하다, 때맞다
- 发现问题<u>及时</u>解决，不能拖延时间。
  문제를 발견하면 적시에 해결해야지 시간을 미뤄서는 안 된다.
- 这真是一场<u>及时</u>雨啊。 이것은 정말 시기적절하게 내리는 비야.

17 准时 (zhǔnshí)

정시에, 정확하게
- 我一定<u>准时</u>参加你们的婚礼。 나는 반드시 너희들의 결혼식에 정시에 참여하겠다.

18 霎时 (shàshí)

삽시간에, 순식간에
- 雷声过后，<u>霎时</u>风雨交加。
  천둥소리가 지나간 뒤 삽시간에 비와 바람이 동시에 쏟아지고 불었다.

19 不时 (bùshí)

이따금씩, 종종
- 她<u>不时</u>地向窗外看，希望丈夫早点回来。
  그녀는 이따금씩 창밖을 보며 남편이 일찍 돌아오기를 바랐다.

20 一时 (yīshí)

일시에, 잠시간 ⑲ 한 때, 한 동안
- 这个人我肯定认识，可<u>一时</u>想不起来他的名字了。
  나는 분명히 이 사람을 알고 있지만 일시에 그의 이름이 생각나지 않았다.
- 干工作不能凭<u>一时</u>冲动。 일을 함에 있어 한 때의 충동에 따라서는 안 된다.

21 时不时 (shíbùshí)

자주, 언제나
- 我的病虽然好了，但<u>时不时</u>地还犯。 나의 병은 비록 좋아졌지만 자주 발작한다.

22 只顾 (zhǐgù)

오로지, 그저 ⑧ 오직 ~만 생각하다

- 他只顾看书，没有发现有人进来。

  그는 책만 보고 있어서 어떤 사람이 들어오는 것을 발견하지 못했다.

- 他只顾自己，不管别人。　그는 자신만 생각하고 다른 사람은 개의치 않는다。

23 只管 (zhǐguǎn)

얼마든지, 주저하지 않고 / 그냥, 줄곧

- 这几本词典都是我的，你只管用。

  이 몇 권의 사전은 모두 내 것이니까, 너 얼마든지 사용해.

- 你只管干好本职工作就可以了。　너는 그냥 본직의 업무만 잘 하면 된다。

24 只能 (zhǐnéng)

다만 ～할 수 있을 뿐이다

- 这个问题，只能你自己去解决了。　이 문제는 너 자신만이 해결할 수 있다。

25 只得 (zhǐdé)

부득불, 부득이, ～할 수 없이

- 大家都不去，只得我自己去了。

  사람들 모두 가지 않아 하는 수 없이 나 혼자 갔다.

26 照样 (zhàoyàng)

예전대로 하다, 그대로 따르다

- 没有你参加，我们照样会做得很好。

  네가 참가하지 않더라도 우리들은 예전대로 잘 할 수 있을 것이다.

27 总算 (zǒngsuàn)

겨우, 간신히, 마침내 / 전체적으로 보아 ～한 셈이다

- 他们总算来了。　그들은 간신히 왔다。

2 | 기타 단어

28 舍不得 (shěbude)

(헤어지기)아쉽다, 섭섭하다

- 我真舍不得离开你们。　나는 정말 너희들과 헤어지는 게 아쉽다。

29 巴不得 (bābude)

간절히 바라다, 몹시 ～를 바라다

- 太好了! 我巴不得这样的结果呢! 너무 잘 됐네! 나는 이런 결과를 몹시 바랐다.
- 学校派他去国外进修, 这正是他巴不得的机会。
  학교에서 그를 외국으로 연수를 보내기로 했는데. 이것은 바로 그가 간절히 바라던 기회이다.

30 恨不得 (hènbude)

～하지 못하는 것이 한스럽다, 제발 ～하고 싶다

- 他恨不得马上回国工作。 그는 간절히 바로 귀국하고 싶다.
- 放假了, 他恨不得立刻飞回家。
  방학을 하면, 그는 바로 날아서 집에 가지 못하는 것이 한스러웠다.

〈巴不得와 恨不得의 차이〉
- 巴不得 : ① +실현가능한 일　② 正+巴不得　③ +不去 (○)　③ 的+명사 (○)
- 恨不得 : ① +실현불가능한 일　② 真+恨不得　③ +不去 (×)　③ 的+명사 (×)

31 怪不得 (guàibude)

과연, 어쩐지 / 탓할 수 없다

- 怪不得我很长时间没看见他, 他到上海去了。
  어쩐지 오랫동안 그를 볼 수 없었더라, 상하이에 간 거였구나.
- 这件事怪不得别人, 应该怪你自己。
  이 일은 다른 사람을 탓할 수 없어, 너 자신을 탓해.

32 怨不得 (yuànbude)

원망할 수 없다, 탓할 수 없다

- 她也有她的难处, 她这样做也怨不得她。
  그녀도 그녀 나름의 어려움이 있을 거야, 그녀가 이렇게 한 것에 대해 그녀를 탓할 순 없어.

33 由不得 (yóubudé)

생각대로 되지 않다

- 这事可由不得你。 이 일은 네 생각대로 되지 않을 거야.

34 不由得 (bùyóude)

～하지 않을 수 없다, 저절로, 자신도 모르게

- 听了朋友的劝告, 她不由得哭了起来。
  친구의 충고를 듣고 그녀는 자신도 모르게 울기 시작했다.

· 她拿着儿子的照片，看着看着，<u>不由得</u>笑出声来。
그녀는 아들의 사진을 갖고 보다보다 자신도 모르게 웃어버렸다.

35 不得不 (bùdébù)

~하지 않으면 안 된다, 반드시 ~해야 한다

· 我本来不想这样做，现在<u>不得不</u>这样做了。
나는 본래 이렇게 하지 않으려고 했는데, 지금 이렇게 하지 않으면 안 된다.

· 你说得那么有道理，我们<u>不得不</u>相信你是对的。
네 말하는 게 그렇게 일리가 있으니 우리들은 네가 옳다고 믿지 않을 수 없다.

36 不见得 (bújiànde)

반드시 ~라고는 할 수 없다, 꼭 ~라고 할 수 없다

· 下这么大的雨，我看他<u>不见得</u>来了。
이렇게 큰 비가 내리니 내가 보기에 그는 꼭 오지 않을 거야.

37 了不得 (liǎobudé)

대단하다, 굉장하다 / 큰일이다, 야단났다

· 这个人可<u>了不得</u>，能力很强。 이 사람 대단해, 아주 능력 있어.

38 了不起 (liǎobuqǐ)

대단하다, 중대하다 / 심각하다

· 他是一位<u>了不起</u>的发明家。 그는 대단한 발명가이다.

39 不得了 (bùdeliǎo)

큰일 났다, 야단났다 / 매우 심하다

· 哎呀! <u>不得了</u>，哪个孩子掉进水里了!
아이쿠! 큰일 났네, 어떤 아이가 물에 빠졌어.

· 他听了以后，高兴得<u>不得了</u>。 그는 듣고 나서 대단히 기뻐했다.

40 少不了 (shǎobuliǎo)

~를 빠뜨릴 수 없다, 빠져서는 안 된다

· 这修理录音机的事可<u>少不了</u>王师傅。
이 녹음기를 수리하는 일에는 정말 왕씨 아저씨를 빼서는 안 돼.

41 难怪 (nánguài)

과연, 어쩐지 / 당연하다, 이상할 것이 없다

· <u>难怪</u>他又没来上课，真没想到又病了。
어쩐지 또 수업에 안 왔다 했더니, 생각지도 않게 또 병에 걸렸구나.

42 至于 (zhìyú)

~의 정도에 이르다   전 ~로 말하면, ~에 관해서는

- 我们已经考完了，<u>至于</u>结果，我还不知道。
  우리들은 이미 시험을 다 쳤다. 결과에 대해서는 나는 아직 모른다.
- 咱们这次去上海要坐飞机，<u>至于</u>为什么，以后再告诉你。
  우리는 이번에 상하이 갈 때 비행기 타고 가야 한다. 왜 그런지에 대해서는 다음에 알려 줄게.

43 以至于 (yǐzhìyú)

~에 이르기까지, ~때문에

- 他平时穿得太少，<u>以至于</u>生病住院了。
  그는 평시에 옷을 너무 적게 입기 때문에 병이 나 입원했다.

44 不至于 (búzhìyú)

~에 이르지 못하다, ~할 정도는 아니다

- 他虽然缺了不少课，<u>但不至于</u>考试不及格。
  그는 수업을 많이 빠졌지만 시험에 불합격할 정도는 아니었다.

45 比得过(上／了) (bǐdeguò)

~보다 낫다, ~보다 뛰어나다

- 小王的论文水平<u>比得过</u>老张。 샤오리의 논문은 라오쟝보다 뛰어나다.
- 他虽然只是个小科长，但住房条件<u>比得上</u>大学校长。
  그는 과장에 불과하지만 주택 상황은 대학 총장보다 낫다.

46 比不过(上／了) (bǐbuguò)

~못하다, ~와 비교가 안 된다

- 他考了90分，我只考了82，当然<u>比不过</u>他。
  그는 90점 맞았고, 나는 82점 맞았으니 당연히 그와 비교가 안 된다.
- 他家的生活水平很高，我们家可<u>比不了</u>。
  그의 집의 생활수준은 아주 높아, 우리 집은 정말 비교가 안 된다.

47 犯不着 (fànbuzháo)

~할 가치가 없다

- 为这点小事<u>犯不着</u>生那么大的气。 이런 작은 일로 그렇게 화 많이 낼 필요 없어.

48 犯得着 (fàndezháo)

~할 가치가 있다

- 你<u>犯得着</u>为他去干这种冒险的事吗？
  너 그를 위해 이렇게 위험을 무릅쓰고 일 할 가치가 있니?

49 赶不上 (gǎnbushàng)

따라가지 못하다, 제 시간에 댈 수 없다

- 快走吧, 再晚就赶不上火车了。 빨리 가자, 더 늦으면 기차 못 타.

50 赶得上 (gǎndeshàng)

따라 잡을 수 있다, 제 시간에 댈 수 있다

- 离飞机起飞还有四五个钟头呢, 现在出发赶得上。
  비행기가 이륙하기까지 4 · 5시간 남았어, 지금 출발하면 탈 수 있어.
- 这个月准赶得上完工。 이번 달에 반드시 완공해야 해.

51 顾不上 (gùbushàng)

돌볼 틈이 없다, ~해서 생각할 겨를도 없다

- 他忙得连饭都顾不上吃。 그는 너무 바빠 밥조차 먹을 겨를이 없다.

52 禁不住 (jīnbuzhù)

참지 못하다, ~하지 않을 수 없다 / 감당할 수 없다.

- 听了这个消息, 我禁不住鼻子一酸, 眼泪流了出来。
  이 소식을 듣고, 나는 자신도 모르게 코가 찡하며 눈물이 흘러내렸다.
- 这座桥年久失修, 已经禁不住汽车通行了。
  이 다리는 오랫동안 수리를 하지 않아 이미 차량 통행을 감당할 수 없다.

53 看不起 (kànbuqǐ)

깔보다, 무시하다

- 她是个农村姑娘, 有的人看不起她。
  그녀는 농촌 아가씨여서, 어떤 사람은 그녀를 무시한다.

54 看不上 (kànbushàng)

눈에 차지 않다, 마음에 들지 않다

- 别的衣服, 您更看不上了。 다른 옷은 당신 눈에 더 차지 않을 겁니다.

55 看得上 (kàndeshàng)

눈에 들다, 마음에 들다

- 人家那么有钱, 看得上这种房子吗?
  그 사람 그렇게 돈 많은데 이런 집이 눈에 들어오겠어요?

56 看起来 (kànqǐlai)

보아하니

- 看起来你好像很累。 보아하니 너 피곤한 것 같다.

57 看样子 (kànyàngzi)

모양을 보니 ~인 것 같다

- 你<u>看样子</u>有点儿不舒服。 너 보아하니 조금 불편한 것 같다.

58 看上去 (kànshangqu)

보기에

- <u>看上去</u>今天你很精神啊。 오늘 너 아주 기운 있어 보인다.

59 靠不住 (kàobuzhù)

믿을 수 없다

- 他觉得亲生儿子也<u>靠不住</u>。 그는 친아들도 믿을 수 없다고 느꼈다.

60 靠得住 (kàodezhù)

믿을 만 하다

- 这件事必须找<u>靠得住</u>的人去办。
  이 일은 반드시 믿을 수 있는 사람들을 찾아서 해야 한다.

61 来不及 (láibují)

미치지 못하다, 손쓸 틈이 없다

- 现在已经七点半了，赶八点的火车<u>来不及</u>了。
  지금 벌써 7시 반이야, 8시 기차를 타려면 늦어.

62 来得及 (láidejí)

늦지 않다

- 他现在还没走，你马上去见他还<u>来得及</u>。
  그는 지금 아직 가지 않았어, 너 바로 가면 그를 만날 수 있을 거야.

63 免不了 (miǎnbuliǎo)

당연하다, 면하기 어렵다, ~하지 않을 수 없다

- 学外语<u>免不了</u>出错，也<u>免不了</u>要闹笑话。
  외국어를 배움에 있어 틀리는 것은 당연하고, 또 웃음을 자아내지 않을 수 없다.

64 忍不住 (rěnbuzhù)

참지 못하다, ~하지 않을 수 없다

- 听了阿里讲的故事，大家<u>忍不住</u>哈哈大笑起来。
  아리가 해준 이야기를 듣고 사람들은 참을 수 없어 하하 크게 웃기 시작했다.

65 说不定 (shuōbudìng)

〜일지도 모른다, 아마 〜일 것이다

- 别找小王去了, <u>说不定</u>他已经走了。
  샤오왕을 찾으러 가지 마, 그는 이미 갔을 거야.
- 你再回去找一找, 钥匙<u>说不定</u>忘在家里了。
  너 다시 한번 찾아봐, 열쇠를 집에 놔두었는지도 모르잖아.

66 谈不上 (tánbushàng)

〜라고 할 것 까지는 안 된다

- 天才<u>谈不上</u>, 他就是脑子转得比较快。
  천재라고 할 것 까지는 없지만 그는 머리가 아주 빨리 돌아간다.

67 算不上 (suànbushàng)

〜라고 할 수 없다, 계산에 넣을 수 없다.

- 这一点不顺利<u>算不上</u>是打击。
  이런 정도의 순조롭지 못한 것은 타격이라고 할 수 없다.

68 用不了 (yòngbuliǎo)

(너무 많아) 다 쓸 수 없다 / 〜까지 쓸 필요가 없다

- <u>用不了</u>这么多。 이렇게 많을 필요가 없다.
- <u>用不了</u>十分钟就可以到。 10분까진 안 걸려.

69 用不着 (yòngbuzháo)

〜할 필요가 없다

- 问题已经解决了, <u>用不着</u>再讨论了。
  문제가 이미 해결 되었으니 다시 토론할 필요가 없다.
- 这些书以后<u>用不着</u>了, 都扔了吧! 이 책들 다음에는 필요 없어, 모두 버려!

70 用得着 (yòngdezháo)

〜할 필요가 있다

- 今天天气不错, 还<u>用得着</u>带伞吗? 오늘 날씨 좋은데 우산 가져갈 필요 있을까?

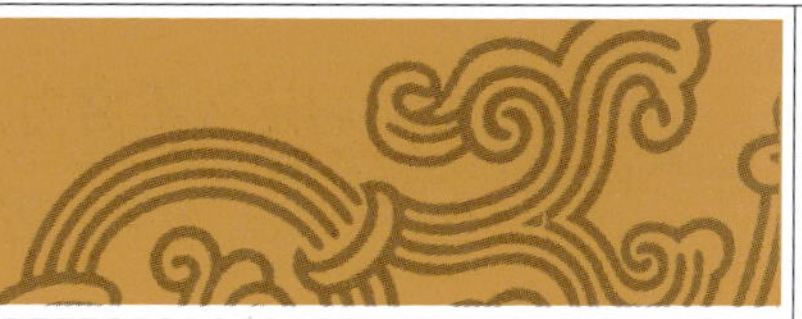

1 A 你 B 到他那里去一趟吧，他 C 有急事 D 找你。
　　赶快

2 走出火车站口，A 望着 B 大街上的车流和人流，C 我 D 不知所措。
　　茫然

3 A 看到邮递员，我 B 想起 C 给妈妈的信还没有 D 发出去。
　　猛然

4 A 几个小组的矿工 B 在一百米深的井下 C 进行 D 作业。
　　分别

5 飞机 A 能够 B 抵达令我们倍感欣慰，这次 C 会谈关系着我们公司 D 的前途。
　　准时

6 A 我们 B 知道他 C 是个 D 什么样的人了。
　　总算

7 一个星期 A 没有吃的 B 人或许 C 能够生存，但是没有了水 D 一定会渴死。
　　照样

8 A 我 B 找不到房间钥匙，原来 C 是你 D 拿走了。
　　怪不得

9 我刚 A 进屋，B 还没 C 脱下外衣，D 电话铃就响了。
　　来得及

10 A 在北京 B 住久了，真有点 C 离开 D。
　　舍不得

11 老王长期 A 开夜车，B 体重 C 减轻了 D 近20公斤。
　　以至于

12 A 孩子们的精彩表演，B 赢得 C 一阵阵 D 热烈的掌声。
　　不时

13 你学习这么不努力，能考得＿＿＿＿＿＿＿＿大学吗?

    A. 来   B. 起   C. 上   D. 到

14 你喜欢文学，可文学不能让你发财，你＿＿＿＿＿＿＿＿清贫。

    A. 依然   B. 显然   C. 竟然   D. 然而

15 昨晚的事情太＿＿＿＿＿＿＿＿了，大家根本没有什么思想准备。

    A. 突然   B. 忽然   C. 居然   D. 竟然

16 我没想到他走得这么＿＿＿＿＿＿＿＿。

    A. 忽然   B. 突然   C. 急忙   D. 匆匆

17 时间不早了，你＿＿＿＿＿＿＿＿收拾行李吧!

    A. 赶忙   B. 急忙   C. 赶快   D. 匆匆

18 大家都希望＿＿＿＿＿＿＿＿放假，好一起去哈尔滨看冰灯。

    A. 赶忙   B. 连忙   C. 赶快   D. 急忙

19 我的朋友家里出了点儿事儿，＿＿＿＿＿＿＿＿决定回国。

    A. 有时   B. 临时   C. 准时   D. 暂时

20 我们在一起生活了三年，你突然要回国，我真＿＿＿＿＿＿＿＿你走。

    A. 怪不得   B. 恨不得   C. 舍不得   D. 怨不得

21 他把我的书放了满地，真让人哭不得＿＿＿＿＿＿＿＿。

    A. 怪不得   B. 恨不得   C. 怨不得   D. 笑不得

22 他老糊涂了，你＿＿＿＿＿＿＿＿跟他计较。

    A. 犯不着   B. 划不来   C. 忍不住   D. 怪不着

23 这件事你还是自己想办法吧，他这个人＿＿＿＿＿＿＿＿。

    A. 舍不得   B. 靠不住   C. 怪不得   D. 合不来

24 从这儿到那儿有五十多公里，＿＿＿＿＿＿＿＿一个小时就到了。

    A. 用不了   B. 不用了   C. 用得了   D. 要得了

25 我__________不去上海出差，可我又不能不去。

    A. 巴不了　　　　B. 恨不了　　　　C. 恨不得　　　　D. 巴不得

26 他身体有点儿不舒服，但是__________不能参加篮球比赛。

    A. 不对于　　　　B. 没至于　　　　C. 不关于　　　　D. 不至于

27 他母亲让他马上回家，我们的谈话__________终止了。

    A. 好容易　　　　B. 不得不　　　　C. 恨不得　　　　D. 顾不得

28 当他知道自己购买的家具是伪劣产品时，气得__________。

    A. 了不起　　　　B. 不简单　　　　C. 不得了　　　　D. 不至于

29 这仅仅是我个人的一点儿看法而已，__________什么指导。

    A. 谈不上　　　　B. 不一定　　　　C. 不见得　　　　D. 算得上

30 __________他似乎懂了，其实并没有懂。

    A. 看过来　　　　B. 看上去　　　　C. 看不上　　　　D. 依我看

31 她解释说，这只玩具猫是祖传宝物，因孙子病重，__________才出卖以换取住院治疗费。

    A. 由不得　　　　B. 不忍心　　　　C. 禁不住　　　　D. 不得已

32 这段时间太累了，真__________考完试睡它三天三夜。

    A. 不得不　　　　B. 只不过　　　　C. 不得了　　　　D. 恨不得

33 睡觉睡得时间太长了，__________对身体有利。

    A. 不见得　　　　B. 不由得　　　　C. 禁不住　　　　D. 恨不得

34 这不过是个小测验，__________这么紧张。

    A. 不至于　　　　B. 不见得　　　　C. 不由得　　　　D. 不用说

정답과 해설

1 B	2 D	3 B	4 B	5 B	6 B
7 C	8 A	9 C	10 C	11 B	12 B
13 C	14 A	15 A	16 B	17 C	18 C
19 B	20 C	21 D	22 A	23 B	24 A
25 D	26 D	27 B	28 C	29 A	30 B
31 D	32 D	33 A	34 A		

1
해석 | 너 빨리 그 있는 곳에 한번 가 봐, 그가 급한 일이 있어 널 찾아.
해설 | 赶快 는 부사로, 전치사구 到他那里去 앞에 온다.

2
해석 | 기차역 입구를 나와 대로상의 차량과 사람들의 물결을 바라보고 나는 멍하니 어찌해야 할지 몰랐다.
단어 | 车流(chēliú) : 차량의 흐름
人流(rénliú) : 인파, 사람의 물결
措(cuò) : 처리하다, 배치하다
해설 | 茫然은 "막연하게"·"멍하게"라는 부사로, 의미상 不 앞에 온다.

3
해석 | 우편배달부를 보고, 나는 엄마에게 보낼 편지를 아직 부치지 않았다는 것이 생각났다.
단어 | 邮递员(yóudìyuán) : 우편집배원
해설 | 猛然은 "갑자기"라는 부사로, 동사 想起 앞에 온다.

4
해석 | 몇 개 팀의 광부들은 각각 백 미터 깊이의 갱에서 작업을 한다.
단어 | 矿工(kuànggōng) : 광부, 갱부
井(jǐng) : 우물, 갱, 굴
해설 | 分别는 "각각"·"따로따로"라는 의미의 부사로, 전치사구 在一百米深的井下 앞에 위치한다.

5
해석 | 비행기가 정시에 도착할 수 있어서 우리는 더욱 기쁘고 안심이 되었다. 이번 회담은 우리 회사의 미래와 관련 있다.
단어 | 抵达(dǐdá) : 도착하다
倍感(bèigǎn) : 더더욱 더 느끼다
欣慰(xīnwèi) : 기쁘고 위안이 되다
前途(qiántú) : 미래, 전도
해설 | 准时抵达는 "정시에 도착하다"는 의미이다.

6
해석 | 우리는 그가 어떤 사람이라는 것을 결국 안 셈이다.
해설 | 总算은 부사로써, 동사 知道 앞에 위치한다.

7
해석 | 일주일 동안 먹지 못한 사람들은 생존할 수 있지만 물을 못 마신 사람들은 반드시 목말라 죽을 것이다.
해설 | 照样은 부사로써, 문맥상 부사 一定 앞에 위치한다.

8
해석 | 어쩐지 방 열쇠가 없다 했더니, 원래 네가 가져갔구나.
해설 | 怪不得A原来B는 "어쩐지 A 했더라, 원래 B 했었구나."라는 의미이다. 이때 怪不得는 문장 맨 앞에 위치한다.

9
해석 | 내가 막 방에 들어가 외투를 벗기도 전에 전화벨이 울렸다.
단어 | 脱下(tuōxia) : 벗다, 벗어버리다
电话铃(diànhuàlíng) : 전화벨
해설 | "来得及+동사"는 "~하기에 늦지 않다"는 의미이다.

10
해석 | 오랫동안 베이징에 살아서 정말 떠나기가 좀 아쉽다.
해설 | "舍不得+동사"는 "~하기 아쉽다"는 의미이다.

11
해석 | 라오왕은 장기간 밤 새웠기 때문에 체중이 근 20kg이나 빠졌다.
단어 | 开夜车(kāiyèchē) : 밤을 새다
减轻(jiǎnqīng) : 경감하다
해설 | "A, 以至于B"는 "A, 함으로써 B에 이르게 되었다."는 의미이다.

12　해석 | 아이들의 흥미로운 공연은 종종 한 차례
　　　또 한 차례 열렬한 박수 소리를 얻었다.
　　단어 | 赢得(yíngdé) : 이기다, 얻다
　　　一阵(yízhèn) : 한바탕, 한번
　　해설 | 不时는 부사로써 동사 앞에 위치해야 한
　　　다. 이 문장에서 동사는 赢得이므로 不时
　　　는 그 앞에 위치한다.

13　해석 | 너 이렇게 공부 하지 않는데 대학에 합격
　　　할 수 있겠니?
　　해설 | "考得上"은 "시험에 붙다"는 의미이다.

14　해석 | 너는 문학을 좋아하지만 문학이 너로 하
　　　여금 돈을 벌게 해주지 않음에도, 너는
　　　여전히 청빈하구나.
　　단어 | 清贫(qīngpín) : 청빈하다
　　해설 | "依然"은 "여전히", "显然"은 "명백
　　　한"·"분명한", "竟然"은 "의외로", "然
　　　而"은 "그러나"의 의미이다.

15　해석 | 어제 저녁의 일은 너무 갑작스러웠다, 사
　　　람들은 어떤 사상적 준비를 전혀 하지 못
　　　했다.
　　해설 | 괄호 안에는 술어가 와야 한다. 보기 중
　　　에 突然은 부사적 용법 외에 형용사로도
　　　사용된다. "忽然"·"居然"·"竟然"은
　　　모두 부사로써, 술어가 될 수 없다.

16　해석 | 나는 그가 이렇게 갑작스럽게 떠날 줄은
　　　생각지도 못했다.
　　해설 | 괄호 안에는 술어가 와야 한다. 보기 중
　　　에 突然은 부사적 용법 외에 형용사로도
　　　사용된다. "忽然"·"急忙"은 모두 부사
　　　로써, 술어가 될 수 없다. "匆匆"은 형용
　　　사이기는 하나 "황급한 모양"을 나타내기
　　　때문에 의미상 맞지 않다.

17　해석 | 시간이 늦었다, 너 빨리 짐 꾸려!
　　해설 | "赶忙"·"急忙"·"赶快" 모두 "빨리"라
　　　는 의미를 가지고 있으나 "赶忙"과 "急
　　　忙"은 객관적인 서술형 문장에 사용되고
　　　명령형 문장에는 사용하지 않으며, "赶
　　　快"는 명령형 문장에 주로 쓰인다. 이 문
　　　장은 명령 내지 재촉을 하는 의미를 담고
　　　있으므로 赶快가 와야 한다. "匆匆"은
　　　형용사로써 "황급한 모양"·"분주한 모
　　　양"을 나타낸다.

18　해석 | 사람들은 빨리 방학을 해서 하얼빈의 얼
　　　음축제를 함께 보러 가길 바란다.

**　**단어 | 冰灯(bīngdēng) : 얼음등
　　해설 | 문장의 의미상 빨리 방학을 하길 바라는
　　　것이므로 赶快를 사용한다. "赶忙"·"连
　　　忙"·"急忙"은 문중에 "忙"이 있어 알
　　　수 있듯이, "분주하다"·"바쁘다"는 뉘
　　　앙스를 갖고 있다.

19　해석 | 내 친구 집에 문제가 좀 생겨서 나는 잠시
　　　귀국하기로 결정했다.
　　해설 | "有时"는 "때로는", "临时"는 "임시로",
　　　"准时"는 "정시에", "暂时"는 "잠시"의
　　　의미이다. 이중 문장의 의미상 临时와 暂
　　　时가 답이 될 수 있다. 临时는 "단기간",
　　　"비공식적"인 의미를 가지고 있고, 暂时
　　　는 "순간", "짧은 시간"이라는 의미를 나
　　　타낸다. 문장의 "친구 집에 일이 있어 귀
　　　국한다."라는 개념은 "단기간"에 갔다 오
　　　는 것에 가깝다고 볼 수 있다. 따라서 临
　　　时가 와야 한다.

20　해석 | 우리는 3년 동안 함께 생활했는데, 네가
　　　갑자기 귀국하려고 하니 나는 정말 네가
　　　떠나는 것이 아쉬워.
　　해설 | "怪不得"는 "어쩐지", "恨不得"는 "간
　　　절히 ~하고 싶다", "舍不得"는 "아쉽
　　　다", "怨不得"는 "탓할 수 없다"의 의미
　　　이다.

21　해석 | 그는 온 땅바닥에 나의 책을 놓아두어 정
　　　말 사람으로 하여금 웃을 수도 울 수도
　　　없게 했다.
　　해설 | 哭不得笑不得는 "웃을 수도 울 수도 없
　　　다."·"이러지도 저러지도 못하게 하다"
　　　는 의미이다.

22　해석 | 그는 항상 멍청해서, 너는 그와 상의할
　　　가치가 없다.
　　단어 | 糊涂(hútú) : 어리석다, 멍청하다
　　　计较(jìjiào) : 따지다, 상의하다
　　해설 | "犯不着"는 "~할 가치가 없다", "划不
　　　来"는 "타산이 맞지 않다", "忍不住"는
　　　"참지 못하다", "怪不着"는 "탓할 수 없
　　　다"는 의미이다.

23　해석 | 이 일은 그래도 너 스스로 방법을 생각해
　　　라, 그 사람은 믿을 수 없어.
　　해설 | 靠不住는 "믿을 수 없다", 合不来는 "마
　　　음이 맞지 않다"는 의미이다.

24　해석 | 이곳에서 저기까지는 50여 km 된다, 한

시간도 걸릴 필요 없이 도착한다.

해설 | "用不了"는 "~까지 쓸 필요가 없다", "不用了"는 "필요 없다", "用得了"는 "쓸 수 있다", "要得了"는 "원할 수 있다."의 의미이다.

25 해석 | 나는 상하이에 출장가지 않기를 간절히 바랐지만 가지 않을 수 없다.

해설 | "巴不得＋不去~"는 "~하러 가지 않기를 간절히 바라다."는 의미이다.

26 해석 | 그는 몸이 조금 안 좋지만 농구경기에 참가하지 못할 정도는 아니다.

해설 | "不至于~"는 "~할 정도는 아니다"는 의미이다.

27 해석 | 그의 어머니께서 그로 하여금 바로 귀국토록 해서 우리의 대화는 중지하지 않을 수 없었다.

단어 | 中止(zhōngzhǐ) : 중지하다

해설 | "好容易"는 "가까스로", "不得不"는 "~하지 않을 수 없다", "顾不得"는 "~할 겨를이 없다"는 의미이다.

28 해석 | 그는 자신이 산 가구가 위조한 상품이라는 것을 알았을 때 대단히 화가 났다.

단어 | 购买(gòumǎi) : 구매하다
伪劣(wěiliè) : 위조하고 저질인
气(qì) : 화내다, 성내다

해설 | "了不起"는 "대단하다", "不得了"는 "큰일 났다"·"(정도가) 매우 심하다", "不简单"은 "굉장하다"·"간단치 않다"는 의미이다.

29 해석 | 이것은 단순히 내 개인의 의견일 뿐이다, 무슨 가르침이라고 할 것까지야 없다.

단어 | 仅仅~而已(jǐnjǐn~éryǐ) : 단지~일 뿐이다

해설 | "谈不上"은 "~라고 할 것까지는 안 된다", "不一定"은 "반드시 그러한 것은 아니다", "不见得"는 "반드시 ~라고 할 수 없다", "算得上"은 "~라고 칠 수 있다."는 의미이다.

30 해석 | 보기에 그가 이해한 것 같으나 사실은 결코 이해하지 못했다.

단어 | 似乎(sìhu) : 마치~인 것 같다

해설 | "看上去"는 "보아하니", "看不惯"은 "익숙하지 않다"·"눈에 거슬리다", "依我看"은 "내가 보기에"라는 의미이다.

31 해석 | 그녀가 설명하며 말하길, 이 장난감 고양이는 조상 대대로 전해오는 보물이오, 손자의 병이 위중해서 팔아 입원 치료비로 바꾸려 하오.

단어 | 祖传(zǔchuán) : 조상 대대로 전해오다
换取(huànqǔ) : 바꾸어 가지다
治疗费(zhìliáofèi) : 치료비

해설 | "由不得"는 "생각대로 되지 않다", "不忍心"는 "차마~하지 못하다", "禁不住"는 "~하지 않을 수 없다", "不得已"는 "부득이하게"·"마지못해"의 의미이다.

32 해석 | 이 시간 너무 피곤해서 정말이지 시험 다 치고 나면 3일 동안 잠이나 실컷 자고 싶다.

단어 | 三天三夜(sāntiānsānyè) : 삼일

해설 | "不得不"는 "~하지 않으면 안 된다", "只不过"는 "단지~에 지나지 않다", "不得了"는 "큰일 났다"·"(정도가) 매우 심하다", "恨不得"는 "~하지 못하는 것이 한스럽다"·"간절히 ~하고 싶다"는 의미이다.

33 해석 | 너무 오랫동안 잠자는 것은 몸에 좋다고는 볼 수 없다.

해설 | "不见得"는 "~한 것은 아니다", "不由得"는 "자신도 모르게", "禁不住"는 "~하지 않을 수 없다"는 의미이다.

34 해석 | 이것은 작은 테스트에 불과한 거니, 이렇게 긴장할 것 까지는 없다.

단어 | 不过(búguò) : ~에 불과하다
测验(cèyàn) : 테스트하다, 시험하다

해설 | 不至于는 "~할 정도까지는 안 된다", 不用说는 "말할 필요가 없다"는 의미이다.